DANIEL Y APOCALIPSIS

UN MANUAL DE ESTUDIOS PROFÉTICOS

por Kepler Nigh

Servidores de Cristo y administradores de los misterios de Dios

IBSN 978-1-934769-84-3

Categoría: Estudio bíblico / comentarios

Edición en idioma castellano
© 2012 Kepler Nigh
Reservados todos los derechos

Publicado originalmente por Editorial Vida, 1995

Textos bíblicos: Versión Reina Valera, Revisión 1960,
© Copyright Sociedades Bíblicas en América Latina

Cubierta diseñada por Keren Robinson

Dedico estas páginas
a mi familia
y
a todos los que aman
Su venida.

"...Al que está sentado en el trono,
y al Cordero, sea la alabanza,
la honra, la gloria y el poder,
por los siglos de los siglos..."
(Apocalipsis 5:13)

Agradecimientos

Gracias por la ayuda de aquellas personas quienes tienen una cosa en común: todos ellos, a quien aman más en este mundo, es a Jesús, el León y el Cordero.

A los hermanos y hermanas en Cristo que han pasado muchas horas en la revisión del texto, les expreso mi sincera gratitud. A Fernando Álvarez B., Patricia Arellano de Carrera, Jeremy Díaz, Lenin Díaz, Elsa González, Fernando Jara, Guido Jaramillo, Laura Méndez, Juan Padilla Jr., Boris Pazmiño, Roberto Pesántez, Salomón Pesántez, Patricio Robelly, Habacuc Rivera, Patricio Rodríguez, Michel Sévigny, Inéz Torres y doctor Marcelo Vaca.

También un agradecimiento amplio para el ingeniero Fausto Falconí, cuyo apoyo fue esencial y al arquitecto Luis Chávez con su arte que forma parte de este libro en las láminas adjuntas. En particular, a Patricia de Daza y Ramiro Padilla, quienes me ayudaron hasta la culminación.

A Yattenciy Bonilla por su ánimo estimulante y su revisión teológica, juntamente con Tito Apestegui.

Un agradecimiento muy especial para Antonio Jaramillo. Sus revisiones de fondo han hecho de esta obra algo más propicio para entregar al pueblo de Dios.

A Harold McDougal, quien ha provisto el medio, a través de su casa de publicaciones, de volver el Manual de estudios proféticos a la disponibilidad del pueblo de Dios. Al hermano Harold le debo mas que jamás le podré pagar. Sus esfuerzos en el ministerio a través de muchos años ha dado mucho fruto en el reino de Dios. Gracias.

A todos los que han formado parte en ayudarme para continuar el camino que vamos trazando para estar con Él, y cuyos nombres no constan en esta página.

Agradezco a mi esposa, Blanca, una verdadera mujer de Dios, que me ha dado su apoyo sostenido a través de los años. Ella ha sido una verdadera inspiración y ayuda idónea.

Sobre todo, es el Espíritu Santo quien me ha guiado en esta obra. Gracias a Él, que nos enseña las cosas profundas de Dios.

---------- Índice ----------

Prefacio de los editores 7
Prefacio 9
Introducción 11

Daniel y Apocalipsis
Exposición de la profecía bíblica

Daniel

Lección 1   Introducción al estudio de Daniel 21
Lección 2   La deportación, Daniel 1 23
Lección 3   Israel en el horno gentil, Daniel 2 - 3 25
Lección 4   El juicio divino, Daniel 4 33
Lección 5   La última fiesta, Daniel 5 36
Lección 6   Daniel en el foso de los leones, Daniel 6 38
Lección 7   Las cuatro bestias, Daniel 7 40
Lección 8   El plan profético para Israel, Daniel 8 43
Lección 9   La revelación de las setenta semanas, Daniel 9 47
Lección 10 La visión junto al río, Daniel 10 50
Lección 11 La historia de Israel predicha, Daniel 11 53
Lección 12 La gran tribulación y la liberación de Israel,
            Daniel 12 56

Apocalipsis

Lección 13 Introducción al estudio de Apocalipsis 59
Lección 14 Apocalipsis — la revelación de Jesucristo,
            Apocalipsis 1 62

Lección 15 Las siete iglesias, Apocalipsis 2 - 3 65
Lección 16 El trono celestial, Apocalipsis 4 - 5 68
Lección 17 Los siete sellos, Apocalipsis 6 - 8:5 72
Lección 18 Las siete trompetas, Apocalipsis 8:6 - 11 79
Lección 19 La mujer y el dragón, Apocalipsis 12 86
Lección 20 Las dos bestias, Apocalipsis 13 - 14 89
Lección 21 Las plagas postreras, Apocalipsis 15 - 16 97
Lección 22 La caída de Babilonia, Apocalipsis 17 - 18 101
Lección 23 Las bodas del Cordero y la segunda venida,
            Apocalipsis 19 117
Lección 24 Los mil años y la eternidad, Apocalipsis 20 - 22 120

Apéndices

Apéndice 1 Cuadro comparativo de las siete cartas 129
Apéndice 2 Circunstancias geográficas e históricas de las
            siete iglesias 131
Apéndice 3 Las iglesias y la época actual 133
Apéndice 4 El curso del presente siglo 135
Apéndice 5 Comparación de Mateo 13 y Apocalipsis 2 - 3 138
Apéndice 6 Símbolos, nombres, y paralelismos de Daniel
            y Apocalipsis 140
Apéndice 8 Estudio cronológico de Apocalipsis 173
Apéndice 7 Las profecías de Daniel y las setenta
            semanas 222
Apéndice 9 Resumen de la escatología 227
Apéndice 10 Terminología y definiciones 234

Bibliografía   240
Índice general 249
Lámina 1   266
Lámina 2   267
Lámina 3   268

Prefacio de los editores

No es fácil entender las cadenas proféticas de Daniel y Apocalipsis en sus diferentes épocas y dispensaciones relacionadas con las naciones gentiles, con la Iglesia y con el sufrido pueblo de Israel.

Al presentar sus estudios proféticos en forma de bosquejo, Kepler Nigh facilita muchísimo la comprensión de esas profecías, y además proporciona valiosas ayudas a todos los que enseñan escatología bíblica.

El honor que el hermano Nigh me ha hecho, en su selecta bibliografía, al mencionar dos de mis libros publicados en español (Israel, Gog y el anticristo y Las visiones proféticas de Daniel), me hace sentir parte de esta obra, con cuyo contenido estoy plenamente de acuerdo.

Como estudioso de las profecías bíblicas, les recomiendo el Manual de estudios proféticos de Kepler Nigh a quienes aman y estudian la Palabra de Dios.

Abraão de Almeida

Prefacio

Cada día, el estudio de Daniel y Apocalipsis nos ha llevado a encontrar y apreciar nuevas profundidades en Dios. Nos sentimos más cerca al Señor como nunca antes habíamos experimentado en nuestras vidas. Hemos llegado a entender algunas verdades que van más allá de lo que el simple estudio puede depararnos.

La obra que presentamos es un compendio conciso. Esperamos que sea útil para estudiar los libros proféticos de Daniel y Apocalipsis, de vital importancia para la época que vive este convulsionado mundo.

Una de las grandes verdades que Dios nos ha enseñado es que Él tiene cosas reservadas para sí. Antes, opinábamos que al llegar al cielo glorioso con Cristo conoceríamos todas las cosas. Ahora hemos comprendido que no todo será de nuestro conocimiento. Dios es el único que lo sabe todo, porque es omnisciente. En el cielo sabremos mucho más que hoy, pero nosotros nunca alcanzaremos el conocimiento que tiene Dios. ¡Nunca lo sabremos todo! Por esta razón, no pretendemos alcanzar las respuestas a todos los interrogantes (1 Co. 13:12).

Estudiar el tema profético resulta a veces paradójico. Por un lado, debemos confesar que no tenemos todas las respuestas y por el otro, no es posible estudiarlo sin seguir una metodología que nos obligue a ser objetivos. Y es que la materia se presta para la subjetividad individual. Además, nuestro entendimiento de la temática va creciendo a medida que nos acercamos a la venida del Señor. Todo esto significa que no debemos sorprendernos que haya diferencias de opinión. En verdad, son pocos los estudiosos que sostendrán los mismos puntos de vista tocante a cada detalle de los libros de Daniel y Apocalipsis, aún cuando puedan pertenecer a una misma escuela de interpretación. Por lo tanto, sería un gran error pretender que nuestras conclusiones puedan calificarse de definitivas.

Viendo las dificultades de interpretación profética, posiblemente se llegue a pensar que el tema es demasiado arbitrario. En cambio, si no interpretamos, a pesar de la posibilidad de errar, nuestro estudio sería de poco provecho. Siendo que la misma Palabra de Dios nos insta estudiar la palabra profética, debemos proseguir la meta, afirmándonos en la fe. Usando métodos comprobados de estudio bíblico, cada uno podrá estudiar la profecía por si mismo. Bajo la iluminación de esta luz, el *Manual de estudios proféticos* debe considerarse una "herramienta" para dicho logro. Juntamente con la guía del Espíritu Santo, el creyente podrá obtener ayuda de este manual sin que importe su propia escuela de interpretación profética. Por lo cual, ofrecemos estos estudios, no para ser memorizados o para imponer un dogma, sino para la edificación del cuerpo de Cristo.

En el desarrollo de cualquier obra que trata el tema al cual hemos dedicado esta investigación, habría que tocar materia que para algunos podría resultar de controversia. El desenvolvimiento que hemos dado al análisis de los números de Daniel y Apocalipsis es un ejemplo. Hay personas que creen que pueden — de alguna manera — utilizar la numerología con el propósito de predecir el futuro para comprobar la divina inspiración de las Escrituras y cosas por el estilo. El *Manual de estudios proféticos* no debe confundirse con tales labores. Nuestros comentarios relacionados con números son meramente un intento para entender mejor el significado de la profecía y como concuerda con el mundo de los últimos días. No se debe confundir el análisis de un número por medio de la hermenéutica bíblica con la numerología (véase explicación al inicio del Apéndice 6: Símbolos, nombres y paralelismos de Daniel y Apocalipsis).

Vale destacar que el *Manual de estudios proféticos* **exige** el uso de la Biblia. Con miles de referencias, el manual no es un libro que puede disfrutarse sin abrir las páginas inspiradas. Con la guía del Espíritu Santo, y el *Manual de estudios proféticos* como un instrumento, el autor desea que se alcance un mayor conocimiento del Cordero.

Aunque el estudio de la profecía nos puede llevar a muchas conclusiones distintas, nunca debemos permitir que éstas infrinjan los fundamentos de la fe cristiana. Nos hemos esforzado para asegurar que nuestras conclusiones estén siempre acordes con la buena doctrina. Posiblemente, para algunos, presentamos ideas novedosas respecto a algún hecho o suceso futuro. No obstante, Jesús es el Rey, nacido de la virgen, muerto en la cruz y resucitado al tercer día para dar a todo aquel que en Él cree la vida eterna. Todo lo hizo en su divina gracia, siendo totalmente hombre y totalmente Dios. ¡Aleluya! Él viene otra vez para juzgar a los vivos y a los muertos. ¡Estos son hechos inmutables sentenciados por la Palabra de Dios!

Kepler Nigh
Quito, Ecuador
Abril, 1995

---------------------**Introducción**---------------------

1. El plan de Dios

Todos sabemos que Dios tiene un plan. La profecía es la evidencia de éste y nos comprueba que los acontecimientos del porvenir no suceden al azar, puesto que una inteligencia divina está guiando nuestro futuro.

Las lecciones que a continuación vamos a considerar demostrarán que la intervención de Dios en los asuntos de la humanidad es un hecho innegable. El plan de Dios es muy grande, inmenso; sin embargo, ¡Él tiene un plan para cada individuo! Por este motivo destacamos el interés por la profecía, depositando el presente análisis en manos de vidas comprometidas.

No importa cuáles fueron las razones que le motivaron al estudio de la profecía — no es un accidente — lo gratificante es que, Dios tiene un propósito para usted.

Los objetivos de Él son sublimes. Es maravilloso pensar que nosotros como individuos, podemos participar en el gran designio del Padre Eterno. Para ser parte de un plan, es bueno conocerlo y la profecía es el método que Dios emplea para dejarnos saber sus propósitos y como los interpone en favor nuestro.

2. La sencillez de la profecía

Sencillez y profecía, al parecer, son términos antónimos. ¿Cómo es posible decir entonces, que la profecía es sencilla? ¿Si es así, por qué se necesitan años de estudio y el sustento de muchos libros? ¿Por qué es una materia en las universidades y seminarios? ¿Por qué utilizan una palabra tan grande, como la escatología, para nombrarla? Es verdad que la escatología (el estudio de lo relacionado con las cosas finales y particularmente lo específico respecto a la segunda venida de Cristo) no es de fácil entendimiento, pero sus elementos más indispensables, así como los contenidos en la Biblia, pueden ser comprendidos aun por un niño.

En las explicaciones que siguen, intentaremos resaltar algunos elementos esenciales — aunque no todos asequibles sin esfuerzo — que demuestran un designio simple en palabra profética.

Las leyes naturales pueden expresarse en términos básicos, pero el científico que las estudia, entregará toda su vida y nunca logrará acabar el tema. De la misma manera, el estudio de la profecía nos podrá costar toda una vida. Sin embargo, esperando culminar en la cumbre, en las alturas donde mora el Dios del cielo, en las cuales encontraremos expresiones poderosas, maravillosas y sencillas, como las palabras de Jesús.

Para demostrar esta sencillez sublime, permítanos aventurar un momento en su análisis. Las leyes inmutables que están gobernando todas las cosas son las leyes de la física (naturales) y las leyes espirituales. Todas ellas son leyes establecidas por Dios. Las naturales, que están escritas en los libros de la ciencia y en toda la creación de Dios, gobiernan el universo material. Las espirituales, escritas en la Biblia y en la conciencia del hombre, gobiernan tanto lo invisible como también lo visible — sujetando a todo lo creado.

Las leyes o reglas que conducen el universo son intrínsecas, y la perfección de su sencillez, generalmente puede expresarse con pocas palabras o mediante una ecuación breve. Las leyes espirituales también son sencillas, y pueden concebirse con frases y ecuaciones cortas. Un ejemplo de una ley espiritual es de la siembra y la cosecha (Gá. 6:7). La ecuación es a = A. En este caso a = algo de semilla y A = ALGO DE COSECHA. Sigue siendo "a", solamente crecido, y "a" se convierte en un "A" mayor. Si uno siembra "odio", sale más "ODIO". Si siembra "amor", sale más "AMOR". Hay abundantes leyes espirituales.

¡Cuán sublimes y sencillas son las cosas de Dios! A Dios le gustan las cosas sencillas (Sal. 119:130; 1 Co. 1:19,20; 3:19,20). La sencillez es belleza. La Biblia no complica las cosas y en ella no hay muchos matices — está llena de blanco y negro. Por lo mismo, con la profecía sucede igual; el plan de Dios es inmenso, es grande, pero aún accesible. La profecía tiene un propósito simple: probar al hombre que Dios está por encima de todo y así guiarlo a los pies de Jesús.

Es fácil olvidar la simplicidad que abunda en toda la Biblia y perderse en las cuestiones de fechas, nombres, lugares, etc. Todos ellos son importantes, pero hay un cuadro más amplio. En las lecciones que siguen, con la ayuda de los apéndices, se van a examinar muchos detalles que nos ayudarán a entender mejor el plan de Dios. Pero antes de comenzar, quisiéramos proporcionar un vistazo amplio de lo que está delante de nosotros.

3. El tiempo y los planes de Dios

Todo el universo físico, tal como lo conocemos, puede ubicarse dentro de cuatro elementos: altura, anchura, profundidad y tiempo. Esta misma sencillez puede ser aplicada a los planes de Dios para las edades o períodos.

Hay dos tipos de seres con quienes Dios trata: espirituales y humanos. Hay dos tipos de seres espirituales: buenos y malos. Hay también dos tipos de humanos: salvos y perdidos. Además, hay tres pueblos con los cuales Dios se relaciona: judíos, gentiles y la Iglesia. Todos éstos son los personajes de la profecía.

Hay tres divisiones que podemos hacer del espacio: el cielo, la tierra y debajo de la tierra (la morada de los demonios). En estos lugares la profecía llega a ser historia. (Los teólogos discuten si el cielo y "debajo de la tierra" son términos literales o simbólicos. Fuese como fuere, podemos afirmar que son ubicaciones concretas y verdaderas.)

El tiempo se puede observar de tres maneras: el tiempo antes de la humanidad, la historia humana y el tiempo futuro más allá de la existencia del hombre en la tierra. Podemos deducir entonces, que hay tres elementos en el tiempo: pasado, presente y futuro. Hay tres tipos de profecía: cumplida, mesiánica y por cumplirse. Estos son los tiempos de la profecía.

Lo interesante de lo que estamos indicando es que cada evento, acaecido o por suceder, cada persona y lugar; lo pasado, presente o futuro, visible e invisible, puede ubicarse dentro del cuadro de personajes, lugares y tiempos ya mencionados.

Este "cuadro" nos puede servir para ubicarnos dentro del mundo profético.

Durante la larga trayectoria del tiempo, hay un breve espacio que se conoce como la historia de la humanidad. La Biblia nos lleva desde su principio hasta el mismo final.

La porción o período de tiempo antes de Génesis 1:1, está mejor expresada en la breve declaración de Juan el apóstol: *"En el principio era el Verbo, y el Verbo era con Dios, y el Verbo era Dios"* (Jn. 1:1).

Son varias las teorías concernientes a esta porción del tiempo. Es verdad que la Biblia nos habla de algunos eventos que tuvieron lugar antes de la creación del hombre. Pero en verdad, conocemos poco acerca del tiempo transcurrido y el desarrollo de sucesos antes de la historia bíblica.

De igual manera, cuando se habla del futuro hay abundancia de profecías en la Biblia, pero pocas tratan el porvenir más allá de la existencia temporal de la raza humana en la tierra. Solamente se nos dice lo suficiente como para darnos cuenta que para los salvos la vida eterna será maravillosa y para los condenados, esta misma eternidad será indescriptiblemente espantosa.

La Biblia trata principalmente con la "actualidad" (el período del tiempo ocupado por el hombre). Alguien se preguntará: ¿Cómo se puede hablar de "actualidad" con lapsos tan grandes como los registrados en la historia universal? La respuesta es que la porción del tiempo ocupado por los descendientes de Adán es muy pequeña.

Dios, en su sabiduría infinita y con su autoridad soberana ha simplificado todo para nosotros. De la antigüedad nos provee muestras suficientes para comprobar que Él es Dios. Del futuro nos proporciona un adelanto ligero, atestiguando que vale la pena servirle.

Inicialmente hubo un plan para la humanidad. La rebelión del hombre en el Paraíso y posteriormente en Babel terminó con aquello y en su lugar Dios dispuso tres designios.

Con el primero, Dios eligió al pueblo de Israel y comenzó a relacionarse con ellos llevando a cabo sus finalidades inefables. Pero desobedecieron a Dios y aunque el plan sigue vigente, ha sufrido una interrupción.

Dios dispuso otro plan para los gentiles — el segundo — y se lo presentó a la humanidad a través del sueño sencillo que vino al rey Nabucodonosor de Babilonia. Daniel, el profeta, nos reveló su significado. El plan de Dios para las naciones gentiles, descubierto por el sueño, sigue en pie hasta hoy, pero pronto llegará a su terminación.

El tercer plan nació en el corazón de Dios. Él nunca quiso que alguien fuera condenado, pero la rebelión del hombre lo hizo inevitable. Sería este tercer plan el que daría a la humanidad su última oportunidad. Jesús, el Hijo de Dios, dio inicio al mismo, al ser clavado en un madero, condenado a la muerte, derramando su sangre preciosa. Él fue colgado allí y sufrió la muerte más horrible, para que tanto el judío como el gentil pudieran ser salvos y participar del Nuevo Plan.

Al hablar con tanta frecuencia de "planes", posiblemente alguien puede pensar que estamos vendiendo seguros. En cierto sentido, esto procuramos hacer. Hay muchas compañías aseguradoras que tienen muchos "planes", mas ahora presentamos uno que hará que cualquier otro sea de poca importancia si tomamos en cuenta la eternidad. El plan de la competencia tiene a la muerte esperándoles al final. Ellos le cobrarán una mensualidad hasta el día que fallezca. Solamente le garantizan la cobertura parcial de sus necesidades y el contrato se invalida en el momento que no paga la mensualidad para que el seguro esté vigente.

Jesús tiene un plan diferente. No hay anticipo, pues no cuesta nada (y a la vez cuesta todo), los beneficios serán iguales para el que paga mucho y para el que paga poco. El premio es: ¡Vida Eterna! ¡No habrá enfermedad! ¡No habrá dolor! ¡No habrá muerte! A este plan se le llama SALVACIÓN y la institución que envía agentes promotores se denomina IGLESIA.

Este plan tiene como garantía la resurrección de Jesucristo de entre los muertos. La muerte no le pudo retener. El triunfo de Jesús es la garantía a todos los subscriptores para que nunca sientan que se equivocaron.

Toda la historia tiene como propósito llevar al hombre hacia el plan de SALVACIÓN. A los miembros de este plan se les conoce como la IGLESIA.

La palabra profética nos dice lo que pasará con los miembros de todos estos tres planes y solamente el tercero garantiza beneficios eternos.

En este momento, mientras escribimos estas palabras, sabemos que hay por lo menos 1.007 años más antes del fin de la existencia temporal. Ya han corrido aproximadamente 6.000 años que nos separan del tiempo antes de Adán. Pueden venir algunos años más antes de que el reloj profético empiece a contar los siete años de la tribulación y los mil años del reinado de Cristo aquí en la tierra. Pero nuestro estudio de la profecía nos ha convencido que no falta mucho hasta el principio del fin. Cuando el reloj comience la cuenta de estos últimos 1.007 años, los que hemos recibido a Jesús ya estaremos con Él en el cielo.

Sin embargo, el estudio de la profecía no tiene como su propósito fijar fechas, sino ayudarle a prepararse para la eternidad y el momento que tanto anhelamos: el arrebatamiento.

4. Reseña histórica

Daniel nos cuenta acerca del plan de Dios para los judíos y los gentiles. Él no pudo ver a la Iglesia, pero supo que Dios tenía algo especial para su vida (la resurrección), conforme a las promesas que le fueron dadas (Dn. 12:1-4, 13).

Apreciando los planes ya mencionados y en base de las revelaciones de Daniel y Apocalipsis, a continuación pintaremos el cuadro del intervalo de tiempo que actualmente ocupamos.

El pueblo escogido salió del designio de Dios por la rebelión. Dios estableció una serie de imperios gentiles para reinar sobre la tierra y desde la época de Daniel estos imperios funcionaron en lugar del pueblo amado. Los profetas vieron que venían estos imperios, aún antes de su aparición. Daniel recibió la revelación más completa del establecimiento de los mismos. Jesús habló del período de dominio de aquellos como el *tiempo de los gentiles*.

El primer imperio fue Babilonia. Nabucodonosor, rey gentil, conquistó al pueblo de Dios. El segundo fue de los Medo-Persas, seguido por Grecia y después Roma. El esquema que Dios mostró a Daniel indicó que Roma no dejaría de existir, sino hasta el mismo fin del plan y que diez naciones, en los últimos días, se unirán para restablecer al Imperio Romano (la Nueva Roma). Además, la revelación a Daniel advirtió que habrá un dictador malvado quien reinará sobre la Nueva Roma y la tierra, blasfemando contra Dios abiertamente. Nosotros le llamamos a este caudillo el "anticristo". Por medio de Daniel aprendemos que aquel perverso tendrá un reinado de siete años.

Juan, el apóstol, logró ver muchos detalles de este período de terror que habrá en la tierra durante estos siete años. En el Apocalipsis él comparte sus visiones con nosotros. Será un tiempo como nunca antes el mundo haya imaginado o conocido — horroroso — más allá de la peor pesadilla humana. Aún Juan, escribiendo en la unción de Dios, no pudo expresar todo lo terrible que será esta época venidera.

Hay una esperanza para librarse de este período tan pavoroso. Muchos serán los que tengan que sufrir durante los siete años de la tribulación, pero habrá un grupo al cual Dios le concederá el privilegio de una salida. Este se constituye por los que se han lavado en la sangre del Cordero. Son los que participan del plan de SALVACIÓN. ¡Es la misma Iglesia! En un momento, en un abrir y cerrar de ojos podrán escapar antes del inicio de la tribulación. A este evento se lo conoce como el arrebatamiento.

Al terminar la tribulación, Cristo vendrá con gran poder y gloria, acompañado por las huestes celestiales. La Iglesia, la novia de Cristo, estará con Él en aquel momento glorioso. Vendrán para establecer un reinado de mil años sobre la tierra. Para terminar la tribulación e iniciar el reinado de los justos, los imperios gentiles llegarán a su fin con la destrucción de la gran Babilonia, *LA MADRE DE LAS RAMERAS*.

Los judíos habían esperado aquel Reino Mesiánico, pero cuando llegó su Mesías, estaban espiritualmente ciegos y viendo no vieron.

Con la llegada de Cristo por segunda vez a la tierra, Dios cumplirá sus promesas para Israel, su pueblo tan especial. Esta vez sí, recibirán al Mesías que una vez rechazaron.

¡La Iglesia entonces tendrá el privilegio de reinar con Jesús por mil años! Al fin de estos, Satanás será soltado para tentar a las naciones. No obstante, será el fin del malvado. En aquel tiempo, Satanás y todos los que hacen abominación, serán echados en el lago de fuego. Esta es la muerte segunda.

Entonces vendrá el nuevo cielo y la nueva tierra. El universo actual, la tierra y el cielo que hoy existen serán quemados y destruidos. Habrá un nuevo cielo y una nueva tierra. La Iglesia con su Señor y Salvador, el Cordero de Dios, estarán juntos por la eternidad.

En resumidas cuentas, Dios y su pueblo — con Cristo delante — ganamos. ¡Qué bueno, tenemos en este plan un final feliz! ¡A todos nos gusta un libro que contenga una historia con un final feliz. ¡Y este libro es la misma Biblia!

5. El propósito del *Manual de estudios proféticos*

Los párrafos anteriores nos muestran los designios amplios de Dios. El entendimiento de éstos es gradual y se alcanza mediante el estudio, oración y búsqueda de los propósitos divinos. Esperamos que este manual facilite la travesía hasta alcanzar la meta.

Este libro se distingue de otros que tratan el tema profético porque provee una serie de "herramientas" de estudio. Éstas permiten una mejor apreciación y entendimiento de la palabra profética.

Si el lector desea ser bendecido, solamente con la lectura de la palabra profética alcanzará su meta (Ap. 1:3). Y si desea profundizar su estudio, posiblemente las páginas que siguen le ayudarán, no contestando todas sus interrogantes, sino desafiándole a cuestionar y a descubrir los designios maravillosas de Dios, dentro de su plan.

Finalmente, el *Manual de estudios proféticos* no sirve de nada sin la lectura de la Biblia y oración en el Espíritu. Será de mayor bendición para aquel que busca las respuestas "de arriba".

6. Sugerencias para el estudio (cómo utilizar el libro)

Antes de entrar en materia, es necesario observar las siguientes sugerencias:

- ❏ Siguir todas las referencias dadas en la columna derecha de las lecciones.
- ❏ Leer detenidamente en la Biblia el capítulo (o capítulos) que va a estudiar, antes de comenzar la lección.
- ❏ En cada lección se indica cuáles capítulos de la Biblia se están tratando.

El *Manual de estudios proféticos* se distingue en que es una "ayuda" para el estudio y depende de la Biblia para proveer "el hilo" de pensamiento. Observarán que a menudo el texto del manual aparentemente salta de una idea a otra. Utilizando los textos bíblicos, la ilación será provista por la misma Palabra de Dios.

El estudiante debe consultar a los apéndices cada vez que lo sugiera la lección. Use a menudo la tabla de símbolos, nombres y paralelismos (Apéndice 6). Lea la introducción de la tabla antes de usarla. Será de gran valor al que la utilice frecuentemente.

Se recomienda además, para mayor comprensión de una porción específica, referirse al "Estudio cronológico de Apocalipsis" (Apéndice 8) debido a que existen comentarios adicionales en sus páginas.

Para ahondar en el conocimiento se puede usar la bibliografía e índice ampliado.

Esta obra no pretende presentar todas las respuestas. Solamente el Espíritu Santo está calificado como Maestro para este propósito. El estudiante debe clamar a Él siempre, en una relación vivificante, orando en el Espíritu Santo. La Biblia nos dice que Él es nuestro Maestro, sin embargo, no puede enseñarnos si no pasamos nuestro tiempo con Él.

Abreviaturas empleadas en este libro:

- ej. — ejemplo
- etc. — etcétera
- cont. — continúa
- s.f. — sin fecha
- ibid. — ibídem
- a.C. — antes de Cristo
- d.C. — después de Cristo
- A.T. — Antiguo Testamento
- N.T. — Nuevo Testamento
- km. — kilómetro
- p. — página
- pp. — páginas

Otras consideraciones:

- **Las abreviaturas de los libros de la Biblia** son las mismas utilizadas en las Biblias de las Sociedades Bíblicas Unidas y en las Biblias Vida. En la columna de referencias bíblicas, las abreviaturas no terminan con el signo del punto seguido para aprovechar mejor el espacio.
- **Se usa la letra *cursiva* para** toda porción que proviene textualmente de la Biblia, las mismas que son tomadas de la antigua versión de Casiodoro de Reina © Sociedades Bíblicas Unidas 1960. También la letra *cursiva* resalta los títulos de libros nombradas en la bibliografía y en otras partes de esta obra.
- **El uso de una letra minúscula dentro de los signos: []**, como por ejemplo [a], es una notación bibliográfica y puede hallarse en la Bibliografía bajo la Lección o Apéndice correspondiente.

DANIEL Y APOCALIPSIS
EXPOSICIÓN DE
LA PROFECÍA BÍBLICA

---------- Lección 1 ----------

Introducción al estudio de Daniel

1. Introducción a Daniel

Daniel es un libro que habla del futuro y nos proporciona ejemplos elevados de santidad, fe, perseverancia y muchas otras características cristianas; por lo tanto merece nuestra atención.

> El significado de la palabra "Daniel" es "Dios juzgará".

2. Características del libro de Daniel

- **Daniel** es fundamental para el entendimiento del libro de Apocalipsis.
- **Daniel** es un libro que enseña virtud, gran valor y fe. Dn 6:22
- **Daniel** enseña el camino a una vida santa y consagrada con su propio ejemplo. Además, muestra el poder de la providencia divina. Dn 9:20,21
- **Daniel** es un libro que habla de un Dios sobrenatural. Dn 3:27b
- **Daniel**, el libro, fue escrito por el profeta Daniel, quien procedía de una familia de la nobleza y fue deportado a Babilonia cuando tenía alrededor de dieciocho años de edad. [a] Dn 1:3,6
- **Daniel** tiene como prueba de su autenticidad al profeta Ezequiel y al Señor Jesucristo. Ez 14:14,20 Ez 28:3 Mt 24:15
- **Daniel** fue escrito en el siglo sexto a.C. [b]
- **Daniel** describe las pruebas que sufrieron los israelitas durante el tiempo del cautiverio. Dn 1:2
- **Daniel** narra la historia de los sucesos desde el principio del exilio de Israel hasta su final.
- **Daniel**, el profeta, por orden de Nabucodonosor, rey de Babilonia, fue llevado cautivo de Judea a Babilonia con otros rehenes, en el año 605 a.C. [c]

Un breve bosquejo de Daniel:
- ❏ **Profecías** cumplidas del **cautiverio** Dn 1:1-21
- ❏ **Profecías** sobre las **naciones gentiles** Dn 2:1 - 7:28
- ❏ **Profecías** sobre **Israel y el fin** Dn 8:1 - 12:13

3. Consideraciones

En referencia a la fecha de la primera deportación de Judea a Babilonia, 605 a.C., hemos usado el sistema presentado por Evis L. Carballosa en su libro, *Daniel y el Reino Mesiánico*.

Han sido muchos los intentos para desacreditar el libro de Daniel. Algunos se han atrevido a decir que "es un libro demasiado profético". Una declaración semejante muestra una falta grave de entendimiento espiritual y no solamente esto, sino hasta un menosprecio a las enseñanzas del Señor Jesucristo (Mt. 24:15).

El estudio de Daniel y posteriormente del Apocalipsis nos llevará a un nuevo nivel en el conocimiento de Dios. Alguien ha dicho que los estudios proféticos "no son muy prácticos". Para el hombre natural ningún estudio de las verdades de la Biblia va a ser práctico porque él no las puede percibir (1 Co. 2:14). La persona que se beneficia cosechando las bendiciones espirituales que le proporciona el estudio de la Palabra de Dios es dichosa. No simplemente porque "sepa algo", sino porque "obtiene algo". El estudio de la palabra profética proporciona al lector conocimiento sobre las cosas profundas de Dios.

En el análisis de Daniel y Apocalipsis existen diferentes escuelas de interpretación de las profecías. En nuestro estudio sugeriremos la interpretación conocida como "futurista" (para mayor información véase "interpretación", Apéndice 10).

---------- Lección 2 ----------

La deportación

1. Daniel es llevado cautivo a Babilonia

Jeremías escribió profecías indicando que Judá iría al cautiverio por causa de su pecado. Joacim, el último rey antes del cautiverio babilónico, mandó quemar el rollo del libro de Jeremías, menospreciando así la palabra hablada por Dios. **Sin embargo, el fuego no pudo extinguir la Palabra de Dios.** El cautiverio que profetizó Jeremías, Isaías, Miqueas y otros, vino sobre los hijos de Israel. En cumplimiento de las maldiciones pronunciadas en la ley, los hijos de Israel fueron llevados a la tierra de Babilonia. El rechazo a la palabra de Dios no detuvo el castigo del Señor.

Dios, con este cautiverio, entregó al castigo a un pueblo rebelde. Israel estaría en Babilonia durante setenta largos años.

Los setenta años de deportación fueron consecuencia de la rebelión del pueblo de Dios. En los capítulos 25 y 26 del libro de Levítico, Dios estableció la ley del año sabático. Parte de esta ley describe cómo Dios cobraría el descanso para la tierra en caso de que los hijos de Israel no la obedecieran. Durante 490 años, posiblemente comenzando con la monarquía de Israel, desobedecieron esta ley, trayendo sobre sí el castigo, obligándoles a dejar la tierra en reposo durante setenta años (un año por cada siete años que faltó el descanso).

El plan de Dios, en relación al reinado de Israel sobre la tierra, fue aplazado por su rebelión, y la tierra fue dada a los gentiles. Pero, a pesar de la traición de Israel, la promesa de Dios a su pueblo se cumplirá durante el milenio, comenzando con la segunda venida de Cristo.

Daniel fue transportado con el primero de varios grupos de rehenes y los eventos de su libro se inician con su cautiverio.

Dn 1:1,2
Jer 25:1-11
Jer 36
Is 39:3-7
Mi 1:16
Hab 1:6
[a]
Dt 28:25,15-68
2 R 24:1-4
[b]
Jer 25:11;29:10
Lv 25 - 26
Lv 26:2,35,43
2 Cr 36:21
Jer 34:13-22
Lv 26:32-35
[c]
Gn 48:4
2 Cr 36:13,14,21

2. Daniel y sus compañeros en Babilonia   Dn 1:3-7

Nabucodonosor cambió los nombres de Daniel y sus compañeros al llegar cautivos a Babilonia, con la intención de que perdieran sus identidades como judíos: [d]

Significado Hebreo		Significado Babilónico	
Daniel	Dios juzgará	Beltasar	Belti, protege al rey
Ananías	Jehová ha mostrado su gracia	Sadrac	Iluminado del dios del Sol
Misael	¡¿Quién como Dios?!	Mesac	¿Quién como Venus?
Azarías	El Señor es mi ayudador	Abed-nego	Siervo de Nebo

El intento de Nabucodonosor por cambiar la identidad de Daniel y de los jóvenes judíos por la del pueblo babilónico, fue un fracaso. Ellos no se olvidaron de su Dios y siguieron fieles a Jehová.

Daniel propuso en su corazón *no contaminarse*. Él y sus amigos no se dejaron controlar por las circunstancias, aun sabiendo que el rehusar obedecer un decreto publicado por el monarca podría terminar en su muerte. Es notoria la fidelidad de Daniel y sus compañeros.   Dn 1:8

A pesar de las circunstancias, Dios dio gracia a Daniel para con Melsar, jefe de los eunucos. La lección muestra que no hay situación de la cual no pueda Dios proveer una salida.   Dn 1:11-16

3. Daniel y sus compañeros son hallados superiores   Dn 1:17-21

La fidelidad de estos jóvenes permitió que fueran hallados *diez veces mejor que todos los magos y astrólogos* de Babilonia.   Dn 1:20

4. Consideraciones

La monarquía de Israel comenzó en 1050 a.C cuando Samuel ungió a Saúl como rey. El pueblo de Dios vivía dividido en dos reinos a la muerte de Salomón en 931 a.C. El reino de la parte norte de Palestina se llamaba Israel, siendo la capital Samaria y el reino del sur, Judá con su capital Jerusalén. El cautiverio de Israel tuvo lugar en 722 a.C. al ser destruida Samaria y fue llevado el pueblo prisionero por Asiria (2 R. 17). Judá (el pueblo de Daniel) se mantuvo libre más de cien años adicionales como resultado de las reformas de Ezequías y Josías. En 586 a.C. Jerusalén bajo el rey Sedequías se rebeló contra Babilonia y fue destruida por Nabucodonosor a causa de su insurrección.

Lección 3

Israel en el horno gentil

1. Las divisiones del libro de Daniel

El libro de Daniel tiene tres secciones: [a]
- Introducción Dn 1:1-21
- El plan de Dios para las naciones gentiles Dn 2:1 - 7:28
- El plan de Dios para Israel Dn 8:1 - 12:13

La sección que ahora estudiaremos es la segunda mencionada en la lista anterior y señala la época denominada por el Señor Jesús como *los tiempos de los gentiles*. Lc 21:24

2. El sueño de Nabucodonosor

En este sueño Dios revela su plan para con las naciones gentiles. A este capítulo se le conoce como el ABC de la profecía, contiene el más sencillo y completo cuadro profético de toda la Biblia. [b]

Israel había sido infiel a Dios; por eso Dios entregó a Nabucodonosor el poder para gobernar a las naciones y le dio un sueño que le hizo quedar perturbado en su espíritu y no pudo dormir más. Buscó solución a su problema llamando a: Jer 27:5-9 [c] Dn 2:1

- **Magos** — poseedores de conocimientos ocultos [d]
- **Astrólogos** — buscadores de señales en las estrellas
- **Encantadores** — invocadores de espíritus malignos Dt 18:10-12
- **Caldeos** — clase de hombres "sabios" en Babilonia

En el capítulo 2, versículo 4, Daniel empieza a escribir en el idioma arameo. Dios hizo que la profecía más grande de la Biblia relativa a las naciones gentiles fuera escrita en lengua gentil. El arameo era la lengua internacional en el tiempo de Nabucodonosor. Desde Daniel 7:28, nuevamente la escritura continúa en el idioma hebreo.

El sueño de Nabucodonosor no fue "un sueño más", sin embargo él dijo: *"El asunto lo olvidé"*. La palabra original significa "seguro", "cierto" o "firme". Entonces, el rey dijo: "El asunto es seguro." Es posible que dijera que lo "olvidó" para probar a los sabios. Nabucodonosor posiblemente pensó que si ellos podían predecir el futuro, entonces más fácilmente podrían saber el pasado.[e]

La respuesta de los caldeos: Dn 2:10,11
- ❏ No hay hombre ... que pueda declarar el asunto
- ❏ Ningún rey ... preguntó cosa semejante
- ❏ El asunto ... es difícil
- ❏ No hay quien ... salvo los dioses

Ellos tenían razón, el asunto no era de hombres, ni del diablo y sus demonios; **era asunto del Espíritu de Dios.**   1 Co 2:14

2.1 Una revelación de Dios   Dn 2:14-24

La falta de una respuesta de los "sabios" provocó la ira de Nabucodonosor, quien ordenó matar a todos los caldeos (sabios). Daniel y sus compañeros serían víctimas de la matanza. Todo esto, permitió que Daniel y sus amigos tuvieran una oportunidad para demostrar la grandeza del Dios de Israel delante del rey. Por su humildad y búsqueda, Daniel recibió la revelación de Dios respecto al sueño. Esto resultó en el Salmo de Daniel. Con seguridad hubo mucha alegría entre Daniel y sus compañeros por haber recibido la revelación del sueño.   Dn 2:20-23

2.2 El contenido del sueño   Dn 2:25-35

Arioc, el encargado de la matanza, se puso a sí mismo en peligro al decir: *"He hallado un varón."* Pensando en forma natural, mejor hubiera matado a los sabios sin decir nada al rey. Seguramente Nabucodonosor hubiera ordenado cortar la cabeza de Arioc si Daniel no hubiera sabido el sueño y su interpretación.   Dn 2:25 [f]

Daniel explica que el sueño es para *los últimos días* o *los postreros días*. Estas frases incluyen eventos que para el día de hoy son parte de la historia. Es decir, en nuestro tiempo, ya vivimos *los postreros días*.   Jer 49:39 Dn 2:28;10:14 [g]

¿Por qué escogió Dios un rey pagano para revelar tan grandes misterios? La respuesta a esta interrogante tiene que ver con la rebelión de Israel contra Dios según lo que hemos visto en la Lección 2. Nabucodonosor, aunque fue el receptor del sueño, no entendió su significado. Además, no habría entendido la importancia de su interpretación;   Jer 27:4-8 ni siquiera le habría hecho impacto. Era la revelación del sueño olvidado que le causó admiración. En conclusión, este rey pagano no entendió nada de la revelación divina.

Daniel describió la imagen del sueño y de la *piedra cortada no con mano* delante del rey. Esto serviría como introducción a la interpretación del sueño (véase Lámina 1).   Dn 2:32-34

2.3 La interpretación del sueño   Dn 2:36-45

El sueño de Nabucodonosor presenta el curso de los tiempos de los gentiles, pero antes de dar la interpretación, Daniel hace saber a Nabucodonosor que *hay un Dios en los cielos, el cual revela los misterios, y Él ha hecho saber...*   [h] Lc 21:24 Dn 2:28

Daniel, por medio de la interpretación, identifica a Nabucodonosor personalmente con la cabeza de oro y le dice que es *rey de reyes*. Esta frase se usaba para hablar de los emperadores de Babilonia, Media y Persia. La idea es que habría "reyes" bajo la autoridad de otro "rey" mayor.   Dn 2:38b [i] Dn 2:37

Dios dio a Salomón grandes promesas. Estas promesas vinieron de Dios desde tiempos antiguos por medio de los patriarcas. La grandeza de su reinado, aunque corto, mostró lo que pudo haber sido, pero Salomón fue tras necedades y placeres carnales. Por esto Israel perdió por un tiempo — que todavía no se ha cumplido — su reinado universal. Los imperios gentiles, comenzando con Babilonia y siguiendo con los otros imperios descritos por Daniel en esta porción que estamos estudiando, han reemplazado temporalmente el reinado que debió haber sido de los judíos.   Gn 48:4 [j] 2 Cr 9:22,23

El segundo reino del sueño es el Medo-Persa y corresponde a los pechos y brazos de plata. Éste sucedió al Imperio Babilónico en el año 539 a.C.   [k] Dn 5:28, 6:8

El vientre y los muslos de bronce representan al Imperio Griego, que fue establecido por Alejandro Magno en el año 331 a.C., después de su victoria sobre Darío III.   [l] Dn 8:7,8 Dn 8:20,21

El último Imperio, el Romano (27 a.C.) fue dividido, primero en dos partes (las dos piernas de la imagen, 330 d.C., época de Constantino) y después en diez partes (los dedos de los pies, futuro).   Dn 2:40

Las piernas de la imagen, el último imperio, fueron cumplidas en la división del Imperio Romano en dos partes: el Imperio Romano de Occidente (Roma) y el Imperio Romano de Oriente (Constantinopla, Imperio Bizantino). Dn 2:41

Más de dos mil quinientos años han transcurrido y ahora los dedos de los pies de la imagen están por llegar al cumplimiento. La Unión Europea (antes el Mercado Común Europeo) integrada por un grupo de naciones, unidas por motivos económicos y comerciales, pueden representar los dedos de la imagen vista por Nabucodonosor en Daniel capítulo 2 versículo 41. Aunque el número de miembros puede variar hasta la manifestación del anticristo, serán diez los de la alianza cuando la bestia se presente.

Actualmente, en la Unión Europea hay más de diez naciones, pero la unión final — ésta u otra — será la Nueva Roma y se hallará en territorio que geográficamente pertenecía al antiguo Imperio Romano. Las naciones de la Unión Europea ya han formado su parlamento y tienen como sede a Bruselas, capital de Bélgica.

Las diez naciones formarán una alianza de hierro y de barro. La mezcla del hierro y del barro representa una mezcla de varias formas de gobierno, unidas por medio de alianzas. [m] Dn 2:43

La estatua es destruida por *la piedra cortada no con mano* (el Rey Jesús en su segunda venida) y la piedra se expande en un monte que llena toda la tierra. [n] Dn 2:35,45 Is 2:2; Mi 4:1

El sueño representa la grandeza del poder mundial de los gentiles visto por los ojos de un rey pagano, Nabucodonosor. Esta grandeza es pasajera y será destruida por el REY Jesús en su venida. [o] Dn 2:45

Bajando de la cabeza de oro, los metales pierden valor, pero ganan fuerza. Roma era la más fuerte en cuanto a potencia militar y la más débil en su sistema gubernamental. Científicamente se ha comprobado que el *barro cocido* es de alta resistencia. Se rompe con facilidad por no ceder a la presión (baja elasticidad), aguantando hasta el momento final de quebrarse. El hierro, en cambio, aparenta ser más resistente, pero bajo presión queda deformado: no así las cerámicas modernas. De éstas se fabrican motores experimentales de automóviles y diversos aparatos que requieren de la fuerza a temperaturas altas que destruirían al hierro.[p] Todo esto comprueba la inspiración divina del sueño y su interpretación, ya que Dios conocía la naturaleza de la cerámica antes que el hombre.

La piedra cortada no con mano, destruye al sistema mundial de los gentiles (en su forma final). Es entonces Dn 2:34,35 Dn 2:44,45 cuando la piedra llega a ser un gran monte que llena toda la tierra. La destrucción del sistema mundial de los gentiles no tuvo lugar en la primera venida de Cristo. La acción descrita por la piedra, Cristo, en su destrucción de la estatua (símbolo del sistema mundial de los gentiles) tendrá su fiel cumplimiento en la segunda venida.

[q]

Dn 7:26,27

[r]

3. Se honra a Daniel

Dn 2:46,47

Nabucodonosor, con humillación, reconoce superficialmente al Dios de Daniel, declarando que Él es el más grande entre los otros dioses. En el capítulo 4 el rey alcanzará mayor comprensión del único Dios.

Dn 2:48

Dn 4:34

4. El horno de la prueba

Dn 3

El horno del poder gentil verdaderamente ha quemado a los hijos de Israel durante más de dos milenios. El capítulo 2 del libro de Daniel, que acabamos de estudiar, presentó este horno por medio de la figura de la imagen que vio el rey Nabucodonosor en su sueño. Ahora vemos este mismo horno tipificado a través de la experiencia de tres jóvenes santos de Dios por la narración del capítulo 3 de Daniel que:
  ❏ Demuestra el cuidado de Dios hacia sus hijos
  ❏ Tiene lecciones proféticas profundas

Posiblemente, inspirado por su sueño Nabucodonosor mandó construir una estatua de sesenta codos de altura y seis codos de ancho. Esta estatua era de oro. Estos números podrían, posiblemente, relacionarse con el número seiscientos sesenta y seis de Apocalipsis 13:18. También podemos hacer una observación curiosa en la fórmula dada a continuación: 360 = 6 x 60. Ésta quizá muestra que la imagen habla de una etapa de tiempo por la relación que existe con el número de días en el año profético. Es posible, entonces, que la estatua represente el período de dominio gentil. El número trescientos sesenta tiene relación además con el número de grados en un círculo. La imagen podría representar un concepto de totalidad — así como el número siete — pero aplicando el concepto a un período determinado de tiempo (dominio gentil). Resaltamos que estas conclusiones no se pueden aplicar en forma dogmática y son presentadas para el interés del lector.

Al establecer culto a la imagen, Nabucodonosor estaba mezclando el poder político con la religión. Esto se hace en los países comunistas, donde la religión es el estado (ejemplo China, el país más poblado del mundo). En el caso de Babilonia, Nabucodonosor era el estado; por lo tanto, el

[s]

Dn 3:14

postrarse ante la estatua era postrarse ante Nabucodonosor. El acto de adorar a aquella imagen tipificó entonces lo que ha de suceder en la mitad de la gran tribulación en relación con el anticristo (véase Lección 11, sección 5).

Los amigos de Daniel rehusaron arrodillarse delante de la imagen. Esto trajo sobre ellos la ira de sus enemigos quienes los *acusaron maliciosamente*; esta frase significa literalmente "comerse la carne de alguien". Había envidia y prejuicio hacia estos santos varones de Dios solamente por el hecho de ser judíos.

[t]
Dn 3:8

El desobedecer la orden de adorar la imagen trajo sobre ellos la ira de Nabucodonosor, quien dijo: *"¿Qué dios será aquel que os libre de mis manos?"* El rey demostró falta de entendimiento. Como hombre natural, él no concibió lo que afirmó en ese momento.

Dn 3:15
1 Co 2:14

Los jóvenes judíos hicieron confesión de su fe delante de Nabucodonosor. Reconocieron el poder del Dios de sus padres, pero se mostraron listos para el martirio, si esto fuera necesario. No les importó el precio que tendrían que pagar, ellos iban a ser fieles a su Dios, costara lo que costara. *Estimada es a ... Jehová la muerte de sus santos.*

[u]
Dn 3:17

Job 13:15
Ap 12:11
Sal 116:15

El soberbio Nabucodonosor sufrió un susto. El cuarto varón apareció en el horno con los tres jóvenes. Éste fue el Ángel de Jehová: una aparición de Cristo preencarnado (Cristofanía). Sería entonces, Jesús, quien sacó a los jóvenes del horno sin que se les quemara un solo cabello. Nabucodonosor les llamó: *"Siervos del Dios Altísimo".*

Dn 3:25
Is 43:2
[v]

Dn 3:26
[w]

Ver en este capítulo sólo el cuidado providencial de Dios, sería perder mucho de su significado. Tenemos también la lección profética que ahora vamos a destacar.

Los tres jóvenes judíos representan a la nación de Israel. Así, este pueblo sigue adelante aunque se halle en el horno del poder gentil. Desde el punto de vista humano, Israel debía haber sido consumido. No hay otra nación que haya permanecido indestructible aún en medio de tanta persecución.

[x]

El hombre ha desafiado la autoridad de Dios desde el principio. Las acciones de Nabucodonosor, al edificar su imagen, constituyen una muestra más de la rebelión de la humanidad contra Dios.

Gn 3:12
Gn 11:4

5. Consideraciones

Daniel capítulo 3 y Apocalipsis capítulo 13 son complementarios en sus mensajes en cuanto a los tratos de Dios con Israel. Daniel 3 señala el principio de los tiempos de los gentiles y Apocalipsis 13 señala el fin del mismo.

Debemos ver el pasado para entender mejor el concepto de Babilonia. Como una idea humana de gobierno, Babilonia comenzó en Génesis capítulos 10 y 11. Estos capítulos de Génesis dan la primera idea de que Babilonia es un sistema que quiere poner al hombre por encima de Dios. Babilonia representa una religión e ideología. Es lo que proviene de Satanás. El diablo ha tratado de establecer su reino aquí en la tierra en oposición al Reino de los Cielos. La torre de Babel representa la religión de Babilonia que es el sistema que quiere unir a los hombres para destruir a Dios y no dejará de existir hasta que Jesús establezca su reinado. Este sistema llegará a su máxima expresión en los días del anticristo. Este capítulo viene a representar la exaltación del gobierno satánico, la persecución de los santos hasta la muerte, y de como Dios tomará cuidado de Israel a pesar de todo. Véase Apocalipsis 12:14.[y]

Nabucodonosor es un símbolo del anticristo. Babilonia es el tipo del sistema político-religioso que será establecido en los últimos días. Los jóvenes judíos en el horno tipifican lo que Israel experimentará en la tribulación. El rescate de los jóvenes representa la liberación de Israel en la tribulación.[z]

Israel ha sufrido en el horno del poder gentil durante siglos. Notamos que este capítulo hace claro el cuidado de Dios para su pueblo, aun estando en el horno de fuego.

También, Babilonia en la Biblia señala la rebelión de los hombres contra Dios. En nuestros días esta rebelión sigue, aunque disfrazada de muchas maneras. *Toda altivez que se levanta contra el conocimiento de Dios* (2 Co. 10:5) es parte de esta rebelión. Podemos mencionar el llamado movimiento de la Nueva Era o Edad, como el ejemplo más notorio de esta rebelión en el mundo actual.

Babilonia como *cabeza de oro* del capítulo 2, llega a ser un tipo o modelo de la cabeza del sistema gentil. Este sistema tiene como objetivo eliminar a Dios y exaltar a Satanás.

Otra consideración que podemos añadir concerniente al *barro cocido* es su identificación con la materia prima que "el filo" de la tecnología moderna está proveyendo al mundo de hoy para la fabricación de "microcircuitos". Esta materia es el mismo *barro cocido*, y se llama silicio. Los elementos o circuitos electrónicos miniaturizados, hechos de esta materia, tienen potencia de manejo de información que podrá ser determinante en la dominación del mundo por el anticristo.

A nivel de los que manejan el poder económico se considera que la "información" es más valiosa que el oro. También las instituciones policiales y de espionaje pueden vigilar el flujo de información para sus fines correspondientes. Por ejemplo, con las modernas centrales digitales, que se encuentran en uso en casi todo el mundo, se puede grabar toda conversación para ser utilizada en algún término clave. Si están buscando a las personas que venden drogas, pueden programar lo relacionado con esta palabra, quedando señalado para revisarse posteriormente.

El hierro es la fortaleza bélica (Dn.11:38) y el barro cocido pudiera ser la fortaleza informática de control total sobre los hombres. Este control computarizado en manos de un dictador mundial podría constituirse en una de las mejores herramientas de dominación. Puede usarse para la sobrevigilancia desde satélites, un sinnúmero de aplicaciones militares y la implementación de un sistema económico que no usa monedas (fondos electrónicos). Esto facilitaría la implementación de Apocalipsis 13:17.

Cuando Daniel escribió su profecía era imposible imaginar que algo tan insignificante como es el *"barro"*, pudiera llegar a ser una materia prima que facilitará la dictadura del *inicuo* (2 Ts. 2:8,9).

6. Resumen de los símbolos

- ❏ La gran estatua que hizo Nabucodonosor es un símbolo de la imagen idólatra que se hará en honor del anticristo (Ap. 13), en cumplimiento de las palabras de Jesucristo en Mateo 24:15.
- ❏ Así como los jóvenes rehusaron adorar a la imagen, tampoco lo harán los judíos fieles durante la tribulación.
- ❏ Babilonia, construida por Nimrod (en hebreo, Nimrod significa "rebelde") representa a un sistema político-religioso. Es el intento de Satanás de construirse un reino aquí en la tierra. Éste llegará a su cenit en Apocalipsis, capítulo 18, y será destruido por Dios.
- ❏ Nabucodonosor es un tipo (símil) del anticristo.
- ❏ Al ser librados los jóvenes judíos, vemos en figura la liberación del remanente de Israel durante la tribulación.

Lección 4

El juicio divino

1. Segundo sueño de Nabucodonosor

Dn 4:1-37

La soberbia de Nabucodonosor trajo sobre sí el juicio divino, con una enfermedad que duró siete tiempos. Como resultado del juicio, su corazón de hombre fue cambiado por el de una bestia. Todo esto en cumplimiento de la Palabra de Dios relevada por el profeta Daniel, mediante la interpretación del segundo sueño de Nabucodonosor.

Dn 4:16

El sueño mostraba un árbol que es cortado. Esto representa el fin que le esperaba a Nabucodonosor al no haber arrepentimiento de su parte.

Dn 4:10-27

2. Pronunciamiento de Nabucodonosor

Dn 4:1-7

Nabucodonosor hace su proclamación después de haberse recuperado de la locura proveniente del juicio de Dios. La declaración no contiene fecha, pero es posible que se hiciera durante la segunda mitad de su reinado, cuando él estuvo en paz y había terminado la obra de edificación. Nótese que la proclamación es dirigida *a todos ... pueblos, naciones y lenguas.*

[a]

Dn 4:30

Nabucodonosor fue el primer rey gentil mundial y al tomar en cautiverio a los judíos, dio inicio al *tiempo de los gentiles* en cumplimiento del mandato de Dios.

Dn 4:1
Lc 21:24
Jer 27:6; 28:14

Paz os sea multiplicada, son palabras que muestran un cambio verdadero en la vida del rey. Aparentemente el juicio de Dios sobre Nabucodonosor le favoreció para su bien eterno.

Dn 4:1

¿Cuáles eran los motivos por los que Daniel no vino más temprano? No se nos dice, pero debe notarse que Daniel vino por su propia voluntad. Esto muestra la gracia que Dios le había dado a Daniel.

Dn 4:8
[b]

La frase *dioses santos* puede traducirse también "Dios Santo". El contexto en este capítulo indica el uso del singular. La duración de la condenación predicha es de *siete tiempos*, frase que puede significar siete años. El número siete confirma que el juicio proviene de Dios.

[c] Dn 4:8

Ap 8:6; 5:5; 15:1

[d]

El propósito del decreto:
- ❏ Para que conozcan los vivientes que el Altísimo gobierna el reino de los hombres
- ❏ Y que a quien Él quiere lo da
- ❏ Y constituye sobre él al más bajo de los hombres

Dn 4:17

La expresión VIGILANTES dicha por Nabucodonosor se refiere a los ÁNGELES.

[e] Dn 4:13,17,23

3. Interpretación del sueño y su cumplimiento

Dn 4:24-37

El árbol simboliza a Nabucodonosor. La humillación del rey es representada por el árbol cortado. La continuidad del imperio es vista en la atadura de la cepa.

[f] Dn 4:23

Nabucodonosor sufría de:
- ❏ Orgullo
- ❏ Vanidad
- ❏ Impiedad
- ❏ Soberbia
- ❏ Altivez
- ❏ Y cosas semejantes

[g]
Pr 29:23
Pr 13:11
Pr 12:7
Pr 15:25
Pr 21:4
Dn 4:30-31

4. Nabucodonosor fue humillado

Dn 4:31

Pasaron doce meses y el sueño se cumplió. Mirando su obra de edificación, se atribuyó a sí mismo la gloria que sólo le pertenece a Dios. Nabucodonosor, no había terminado de alabarse, cuando Dios al instante, desde el cielo le juzgó.

[h]

Dn 4:29-31

Le sobrevino una condición que le hacía comportarse como si fuera animal. Algunos han puesto nombres a esta enfermedad como por ejemplo "insania zoanthrópica" (considerarse un animal).

[i]

Dn 4:33

El resultado de la soberbia es la humillación. Hay leyes espirituales que gobiernan el mundo. Ejemplos de éstos pueden hallarse a menudo en las páginas de la Biblia:
- ❏ El orgullo resulta en humillación
- ❏ La siembra determina la cosecha
- ❏ El juzgar resulta en el juicio del que juzga

Mt 23:12
Gá 6:7
Mt 7:2

Nabucodonosor, al terminar los siete tiempos (posiblemente años) de juicio, experimentó una relación personal con el Dios Altísimo. Le fue añadida mayor grandeza. [j] Dn 4:34,36

5. Consideraciones

Podemos apreciar una estrecha relación entre el juicio que sobrevino a Nabucodonosor y el que llegará a la tierra durante la gran tribulación. Los dos juicios duran un espacio de tiempo definido por el número siete, indicando su procedencia divina. En orden cronológico, el juicio de la tribulación viene al terminarse el poderío gentil. El juicio de Nabucodonosor, se manifestó después de que le fue revelado el período del poder gentil. Aunque Nabucodonosor no es un tipo cabal del anticristo, en el capítulo anterior, se destacaron analogías relacionadas con *aquel inicuo* (2 Ts. 2:8). En el capítulo 4 de Daniel el juicio de Dios recae sobre Nabucodonosor, un rey soberbio, impío y perverso. Así mismo, vendrá el juicio de Dios sobre el verdadero anticristo. Nabucodonosor se distingue del anticristo en que él se arrepiente de su maldad y reconoce al Dios del cielo. El verdadero anticristo nunca tomará semejante acción.

Lección 5

La última fiesta

1. Noche de blasfemia

Jeremías había profetizado que *todas las naciones le servirán a él, a su hijo y al hijo de su hijo*:
- ❒ *A él* — Nabucodonosor
- ❒ *Próximo a su hijo* — Evil-merodac
- ❒ *Al hijo de su hijo* — Nabonido

Jer 27:7

Jer 27:6

2 R 25:27; Jer 52:31

Belsasar era el hijo de Nabonido. Históricamente Belsasar era sólo un corregente. Belsasar estaba ejerciendo el control como co-rey cuando cayó Babilonia. Su padre (el rey legítimo) Nabonido, quizás estaba de viaje o posiblemente quedó con la enfermedad que tuvo Nabucodonosor. La razón no está completamente clara, pero lo importante es que Belsasar estuvo al mando. Por esto no pudo ofrecer a Daniel el segundo puesto en el reino, pues él era número dos. A Daniel sólo le pudo ofrecer el puesto número tres.[a][b]

La caída de Babilonia había sido profetizada por Jeremías (y otros profetas) casi un siglo antes. Jeremías da muchos detalles del evento en profecía.

Jer 50:2,3   50:26, 51:53-58; 50:24
[c]

La profanación de los vasos sagrados del templo delante de todos, por parte de Belsasar, fue lo que provocó a Dios. Ésta fue la causa para que la mano apareciera en el muro y Belsasar muriera aquella misma noche.

Dn 5:2,3

Dn 5:5,6

Dn 5:30

La expresión, *tu padre*, es usada para indicar la idea de sucesión. Tiene la misma fuerza como decir "somos hijos de Abraham".

Dn 5:11
[d]
Jn 8:39

La reina no era esposa de Belsasar. Ella era la reina madre. Posiblemente había sido una de las esposas de Nabucodonosor, *el rey Nabucodonosor tu padre*. Lo más acertado es pensar que ella había presenciado lo que Daniel había hecho antes y sabía lo que él podía hacer.

[e]

Dn 5:10,11

Al tiempo de estos eventos, Daniel tenía alrededor de ochenta y cinco años de edad y los favores de un rey blas-

[f]

femo no eran para este santo anciano. Tampoco le valdría de algo los dones de un rey que aquella misma noche sería derrotado y muerto. Un hombre de Dios nunca debe actuar con el fin de recibir lo que le ofrece la gente.

Dn 5:30

2. La sentencia

La mano había permanecido en la pared hasta el momento que comenzó Daniel a dar la interpretación. Es posible que las palabras *MENE, MENE, TEKEL, UPARSIN* no eran de ningún idioma humano. En cambio, muchos comentaristas hacen una relación de esta frase con algún lenguaje existente en la tierra. A esto, preguntamos: ¿Por qué, en la presencia de tantos sabios, no hubo ninguno que descifrara el mensaje, si su origen era de lengua natural? Una respuesta sería que Dios les cegó para que ninguno diera la interpretación hasta que llegó Daniel.

Dn 5:25

Dn 5:7,8,24-29

Al fin de cuentas, si de idioma natural o celestial, las palabras significaban el fin de Babilonia como imperio y el traspaso del poder gentil a los Medo-Persas. Todos los siervos de Satanás allí reunidos no pudieron entender el mensaje sin la intervención del profeta, pues era asunto de Dios.

[g]

3. Cumplimiento de la sentencia

La paga del pecado es muerte. Aquella misma noche Belsasar murió. Fue el día 16 del mes tishri del año 539 a.C. cuando Babilonia cayó en manos de los Medos y Persas cumpliendo así la Palabra de Dios. Con este evento Daniel tuvo el privilegio de ver el cumplimiento de la profecía que él mismo había dado.

Ro 6:23
[h]
Is 21:9

Lección 6

Daniel en el foso de los leones

1. Daniel capítulo seis

Ahora, para iniciar este capítulo, encontramos que la soberanía del poder gentil ha sido transferida a los *pechos y brazos de plata,* el reino de los Medos y Persas.

Dn 2:32b
Dn 2:39a
Dn 5:30,31

Los capítulos 3 y 6 de Daniel tienen una relación notoria y presentan:
- La fidelidad soberana
- La consagración absoluta de los siervos de Dios
- La perversidad del ser humano
- La prueba de los hijos de Dios
- La victoria en medio de circunstancias imposibles para el hombre natural

[a]
Dn 3:24; 6:22
Dn 3:18; 6:10
Dn 3:8; 6:13
Dn 3:19; 6:17
Dn 3:27; 6:23

Los gobernantes tenían celos de Daniel. Parece que entre los principales motivos para destruirlo, estaban la envidia y el prejuicio. No aceptaban que un "judío" fuera tan respetado. Buscaron arruinar a Daniel a través de su vida pública o privada. Sin embargo no lograron encontrar nada malo en él, entonces crearon una situación para poder acusarle.

[b]

Dn 6:5

Darío, rey de Media y de Persia, cayó en la tentación de ser considerado como un dios. Esto abrió paso para que los enemigos de Daniel pudieran acusarle de falta de respeto al rey. Nada más lejos de la verdad.

Dn 6:7-9
Dn 6:13

El rey Darío llamó a Daniel: *"Siervo del Dios viviente..."*. La acción de Daniel es citada como un ejemplo de fe. Darío mandó que los que le denunciaron fuesen echados en lo que se creía sería el sepulcro del varón de Dios. Los leones *se apoderaron de ellos y quebraron todos sus huesos.* Dios dio una señal, pues el león, por naturaleza, no mata sino comer su presa. Se destaca que fueron quebrados *todos sus huesos.* Esto fue para

Dn 6:20
He 11:33

Dn 6:24

los malvados una muerte de angustia y tormento. Quedó claramente demarcada la intervención de Dios.

Como resultado, Darío hizo una declaración parecida a la que Nabucodonosor había hecho en reconocimiento al Dios de Daniel.

Dn 6:25-27

2. Consideraciones

En el capítulo 4 de Daniel se registra el juicio sobre Nabucodonosor. En el 5, el juicio sobre Babilonia en cumplimiento de la profecía dada muchos años antes. Ahora vemos la sucesión del poder gentil siguiendo el plan que Dios mostró a Nabucodonosor.

En los seis primeros capítulos de Daniel hay siete cosas en común:
- ❏ El hombre muestra su rebeldía contra Dios.
- ❏ Dios trae juicio sobre el hombre rebelde.
- ❏ Hay tipos de eventos futuros.
- ❏ El cuidado de Dios para su pueblo se manifiesta.
- ❏ Se ve el cumplimiento de la profecía.
- ❏ El soberbio es humillado.
- ❏ Es clara la intervención de Dios en los asuntos de los hombres.

Lección 7

Las cuatro bestias

1. Daniel capítulo 7

Regresamos al estudio de los cuatro imperios gentiles, representados en esta ocasión por la forma de cuatro bestias. Este capítulo termina con la destrucción del *cuerno pequeño*, quien será el personaje que tendrá todo el poder del último imperio gentil, en los días finales de la presente dispensación.[a]

2. La visión de las cuatro bestias

Los capítulos 2 y 7 de Daniel son paralelos. Muestran el período llamado *los tiempos de los gentiles.*

El capítulo 2 presenta los sucesos vistos desde la perspectiva humana y el capítulo 7, a los mismos eventos, desde la perspectiva divina. Nabucodonosor vio los imperios gentiles como algo grande, algo maravilloso, mas Dios los contempla como *bestias*. La revelación bíblica es progresiva, así el capítulo 7 proporciona mayores detalles que el capítulo 2.

El gran mar, puede referirse al mar Mediterráneo. Todos los países de esta profecía se encuentran alrededor del mar Mediterráneo. Es también posible que hable de las masas populares en estado de tumulto.

La primera bestia representa al Imperio Babilónico y al rey Nabucodonosor. La identificación de esta bestia es paralela a la experiencia del rey Nabucodonosor cuando fue humillado por Dios y anduvo como animal.

La segunda bestia representa el reinado del Imperio Medo-Persa. *Se alzaba de un costado más* indica que el Imperio Persia sería más prominente. Las *tres costillas* en la boca del oso hablan de la conquista por este imperio de los reinos de Lidia (no Libia), Egipto y Babilonia.

Dn 7:1-28
[b]
Lc 21:20-24

[c]
[d]
[e]
Dn 7:3
Ap 13:1, 17:15

Dn 2:38b
[f]
Dn 7:4
Dn 4
[g]

Dn 7:5
Dn 2:39a

LAS CUATRO BESTIAS

La tercera bestia representa al Imperio Griego-Macedónico que fue establecido por Alejandro Magno en el año 331 a.C. Aquella bestia poseía cuatro cabezas, estas cabezas simbolizan las cuatro divisiones del imperio hechas por sus cuatro generales, al morir Alejandro.

[h]
Dn 7:6
Dn 2:39b

La cuarta bestia representa al Imperio Romano. El cuerno pequeño es una persona. *Tenía una boca que hablaba grandes cosas*, esto advierte que el personaje del cuerno pequeño hará promesas y declaraciones extraordinarias. Éstas asombrarán a la humanidad. También hablará cosas portentosas contra Dios. Este cuerno pequeño es el mismo anticristo.

[i]
Dn 7:7,8
Dn 2:40
Dn 11:36
Ap 13:5,6

La cuarta bestia volverá a presentarse al fin del presente siglo. El espíritu del anticristo ya está en acción (véase Lámina 1).

2 Ts 2:7

3. El juicio y el Anciano de días

Dn 7:9,10

Daniel vio *tronos* puestos en forma de tribunal, listos para un juicio. *Anciano de días* hace referencia a Dios el Padre como el Juez eterno. La descripción de su vestido y su cabello habla de pureza, verdad y santidad. El trono de fuego es símbolo del juicio de Dios. *Ruedas*, se refiere a la movilidad y el carácter universal del juicio. El fuego también representa la gloria y justicia de Dios.

Dn 7:9

[j]
Dn 7:22,27
Ap 20:12,13
1 Co 6:2,3
He 12:29

Los libros fueron abiertos, éstos son los libros que Dios ha dado para la humanidad, la Santa Biblia. Los hombres serán juzgados según sus obras (*la ley escrita en sus corazones*) comparándolas con las normas descritas por Dios en su Palabra y el libro de la vida.

Dn 7:10b
Ap 20:12
Ro 2:14-16
He 4:12

El cuerno es el anticristo, quien representa el Imperio Romano que será renovado en los últimos días. A la cuarta bestia de la visión *mataron*, esto hace referencia al juicio que tendrá lugar al final de la gran tribulación, en la gloriosa venida del Señor Jesucristo.

Dn 7:11
Ap 19:17-21
Zac 14:1-4

La piedra *cortada no con mano*, la cual hirió en los pies a la imagen que vio Nabucodonosor, corresponde a la destrucción de la última bestia por el Señor Jesucristo en su segunda venida.

Dn 2:34
Dn 7:11

4. La segunda venida de Cristo en visión

Dn 7:13,14

La frase, *hijo del hombre*, se refiere al mismo Mesías. En varios lugares se usa esta misma expresión para hacer referencia a la segunda venida de Cristo.[k]

Mt 24:27,37,44
Mt 25:31; Mr 8:38;
Lc 17:30, etc.

Contemplamos la presentación de Cristo ante el Anciano de días. Daniel tuvo el privilegio de estar presente en la entrega del *dominio, gloria y reino* a Jesús.

Dn 7:13
Sal 2:6-9
[l]

5. La interpretación de la visión

Dn 7:15-28

El mensajero celestial identifica las cuatro bestias con cuatro reyes que se levantarán en la tierra. El reino del Mesías seguirá al último y los santos reinarán con el Señor.

La cuarta bestia que se describe en el libro de Daniel, se refiere al Imperio Romano; mientras que, la primera bestia descrita en Apocalipsis habla del cuerno pequeño (anticristo) de Daniel. Es notorio cuantos paralelos hay entre los dos (véase el estudio de comparación que está en la Lección 20, sección 2).

El cuerno pequeño, que es también la primera bestia de Apocalipsis y el anticristo, ordenará una persecución de los santos como nunca ha habido en la historia.

[m]
Dn 7:21
Ap 13:7

Llegará un momento en que, de la cabeza de la cuarta bestia (Roma) descrita en el libro de Daniel, saldrán diez cuernos (reyes). De los diez saldrá el cuerno pequeño, (anticristo) que es la primera bestia de Apocalipsis, quien derribará a tres de los diez (reinos) en su ascenso al poder.

Dn 7:20b

Dn 7:24

El cuerno pequeño blasfemará contra Dios abiertamente. La condición actual del mundo indica que estamos cerca de la presentación del malvado anticristo.

Dn 7:20b
Ap 13:6
2 Ts 2:3,4

El período de poder máximo del anticristo es de *tiempo, y tiempos, y medio tiempo*. Esto se refiere a los tres años y medio de Apocalipsis.

Dn 7:25
Ap 11:2,3
Ap 12:6,14
Ap 13:5

6. Consideraciones

Los *tiempos de los gentiles* comenzaron en el año 605 a.C. con la primera deportación de los judíos y la desolación de Jerusalén. Terminarán con la segunda venida de Cristo, entonces Él iniciará su reinado de gloria sobre la tierra y las promesas para con el pueblo de Dios, Israel, serán cumplidas.

El reino visible del Mesías es todavía futuro. Según Daniel capítulo 7, será establecido después de la destrucción del *cuerno pequeño* (el anticristo) y del poder gentil.

En la primera venida del Mesías no hubo ninguna acción de su parte para establecerse como rey, al contrario Él fue crucificado. Su segunda venida será totalmente distinta y no habrá potencia humana o diabólica que pueda impedirlo.

———————— Lección 8 ————————

El plan profético para Israel

1. Tercera parte del libro de Daniel   Dn 8:1 - 12:13

La segunda parte del libro de Daniel (capítulos 2 al 7) que acabamos de estudiar, fue escrita en el idioma arameo. El arameo era una lengua gentil. Era pertinente entonces que el plan de Dios fuese escrito en ese idioma para las naciones gentiles.[a]

El tema de la sección que ahora estudiaremos habla de las intenciones de Dios para con el pueblo escogido en el período llamado por Jesucristo *los tiempos de los gentiles*. Encontraremos el énfasis que se da en lo que ocurrirá a los hijos de Israel con la llegada del anticristo.[b]

Podemos dividir esta última sección en varios temas [c] principales:

- ❏ La visión de la lucha entre un carnero y un macho cabrío (esto es figura de la lucha entre el Imperio Medo-Persa y el Imperio Greco-Macedónico).   Dn 8:1-8
- ❏ La presentación de *un cuerno pequeño* que atormenta y hace guerra contra el pueblo judío.   Dn 8:9-14
- ❏ La interpretación de un ser celestial de la visión.   Dn 8:15-27
- ❏ La confesión de Daniel de sus pecados. Él recurre a las promesas de Dios y como resultado recibe la revelación de las setenta semanas.   Dn 9:1-19
- ❏ La revelación a Daniel del designio de Dios para la redención de Israel.   Dn 9:20-27
- ❏ La oración profunda del profeta y su deseo para entender mejor el divino designio.   Dn 10:1-14 / Dn 10:15-21
- ❏ Se le promete que le serían reveladas más cosas.
- ❏ Se le presentan sucesos del futuro próximo y lejano, relacionados con el pueblo de Dios.   Dn 11:1-35
- ❏ Para finalizar, Daniel recibe de Dios revelaciones del tiempo de la tribulación y de las resurrecciones futuras.   Dn 11:36-45 / Dn 12:1-13

2. El carnero y el macho cabrío
2.1 La visión

Detalle histórico de la visión:
- ❒ *En el tercer año del rey ... Belsasar*, 551 a.C.
- ❒ *En Susa*
- ❒ *Junto al río Ulai* (Hay la posibilidad de que Daniel no estuviera en Susa corporalmente. Así como el profeta Ezequiel fue llevado en el Espíritu, Daniel pudo haber experimentado lo mismo.)

En la visión del carnero que tenía dos cuernos, descrito aquí por Daniel, uno de los cuernos crece haciéndose más alto que el otro. Esto representa *a los reyes de Media y de Persia*. Persia se hizo más prominente que Media y de esta manera se cumplió la visión de Daniel.

La visión del macho cabrío simboliza al Imperio Griego, esto lo sabemos por la interpretación divina.

El *cuerno notable* fue Alejandro Magno, quien conquistó con gran velocidad *(sin tocar la faz de la tierra)* al mundo conocido en sus días. También el leopardo con cuatro alas representa al mismo Imperio Griego y la ligereza con la cual conquistaba.

En referencia al gran cuerno, Daniel dice que *fue quebrado*. De esta manera Daniel habla proféticamente de la muerte temprana de Alejandro Magno en Babilonia en el año 323 a.C. Al encontrarse en la cumbre de su carrera militar, su vida fue cortada a la edad de solamente treinta y dos años, después de degradantes borracheras y orgías. Esta profecía del ascenso y caída de Alejandro Magno se cumplió literalmente doscientos años después de ser profetizado a través de la visión a Daniel.

De uno de los cuatro cuernos, que aparecieron en lugar del *gran cuerno*, salió un *cuerno pequeño*. A éste, se le identifica con la persona de Antíoco Epífanes. Epífanes se hizo conocido por la gran persecución que realizó en contra del pueblo de Dios. Fue notorio su odio para los escogidos. En el año 168 a.C. Epífanes intentó invadir Egipto. Terminó como un fiasco. Quiso reponerse conquistando a Jerusalén. Miles de judíos fueron decapitados. Epífanes profanó el templo. Hizo ofrenda de un puerco sobre el altar. Después derramó el caldo por todo el templo de Dios. Remató los puestos del sacerdocio y vendió a centenares de judíos a la esclavitud.[i]

El *cuerno pequeño* de Daniel 7:8,24 habla del mismo anticristo. Daniel 8:9 habla de Antíoco Epífanes, quien tipifica al anticristo. [j]

Un santo y *otro santo* son seres celestiales. Dn 8:13,14

Las *dos mil trescientas tardes y mañanas* han de ser literales. Se cumplieron en el reinado de Antíoco Epífanes. Hay varios puntos de vista respecto a este período. Generalmente, los que no participan de la interpretación literal dicen que cada día representa un año y que el período señalado por esta cifra, comienza con el cumplimiento de la visión del macho cabrío (la invasión de Asia por Alejandro) en 334 a.C. Al contar 2.300 años, se llega a la fecha cuando los judíos regresaron al templo en 1967. Esta interpretación, propuesta originalmente por Adam Clark, famoso comentarista bíblico de hace casi dos siglos, es de mucho interés. Sin embargo, el texto original de Daniel no indica 2.300 días, sino *dos mil trescientas tardes y mañanas,* que serían apenas 1.150 días. [k]

Dn 8:15-27
[l]

2.2 Interpretación de la visión

Daniel quiso entender el significado de la visión *(... consideraba ... y procuraba comprenderla)* pero no pudo, hasta que llegó Gabriel para que le enseñara. Sencillamente, no es posible entender la revelación profética sin la dirección de Dios. En nuestra época, el maestro del creyente es el Espíritu Santo. Dn 8:15-17

La visión es *para el tiempo del fin*. El cumplimiento histórico con Antíoco Epífanes es una figura de lo venidero.

Gabriel le indica a Daniel que saldrán cuatro reinos de Grecia y que después de los cuatro reyes se levantará *un rey altivo de rostro y entendido en enigmas*. Es verdad que este pasaje tiene un cumplimiento que ahora es historia en la persona de Antíoco Epífanes, mas también es verdad que la referencia aquí mencionada puede y debe aplicarse al futuro malvado, el anticristo. Dn 8:21,22

Dn 8:23-25

El relato de Daniel termina con las palabras angelicales, asegurando la veracidad de la revelación. Daniel se quebrantó tanto en el espíritu, que aun su salud física fue afectada. Daniel no tuvo el privilegio de entender lo que en nuestros días estamos conociendo. Dn 8:26

Dn 8:27

Dn 12:4

3. Consideraciones

El libro de Daniel terminó de escribirse en el año 535 a.C. La profecía del capítulo 8 tuvo su cumplimiento histórico y literal más de trescientos años después de haber sido escrita. Daniel podía relatar y escribir el contenido de la visión que tuvo, pero no podía comprender el significado de la misma. Hay muchas cosas en la Palabra de Dios que están más allá de lo que podemos comprender y explicar. Esto puede hacernos sentir frustrados, pero no debe ser así. ¡Nosotros no somos Dios! Dios mandó su ángel para demostrar el significado de la visión, mostrando el deseo de Dios de hacer saber a su pueblo las cosas que pertenecen a su gloria.

Es grato observar, que aún siendo como gusanos de la tierra (Job 25:6), Dios nos revela mucho más de lo que somos dignos de saber. Dios pudo haber dicho: "A éstos no les voy a revelar nada". Pero Dios, en su misericordia, nos revela mucho. En Amós 3:7 dice el Señor: **Porque no hará nada Jehová el Señor, sin que revele su secreto a sus siervos los profetas.**

---------- Lección 9 ----------

La revelación de las setenta semanas

1. La oración de Daniel Dn 9:1-19

El capítulo 9 de Daniel es la clave para la interpretación de muchas de las profecías bíblicas. Encontramos en este capítulo una profecía directamente relacionada con los designios de Dios para Israel.[a]

El Darío mencionado en el versículo 1 es el mismo del capítulo 6 de Daniel, por lo que la fecha sería 538 a.C. El rey Asuero del versículo 1 es distinto al que aparece en Ester 1:1.   Dn 9:1 / Dn 5:31, 6:1 / [b]

En el año 605 a.C. Daniel fue llevado en cautiverio a Babilonia siendo un joven de casi dieciocho años de edad. Esto indica que el profeta ya tendría aproximadamente ochenta y cinco años de edad cuando recibió la revelación de las setenta semanas.

Daniel dice: *"Miré atentamente en los libros"*. El profeta había estado escudriñando las Escrituras inspiradas por Dios, especialmente el libro del profeta Jeremías. Daniel no buscaba una nueva revelación, él tenía fe en lo que Dios ya había dicho. De las muchas revelaciones que Daniel recibió, ninguna contradecía lo que ya había sido revelado por Dios a los profetas anteriores a él. Un profeta que contradice lo que Dios ya ha revelado no es profeta que Dios haya enviado.   Dn 9:2 / Jer 25:11,12 / Jer 29:10 / [c]

En este versículo el nombre de *Dios el Señor* es el hebreo ADONAI-ELOHIM, que enfatiza la soberanía de Dios.   Dn 9:3 / [d]

Daniel, de manera ejemplar, confiesa su pecado y el de su pueblo. Es importante ver aquí el modelo de Daniel, como uno de los hombres más santos de la Biblia. Sin la confesión de Daniel no sabríamos que él tenía algún pecado. Cuando los grandes hombres de Dios salen a hacer la obra de Dios, comienzan confesando su propio pecado para así ministrar a otros. No podemos   Dn 9:3,5,20 / Is 6:5-7 sacar la paja del ojo del prójimo hasta que saquemos la viga que está en nuestro propio ojo. Mt 7:3-5

Daniel pide a Dios que retire su ira de Jerusalén, enfatizando la relación especial que esta ciudad tiene con el Señor: [e]
Dn 9:16
- ❏ *Tu ciudad, Jerusalén*
- ❏ *Tu santo monte*

Daniel ruega: *"Por amor de ti (Dios) mismo".* Dn 9:19

2. La revelación de las setenta semanas   Dn 9:20-27

En respuesta a la humillación de Daniel, Dios le dio la revelación de una de las más grandes profecías de toda la Biblia (véase Apéndice 8). La revelación vino a Daniel por medio del *varón Gabriel*. [f]
Dn 9:21

3. El mensaje de las setenta semanas   Dn 9:23-27

La palabra *semanas* (hebreo: shabu'im) significa una unidad o período de siete. En la manera que se utiliza aquí puede hablar de días, semanas, años o cualquier agrupación de siete. Sólo el contexto puede determinar el uso exacto. Varias circunstancias nos llevan a la conclusión de que la palabra *semanas*, usada aquí, se refiere a unidades de siete años. Así que, las setenta semanas equivalen a un período de cuatrocientos noventa años. [g]

Dn 9:24-27

Razones para la interpretación de "semanas de años": [h]
- ❏ Daniel quiso saber el número de años, no de semanas. Dn 9:1,2
- ❏ La cautividad fue consecuencia de haber quebrantado la ley del año sabático. Durante seis años Israel tenía que laborar la tierra, después la tierra tenía que descansar durante un año. La suma era siete años, o una "semana de años". 2 Cr 36:21
Lv 26:34,35
[i]
- ❏ Solamente en Daniel 10:2,3 se encuentra la palabra *semanas*, junto a la palabra *días*. Nos da a entender que si Daniel quiso hablar de siete días, hubiera escrito de la misma manera. Dn 10:2,3

Setenta semanas están determinadas sobre tu pueblo, es decir, Israel *y sobre tu santa ciudad*, Jerusalén. Dn 9:24

Hasta terminar el período de setenta semanas de años, seis obras divinas serían realizadas: Dn 9:24

- ❐ Terminar la prevaricación
- ❐ Poner fin al pecado
- ❐ Expiar la iniquidad
- ❐ Traer la justicia perdurable
- ❐ Sellar la visión y la profecía (cuando venga lo perfecto)
- ❐ Ungir al Santo de los santos

2 Co 5:18; Gá 3:13;
Col 1:20; Ef 1:7;
He 2:17; He 9:26;
1 P 1:10-12
1 Co 13:9,10

Is 61:1; Lc 4:18

Las bendiciones mencionadas en la lista anterior se relacionan con Cristo y el establecimiento del Reino Mesiánico.

[j]
Zac 12-14
Mi 4
Is 54

4. Consideraciones

Citamos a Evis L. Carballosa:

La Palabra de Dios enseña que habrá un remanente creyente de la nación de Israel que heredará las promesas hechas en los pactos. En los días finales cuando aparezca el cuerno pequeño (Dn. 7:8), Israel experimentará juicio y persecución (Zac. 13:8, 14:1,2; Dn. 12:1). Pero al final de ese juicio un remanente será salvo (Ro. 9:27). Es a ese remanente al que Pablo llama *todo Israel* (Ro. 11:26). *Todo Israel* no significa "todo judío" sino los que quedarán después de haber pasado los juicios de la tribulación.[k]

La división entre las *siete semanas* y las *sesenta y dos semanas* se explica en el hito histórico de la edificación de *la plaza y el muro* (Dn. 9:25). Las *siete semanas* representan cuarenta y nueve años. La historia nos muestra que éste fue el tiempo que transcurrió entre *la salida de la orden* y la edificación de *la plaza y el muro*. Las *sesenta y dos semanas* nos llevan hasta el tiempo del Mesías.

Véase Apéndice 8, las profecías de Daniel y las setenta semanas, para una explicación más amplia de la profecía de las mismas.

De la última semana hablaremos ampliamente en nuestro estudio de Apocalipsis donde su cumplimiento se presenta proféticamente. No es extraño que las profecías del Antiguo Testamento no incluyen la época de la Iglesia. Isaías 9:6 es un ejemplo en que la edad de la Iglesia se halla en la coma después de la palabra *"dado"*. En la profecía de las setenta semanas, la edad de la Iglesia separa la última semana de las demás.

Lección 10

La visión junto al río

1. Trasfondo de la visión

Daniel dice que el tiempo de la visión es *el tercer año de Ciro rey de Persia*. Esta cuarta visión ocurrió en el año 534 a.C. La revelación fue dada a Daniel setenta años después de haber llegado a Babilonia. Dos años antes Ciro emitió el decreto que permitió a los judíos volver a su tierra.

Por el antagonismo satánico, Daniel sintió *un conflicto grande*. Satanás intentó impedir la comunicación celestial. El conflicto espiritual hizo que Daniel se sintiera indispuesto en su cuerpo físico.

Estuve afligido por espacio de tres semanas. Cuando estamos en el Espíritu podemos sentir las luchas que se suscitan en los lugares celestiales. Tal era el *conflicto*, que Daniel ayunó.

Dn 10:1-4
Dn 10:1

Esd 1:1-4
[a]

Dn 10:1

Ef 6:12
Dn 10:2,3

2. ¿Visión de Cristo o de otro ser celestial?

El mes primero es el mes de nisán (abril). A los tres días después de acabada la fiesta de los panes sin levadura, Daniel recibió la visión. El gran río Hidekel es el Tigris.

Hay varias opiniones concernientes a la identificación del personaje celestial. Algunos piensan que es un ángel poderoso del mismo rango de Miguel. Otros creen que es el mismo Señor Jesucristo. Hay razones para creer que el ser es el Señor Jesús. También hay motivos para rechazar esta posibilidad. Si Jesús es el que se presenta, tenemos que enfrentarnos con el problema de explicar: ¿Por qué necesita ayuda Jesús para pelear contra el príncipe de Persia? Si es un ángel como Gabriel: ¿Por qué es tan parecida su descripción con la descripción del Señor Jesucristo dada en Apocalipsis 1:13-15? ¿Por qué le trata Daniel con un

Dn 10:4-9
Dn 10:4
[b]

Dn 10:5,6
[c]
[d]

Dn 10:16,21

interrogante? *¿Cómo, pues, podrá el siervo de mi señor hablar con mi señor?* ¿Por qué insiste Daniel en describirle con la frase: *Uno con semejanza de hijo de hombre?* No es posible para nosotros contestar estas interrogantes, ni tampoco podemos afirmar cuál sería el ser que se presentó a Daniel. Es opinión del autor que fue el Señor Jesucristo. Otras teorías proponen múltiples personajes, generalmente alternando entre el Ángel de Jehová y Miguel. El autor no puede resolver el conflicto de interpretación presentado por esta porción. Al fin de cuentas, en este caso, no importa mucho quien, o quienes, hayan llegado con el mensaje, más interesa el contenido del mismo.

Dn 10:5,6
Dn 10:16b
Dn 10:16

Podemos consolarnos en saber que no tenemos que resolver todos los problemas, pues: ¡Dios es el único quien lo sabe todo!

1 Ti 6:15,16

3. El ser celestial se presenta a Daniel después de gran lucha

Dn 10:10-14

Posiblemente Gabriel es uno de los seres que se presentan para hablar con Daniel. Cuando él fue enviado con la profecía de las setenta semanas dijo, *tú eres muy amado*; así mismo dice el segundo ser que se presenta en este capítulo, *Daniel, varón muy amado*.

[e]
Dn 9:23
Dn 10:11
Dn 10:19

Desde el primer día ... fueron oídas tus palabras. Es un consuelo para los santos recordar que Dios está atento a sus oraciones, y que las mismas son preciosas para Él.

Dn 10:12
Mal 3:16
Ap 5:8b

El *príncipe del reino de Persia* es un ser diabólico. Aquí la referencia vislumbra una guerra espiritual.

Dn 10:13

La Biblia habla de Miguel en cinco ocasiones, tres en Daniel, una en Judas y otra en Apocalipsis. El significado de su nombre es: "¿Quién como Dios?" Sólo de Miguel dice la Biblia que es un *Arcángel*. Es posible que haya otros con igual jerarquía. Es notoria la relación particular de Miguel con Israel.

Dn 10:13,21
Dn 12:1
Jud 9
Ap 12:7
Dn 10:21
Dn 12:1

Los *postreros días*, en relación a Israel, señalan el tiempo profético iniciado con el cautiverio de Israel y su fin con la segunda venida de Jesús.

[f]
[g]
Dn 10:14

4. Daniel es fortalecido

Dn 10:15 - 11:1

En esta sección recibimos profunda revelación concerniente a las cosas que suceden en los lugares celestiales.

Dn 10:19-21

El ángel dice *tengo que volver para pelear*, en primer lugar con *el príncipe de Persia* y luego con *el príncipe de Grecia*. | Dn 8:20,21
Notemos que:
- ❏ Hay actividad en el mundo espiritual que no vemos y esta actividad incluye aun guerras.
- ❏ Un ser celestial vino para declarar: *"Lo que está escrito en el libro de la verdad"*.
- ❏ Miguel es el *príncipe* de Israel.

Dn 10:19-21
Dn 10:13
Ef 6:12
Dn 10:21
Dn 12:4
Dn 12:1

5. Consideraciones

Daniel el profeta amado recibió la revelación profética más grande del Antiguo Testamento y Juan el apóstol amado, la más grande del Nuevo Testamento. Estos dos hombres de extraordinaria profundidad espiritual guardaban una relación muy cercana al corazón de Dios.

Los sucesos vistos en la esfera física son manifestaciones de lo que acontece en las esferas celestiales (espirituales). En vista de esto, es fácil entender que un ser celestial ha venido a Daniel para mostrarle como el próximo Imperio después de Persia será el de Grecia.

Alguien quizás se pregunte: ¿Por qué el Señor permitió que su mensaje fuera impedido durante veintiún días? Sabemos que Dios tiene el poder para acabar con Satanás en cualquier momento, pero esto no cumpliría con los propósitos divinos. Por esta razón, Dios permite que se desarrolle una guerra impidiendo a Satanás y a sus huestes salirse de ciertos límites. Algunos pasajes bíblicos relacionados son: Daniel 10:13, Apocalipsis 12:7, Judas 9 y Job 1:10-12.

Lección 11

La historia de Israel predicha

1. Profecía e historia

El título de la lección que estamos por estudiar es: "La historia de Israel...", pero debemos subrayar que cuando Daniel la escribió aún era profecía que debía cumplirse en el futuro.

El inicio del capítulo 11, trata con profecías ya cumplidas para el pueblo judío. Su cumplimiento se produjo entre los reinados de Darío el Medo (539 a.C.) y Antíoco Epífanes (175-163 a.C.).[a]

La parte restante de este capítulo (11:36-45) habla proféticamente de Israel, en tiempos todavía no presentados y que están íntimamente relacionados con los capítulos 12 de Daniel y 13 de Apocalipsis.

Un estudio completo de las profecías del capítulo 11 de Daniel, comparando con sus cumplimientos históricos llenaría más material de lo que se presenta en todo este libro. Por lo tanto, nos limitaremos al breve bosquejo que sigue.

Todos los versículos del capítulo 11 del 1 al 35 contienen profecías que ya se han cumplido. Estas profecías pueden ser históricamente comprobadas y se dividen en tres partes:

❏ La división del Imperio Greco-Macedónico   Dn 11:2-4
❏ El Imperio Griego hasta Antíoco Epífanes   Dn 11:5-20
❏ Israel en el tiempo de Antíoco Epífanes   Dn 11:21-35

Puede verificarse el cumplimiento literal de todas estas profecías buscando en los libros de la historia seglar.

Recordemos que Antíoco Epífanes es un personaje histórico, pero también, tipifica al anticristo que se presentará en los tiempos de la gran tribulación.

2. El misterioso rey venidero   Dn 11:36-45

Mucho se ha tratado de identificar quién será la persona descrita aquí. Algunos han dicho que Antíoco Epífanes, otros que Herodes el Grande, Augusto César y varios más. Ninguno de ellos cumple con exactitud la profecía escrita aquí. Nosotros vemos en este pasaje una profecía con referencia al anticristo, el *príncipe que ha de venir.*

Ap 13:1
Dn 9:26

3. La descripción del rey soberbio

Dn 11:36-39

Hay tres cosas que el rey soberbio despreciará:
- El *Dios de sus padres*
- El *amor de las mujeres*
- *A dios alguno*

Dn 11:37

El anticristo podría ser de ascendencia judía-europea y probablemente un homosexual del estilo aristocrático contumaz. Hasta hace poco, decir que el anticristo sería un homosexual hubiera sido rechazado. Pero hoy, ni aun el SIDA impide este desenfreno. Hasta ahora no hay forma de vencer esta enfermedad mortal, ni habrán normas que aplaquen esta inmoralidad (véase Lección 13, sección 2).

Dn 11:37
Ro 1:27,31
2 Ti 3:3

El rey soberbio dará honor, *al dios de las fortalezas.* El anticristo tendrá como su dios la acción bélica.

En cuanto a la identificación del personaje llamado el anticristo, las citas adjuntas son pertinentes.

Dn 11:38
Ap 13:7
Dn 11:36-39; Dn 7:20-25; Ap 13:1-10; Jn 5:43; 2 Ts 2:8-10; Zac 11:15-17

4. La ira de Dios sobre el rey soberbio

Dn. 11:40-45

Los eventos de la última parte de este capítulo son futuros.

Hallamos descritos aquí cuatro potencias mundiales de los días de la tribulación:
- **El rey soberbio**, el anticristo, con el antiguo Imperio Romano en su forma final del cuarto reino bajo la bestia, la federación de diez imperios
- **El rey del norte**, Rusia y aliados (Gog y Magog)
- **El rey del sur**, Egipto, potencia africana del norte
- **Los reyes del oriente**

Palestina es *la tierra gloriosa.*

Es posible que los reinos arriba anotados estén presentes en la batalla del Armagedón, reseñada por Zacarías. Esto resultará en un ataque de gran escala contra Jerusalén.

La guerra contra Israel desatada por estas cuatro potencias aliadas, constituye un evento que está claramente predicho por las Escrituras.

Mas llegará a su fin, y no tendrá quien le ayude. Los ejércitos del anticristo serán vencidos por la intervención directa de Dios.

[b]
[c]
Ap 13:1-10

Ez 38 - 39; Is 30:31-33; 31:8
Jl 2:1-7
Dn 11:40; Ap 16:12

Dn 11:41
Ap 16:14-16
[d]
Zac 14:1-3

Dn 11:45b

La victoria del Señor será absoluta sobre las fuerzas del maligno. El remanente fiel dará la bienvenida al Mesías que regresará en el resplandor y la majestad de su gloria.

Ap 19:21
[e]
Is 59:20; Ro 11:26;
Dn 12:1

5. Consideraciones

Hay varias maneras de ver las profecías relacionadas con las campañas militares del anticristo, así como con su persona. No es posible hacer predicciones absolutas. Lo que se presenta en esta lección respecto a eventos futuros, al igual que en todo este libro, debe ser entendido en forma especulativa, mas no dogmática.

El concepto de la *abominación desoladora,* que se menciona en el versículo 31 de este capítulo y en Daniel 8:11, 9:27 y 12:11, es enfatizado por el mismo Señor Jesús en Mateo 24:15 y Marcos 13:4. Antíoco Epífanes, como ya anotamos en la Lección 8, sección 2.1, profanó el templo derramando el caldo de un puerco sobre el altar. Según Daniel 9:27, a la mitad de la última semana, el anticristo hará algo aún más terrible. La palabra *abominación* nos indica que será totalmente repugnante.

En la Lección 3 (secciones 4 y 6) mencionamos la imagen que la segunda bestia mandará hacer en honor del anticristo (Ap. 13:14-16). Ésta será objeto de culto, lo cual es idolatría. La palabra abominación implica la práctica "abominable" de la adoración a los ídolos (1 P. 4:3). Concluimos que, parte de *las abominaciones* descritas por Daniel será la adoración idólatra de la imagen del anticristo descrita por Juan en Apocalipsis. Tal será el poder del engaño, que se le permitirá al falso profeta, según la profecía de Apocalipsis 13:15, infundir *aliento a la imagen.* Esta "vida" debe ser mecánica. Nunca será la vida que solamente Dios puede dar.

Actualmente hay mucha gente devota de las imágenes que hacen señales, como por ejemplo "llorar". La palabra *aliento* es traducida del griego "pneuma" que significa "espíritu". Indica que será un poder demoníaco el que se apoderará de la imagen. Seguramente esto mismo sucede hoy en relación con las supuestas manifestaciones vistas por seguidores de ciertos ídolos. La Palabra de Dios, en Oseas 4:12 habla del *leño* que *responde* a los interrogantes del pueblo fornicario (idólatra). En vista de estas evidencias podemos decir que Satanás ejerce un poder de engaño sobre los que practican la idolatría, y que, llegará a su expresión máxima con la *abominación desoladora.* Tan infamante será la abominación, que esta idolatría se producirá en el mismo Templo de Dios en Jerusalén.

---------------- Lección 12 ----------------

La gran tribulación y la liberación de Israel

1. Tiempo de angustia

El capítulo 12 muestra a Israel en el último tiempo, progresando en la misma línea de acción que viene desde el capítulo 11. Las frases *en aquel tiempo* y *tiempo de angustia* son sinónimas. Será en este período que el anticristo perseguirá con ira satánica al pueblo judío. Estos eventos tendrán lugar cuando el anticristo quebrante el pacto con Israel a la mitad de la tribulación.

La gran tribulación tendrá impacto no solamente sobre Israel sino también en toda la tierra.

Dn 12:1
[a]

Dn 12:1
Dn 11:40

Dn 9:27

2. Las resurrecciones

Estos versículos enseñan la resurrección del cuerpo. Daniel 2:2,3 presenta dos resurrecciones. La inicialmente mencionada se le conoce como la primera resurrección o el arrebatamiento de la Iglesia, y es para los que *serán despertados ... para vida eterna*. La otra será para los impíos y sucederá mil años después de la primera. Es para *vergüenza y confusión perpetua* (véase Lección 24, sección 3).

[b]
Ap 3:10

Dn 12:2,3

Ap 20:5b,6
1 Co 15:51,52
Ap 20:5a
Ap 20:11-15
Hch 24:15
[c]

3. Profecía de la liberación final de Israel

De la referencia, *cierra las palabras y sella ...,* dice el doctor Carballosa:
    La palabra cerrar contiene la idea de "preservar", mientras que sellar se relaciona con el concepto de autenticar o asegurar.
    La referencia es, sin duda, a la totalidad de las revelaciones dadas a Daniel a través del libro.[d]

Muchos correrán de aquí para allá, y la ciencia aumentará (Dn. 12:4). Como nunca antes en la historia, el afanoso mundo de hoy se apresura al pleno cumplimiento de este pasaje. El transporte aéreo permite que muchos *corran de aquí para allá* y por la dinamica de las comunicaciones se habla de la "aldea global". La revolución científica ha desarrollado tal cantidad de inventos y de conocimiento, que su aumento se da en proporciones inconmensurables. La cantidad de información (ciencia) que se produce en un solo periódico de una ciudad grande, es mayor que todo el conocimiento que tenía a su disposición una persona común en toda su vida hace solamente doscientos años. Actualmente, la revolución del computador personal está cambiando el mundo en que vivimos. La tecnología moderna nos ha permitido hacer llegar estas mismas lecciones a sus manos.

El río es el Hidekel (nombre hebreo del río Tigris).   Dn 12:4b; Dn 12:5, 10:4

La pregunta hecha en el versículo 6 es contestada por el versículo 7. La respuesta es: *Por tiempo, tiempos, y la mitad de un tiempo*. En el capítulo 7, esta misma frase se usa para hablar del tiempo que ejercerá su poder el anticristo. En Apocalipsis 12 se usa en referencia a la época que Israel soportará la persecución de los últimos tiempos. Estos dos versículos, Daniel 12:7 y Apocalipsis 12:14, están íntimamente relacionados y hablan del mismo intervalo. En Apocalipsis 13:5, a la bestia es dada *autoridad para actuar cuarenta y dos meses*. Entonces las expresiones *tiempo, tiempos y medio tiempo* de Daniel 7:25, 12:7 y Apocalipsis 12:14 equivalen a los cuarenta y dos meses de Apocalipsis 13:5. Todos estos versículos están hablando de la misma tribulación aguda que sobrevendrá a Israel y al mundo entero.   Dn 12:6,7 [e] Dn 7:25   Dn 12:7; Ap 12:14   Ap 13:5 Dn 7:25 Dn 12:7 Ap 12:14 Ap 13:5

Daniel quiso saber más, pero las palabras tenían que ser selladas.   Dn 12:8,9

Los *muchos* son los mismos *entendidos*; son también *los que enseñan la justicia a la multitud*.   Dn 12:10 / Dn 12:3

Los *impíos*, son aquellos que aun viendo los juicios de Dios persisten en la incredulidad y la apostasía.   Dn 12:10 [f]

Al comparar Daniel 12:11 con varias traducciones y el hebreo, concluimos que la versión Reina-Valera que utilizamos en estos estudios debería ser traducida de la siguiente manera: *Y desde el tiempo que sea quitado el continuo sacrificio y la abominación desoladora, habrá mil doscientos noventa días.*   Dn 12:11 (La palabra "hasta" se cambia por "y".)

4. Consideraciones

Fueron revelados a Daniel varios períodos de días. No nos es posible decir con exactitud a qué se refieren estos períodos. Lo que se conoce con algo de certidumbre, es que, estos tienen que ver con eventos relacionados con la última parte de la gran tribulación y sucesos introductorios al milenio. La diferencia entre 1.260, 1.290 y 1.335 días, puede señalar los eventos que habrán de registrarse entre la segunda venida de Cristo y el inicio del milenio. Ejemplos de estos eventos serían las bodas del Cordero y el juicio de las naciones.[g]

Aunque el profeta Daniel habría de morir antes que las profecías dadas tuviesen su cumplimiento, Dios le dio una promesa: *Te levantarás para recibir tu heredad al fin de los días*. Daniel será resucitado para participar en la gloria del Reino Mesiánico. Esta promesa es válida para todos *los entendidos*[h] (véase Lección 24, sección 2).

---Lección 13---

Introducción al estudio de Apocalipsis

1. Introducción al Apocalipsis

Una clave para entender Apocalipsis es el libro de Daniel. Apocalipsis hace referencia a los escritos de Daniel más que a cualquier otro libro en la Biblia, por lo tanto el estudio de Daniel ha provisto el fundamento necesario para el análisis que ahora iniciamos.

> **El significado de la palabra "Apocalipsis" es "descubrir — revelar".**

Apocalipsis es el libro universal — para todos.	Ap 5:9b
Apocalipsis es el único libro de la Biblia que contiene una bienaventuranza para los que oyen y leen.	[a] Ap 1:3, 22:7
Apocalipsis fue escrito en tiempo de gran persecución; millares de creyentes padecieron, fueron quemados, crucificados, decapitados, lanzados a las fieras y muertos de muchas maneras por el nombre de Cristo.	Ap 2:10b
Apocalipsis fue escrito por Juan, quien escribió el evangelio según San Juan y las tres epístolas de Juan.	Ap 1:1
Apocalipsis fue escrito en el año 95 d.C., al ser Juan expulsado a la isla de Patmos por el emperador Domiciano.	Ap. 1:9
Apocalipsis es un libro profético que muestra la lucha entre la luz y las tinieblas.	Ap 12:7
Apocalipsis habla de cosas importantes como: el juicio del gran trono blanco, la aparición de la Nueva Jerusalén y el comienzo de la eternidad.	[b] Ap 20 - 22

Apocalipsis es un relato de las visiones que tuvo Juan; por eso es difícil entender a veces el libro de Apocalipsis. Todos sabemos cuan difícil es relatar lo que se ha visto, por eso es necesario estudiar en la unción del Espíritu Santo y con mucha oración. [c] Ap 1:19a, 4:1

Apocalipsis es la **revelación** de **Cristo** como: [d]
- ❑ **Señor** de las **Iglesias** Ap 1 - 3
- ❑ **León** sobre las **naciones** Ap 4 - 20
- ❑ **Cordero** con los **redimidos** Ap 21 - 22

Un bosquejo de Apocalipsis se encuentra en el capítulo 1, versículo 19. Este versículo divide el libro en tres secciones o porciones: Ap 1:19
- ❑ *Las cosas que* ***has visto*** Ap 1:1-20
- ❑ *Las que* ***son*** Ap 2:1 - 3:22
- ❑ *Las que* ***han de ser*** Ap 4:1 - 22:21

2. Consideraciones

Apocalipsis es un libro de gran preocupación para el lector moderno. La situación actual del mundo demanda que uno se pregunte si los sucesos descritos en las páginas de la obra visionaria del apóstol Juan están a punto de acontecer.

Las señales de estos últimos tiempos fueron descritos por Jesucristo. El dijo: *"Mirad que nadie os engañe. Porque vendrán muchos en mi nombre, diciendo: Yo soy el Cristo; y a muchos engañarán. Y oiréis de guerras y rumores de guerras; mirad que no os turbéis, porque es necesario que todo esto acontezca; pero aún no es el fin. Porque se levantará nación contra nación, y reino contra reino; y habrá pestes, y hambres, y terremotos en diferentes lugares. Y todo esto será principio de dolores"* (Mt. 24:4-8). Un vistazo a estas palabras y a la portada de cualquier periódico, y nos haría pensar que los titulares fueron copiados de las palabras de Jesús.

Pablo el apóstol, guiado por el Espíritu Santo, escribió además: *"También debes saber esto: que en los postreros días vendrán tiempos peligrosos. Porque habrá hombres amadores de sí mismos, avaros, vanagloriosos, soberbios, blasfemos, desobedientes a los padres, ingratos, impíos, sin afecto natural..."* (2 Ti. 3:1-4).

La osadía con que los perversos dicen que su falta de moralidad es tan solamente un nuevo "estilo de vida", es el extremo de la depravación. Entre las maldades más repugnantes está la práctica de la homosexualidad. Estos depravados abiertamente proclaman su "sexualidad alternativa". En una declaración hecha por medio de una de las publicaciones principales del movimiento "gay", un homosexual radical, dijo agresivamente:

...a sus hijos, emblemas de su machismo frágil, de sus sueños ... vulgares ... [les] seduciremos en sus escuelas, en sus dormitorios, ... en sus seminarios ... dondequiera que se reúnan los hombres con hombres. Sus hijos llegarán a ser nuestros favoritos y cumplirán nuestros antojos. Vendrán a desearnos y adorarnos...

Todas las leyes que prohiben la actividad homosexual serán revocadas...

Si se atreven a [menospreciarnos] ... los apuñalaremos en su cobarde corazón...

No haremos compromisos de media tinta. No somos personas débiles... Somos ... los aristócratas naturales de la raza humana ... de mentes aceradas...

La unidad de la familia ... se abolirá ... Muchachos perfectos serán concebidos y criados en el laboratorio genético...

Se cerrarán todas las iglesias que nos condenan. Nuestros dioses santos son mozos guapos y jóvenes...

...Estaremos libres para vivir nuestras vidas según los dictados de la imaginación pura. Para nosotros, demasiado no basta...[e]

Con noticias de guerras, terremotos, falsos cristos, hambrunas, pestes y la vileza degradante ganando adeptos, nos urge el estudio del libro de Apocalipsis hoy más que nunca. Definitivamente, las señales de los tiempos, indican que lo descrito en sus santas páginas se cumplirá dentro de poco. Mientras tanto, el pueblo de Dios debe afirmarse en su relación con Él para resistir firmemente al diablo en sus asechanzas aberrantes.

---Lección 14---

Apocalipsis: la revelación de Jesucristo

Siguiendo el flujo profético de Daniel, la profecía relativa a los tiempos previos a la Iglesia ha sido tratada en las lecciones anteriores. Con esta lección comenzamos la presentación de la edad presente, la época que hoy vivimos, la dispensación de la Iglesia. El estudiante ahora tiene el privilegio de estudiar *la revelación de Jesucristo* (Ap. 1:1).

1. Las cosas que has visto

Juan es testigo de Cristo. Es **la revelación** que **proviene** de **Jesucristo** y es **la revelación** de la **persona** de **Jesucristo**. Es el descubrimiento de lo encubierto.

Apocalipsis es un libro que tiene que ser estudiado y asimilado, puesto que su propósito es *"manifestar"*.

Al decir *pronto*, Jesús está haciéndonos entender la necesidad de **vivir como si Él fuera a volver en cualquier momento**.

Tenemos el testimonio *de la Palabra de Dios*, *de Jesucristo* y también del autor del libro, Juan.

Para ser bendecidos, no sólo necesitamos leer y oír *las palabras de esta profecía*, sino también debemos **guardar las cosas en ella escritas**.

El Señor se dirige a *las siete iglesias*. El número siete en Apocalipsis — y generalmente en la Biblia — es símbolo de lo completo o de la totalidad, de la perfección, de la plenitud de los propósitos divinos. *Los siete espíritus* hablan del Espíritu Santo, la palabra siete se usa como adjetivo y habla de la perfección y plenitud del Espíritu; no del número de los espíritus, siendo que el Espíritu Santo es uno.

Los versículos 5 y 6 nos presentan varias descripciones de Jesucristo.

Ap 1:1-20
Ap 1:1
Is 46:9-10
Dn 9:22-23
Ap 1:1

Ap 1:1
Ap 1:2; 2 P 1:16-21; 1 Jn 1:1-3
[a]
Ap 1:3
Lc 2:19
[b]

Ap 1:4
Is. 11:2
Ap 1:5-6; Ap 1:18;
Ef 1:2-3;
He 4:14-16

APOCALIPSIS: LA REVELACIÓN DE JESUCRISTO

El Cristo, *que es y que era y que ha de venir* es revelado en los versículos 7 y 8, considerados como manifestaciones de alabanza.

Y todo ojo le verá, son palabras que no han podido ser entendidas en forma literal sino hasta nuestro tiempo. El domingo 24 de julio de 1969, millones de personas en todo el mundo vieron a Neil Armstrong dar el primer paso sobre la luna por medio de la televisión y todos pudieron verlo al mismo tiempo. Actualmente la choza más remota tiene receptor de satélite parabólico, sin embargo, no es posible afirmar que la televisión será el medio que permitirá el cumplimiento de este versículo.

Alfa es la primera, y Omega la última letra del alfabeto griego. La descripción de Jesús como *el Alfa y la Omega* se explica por las palabras que siguen: *Principio y fin*.

Juan había sido desterrado a Patmos a raíz de su testimonio de Cristo. Según la tradición, Domiciano había ordenado darle muerte a Juan introduciéndole en un recipiente de aceite hirviendo. El apóstol salió sin daño alguno y entonces fue mandado a la isla de Patmos. A menudo, cuando más tribulación tiene el creyente, mayor revelación recibe por parte de Dios.

La frase, *yo estaba en el Espíritu en el día del Señor*, tiene dos interpretaciones posibles:

❏ Que significa el primer día de la semana.
❏ Que significa que Juan fue transportado en el Espíritu al *día del Señor* en el futuro.

Estas dos interpretaciones son posibles y tal vez las dos son verdaderas. Un hombre como Juan no estaba *en el Espíritu* solamente los días domingos, él vivía *en el Espíritu*.

Siete candeleros de oro, simbolizan las siete iglesias, (véase versículo 20). La idea esencial es que la Iglesia es portadora de la luz en este mundo.

Así como Aarón inspeccionó los *candeleros* en el Lugar Santo, Cristo anda en medio de las iglesias. Cristo está inspeccionando a su Iglesia.

Su cabeza y sus cabellos eran blancos como blanca lana, denota su eternidad, su infinita sabiduría y experiencia.

Ap 1:7-8; Dn 7:13-14; Mt 24:29-33; Zac 12:8-14; Ap 22:13
[c]
Ap 1:7

Ap 1:8

[d]
Ap 1:9
[e]
Hch 14:22

Ap 1:10-11
Dn 9:3,20-21
[f]

Ap 1:12-13; Ex 25:31-40; Zac 4:1-6; Dn 7:13-14; Is 11:5
Fil 2:15
1 P 4:17
[g]
Ap 1:14; Col 2:3; Dn 7:9; Ap 2:18, 3:1; He 4:12

Tenía en su diestra siete estrellas. Se observa a Cristo que sostiene y apoya el ministerio de su Iglesia.

Juan no pudo resistir el poder de la gloria del Cristo Juez. Pobre del hombre que no tenga a Cristo en su corazón en el gran día del juicio.

Para el creyente que ha perdido a sus familiares el versículo 18 es de gran ánimo. Cristo tiene todo bajo control: ¡Él tiene las llaves del Hades y de la muerte!

Notemos que los justos que murieron antes de Cristo se encontraban en el *seno de Abraham* o el *Paraíso*, pero ahora están *con Cristo* en el cielo, *lo cual es muchísimo mejor.*

Ap 1:20
Ap 1:17-18; Lc 5:8; Jn 18:6; Hch 9:4
Ap 1:18
[h]
Mt 16:18,19
Lc 16:22-23
Lc 23:43
2 Co 5:6-8
Fil 1:23

2. Esquema del libro y la primera visión

El versículo 19 contiene el esquema del libro de Apocalipsis (véase Lección 13).

El significado de la primera visión está expuesto en dos partes:

❏ *Las siete estrellas* son los mensajeros, *ángeles*, de las siete iglesias. Éstos son los ministros o pastores de cada uno de las iglesias.

❏ *Los siete candeleros* son las mismas iglesias.

Ap 1:19-20
Ap 1:19
[i]
Ap 1:20
[j]

3. Consideraciones

Tanto Daniel como Apocalipsis, han sido atacados frecuentemente por la alta crítica. ¡Cuánto le gustaría a Satanás eliminarlos de las páginas de la Santa Palabra de Dios! Daniel y Apocalipsis tratan los temas que más preocupan a las potestades del mal, demostrando el paradero eterno del diablo, sus demonios y de los hombres malvados que les siguen. Además, expresan la eternidad dichosa que nos espera a los creyentes lavados en la sangre preciosa del Cordero.

Sin ser superiores a cualquier otra porción de las Escrituras, contienen una clase de revelación extraordinariamente importante para los tiempos finales. Estos dos libros son profundos y proporcionan grandes ejemplos de fe y la esperanza de una vida con Cristo en el cielo, *lo cual es muchísimo mejor* (Fil. 1:23).

---Lección 15---

Las siete iglesias

1. Las cosas que son: Introducción   Ap 2:1 - 3:21

Las siete cartas a las siete iglesias fueron dirigidas a congregaciones del tiempo de Juan. De las siete ciudades, actualmente sólo dos tienen Iglesias cristianas: **Esmirna**, la ciudad de la iglesia sufriente y **Filadelfia**, la iglesia débil (véase Lámina 2).

Se puede resumir el cuadro total de las cartas así: [a]
- ❏ Un proceso de **formación**, *tu arduo trabajo y paciencia* (Éfeso y Esmirna).   Ap 2:2
- ❏ **Deformación** gradual, *seduzca a mis siervos a fornicar* (Pérgamo, Tiatira y Sardis).   Ap 2:20
- ❏ **Reformación** subsiguiente, *andarán conmigo* (Filadelfia) (En sentido dispensacional también se puede incluir a Sardis en este grupo).   Ap 3:4
- ❏ **Conformación** (conformidad) con el mundo, *por cuanto eres tibio* (Laodicea).   Ap 3:16

La característica más sobresaliente de cada iglesia.
- ❏ **Éfeso:** Primer amor perdido   Ap 2:4
- ❏ **Esmirna:** Iglesia perseguida   Ap 2:10
- ❏ **Pérgamo:** Iglesia fiel; pero tolera a falsos maestros   Ap 2:14-15
- ❏ **Tiatira:** Iglesia dominada por falsos maestros   Ap 2:20
- ❏ **Sardis:** Iglesia espiritualmente muerta   Ap 3:2
- ❏ **Filadelfia:** Iglesia de testimonio fiel   Ap 3:10
- ❏ **Laodicea:** Iglesia tibia   Ap 3:16

Las cartas tienen una aplicación cuádruple:
- ❏ Histórica (literal)
- ❏ Universal (general)
- ❏ Individual (personal)
- ❏ Profética (actual)

Observamos que la aplicación fue **profética** al ser escrita, [b] pero ahora es **actual** para nosotros que estamos viviendo el cumplimiento de la profecía en estos últimos días.

Las cartas tienen en común varios elementos:[c]
- Dirigidas *al ángel*, (mensajero-pastor) de cada iglesia
- Saludo y destino
- Descripción de Jesús
- Conocimiento de Jesús sobre el estado espiritual de cada iglesia, *yo conozco tus obras*
- Condenación y/o alabanza respecto a cada iglesia
- Dirigidas al *que tiene oído* con la amonestación de que *oiga*
- Cada carta tiene una promesa *al que venciere...*

Para mayor estudio, el lector puede ver el Apéndice 1, donde presentamos un cuadro comparativo de las siete cartas.

2. Resumen de cada iglesia

Éfeso — amada, deseada. Se le condena por el abandono de su primer amor. *Recuerda, por tanto, de dónde has caído, y arrepiéntete.* — Ap 2:1-7

Esmirna — mirra, amargura. Le consuela en su persecución y le anima a que siga fiel, *Sé fiel hasta la muerte, y yo te daré la corona de la vida.* — Ap 2:8-11

Pérgamo — fortificada, alta, elevada. Se condena su mundanalidad y herejía (doctrina adulterada), hay promesas divinas, alimento celestial (maná) y trofeo de competencias para los vencedores (ganadores). — Ap 2:12-17

Tiatira — sacrificio perpetuo, ofrenda continua. Se condena la presencia de la falsa profetisa, que prostituía la doctrina y corrompía la moral de los que eran seducidos por su engaño. — Ap 2:18-29

Sardis — renovados. Condena la hipocresía en la vida cristiana. La promesa divina: vestidura sin contaminación y permanencia en el libro de la vida. — Ap 3:1-6; Zac 3:4

Filadelfia — amor fraternal. Elogia su fidelidad. Aunque tiene *poca fuerza* no ha negado el nombre de Jesús. Tiene una puerta abierta que nadie puede cerrar. — Ap 3:7-13

Laodicea — el pueblo reina; juicio de la gente. Derechos del pueblo, justicia propia. Condena su tibieza y mediocridad. El medio ambiente de riqueza e intelectualidad había afectado la espiritualidad de esta iglesia. — Ap 3:14-22

3. Consideraciones

Las situaciones espirituales de las siete iglesias históricas, son semejantes al estado en que se encuentra determinado cristiano (o el que dice serlo) dentro de la Iglesia y se manifiestan en todo tiempo y lugar durante la edad actual de la gracia.

Las situaciones históricas de cada una de las iglesias representan las condiciones futuras de alguno de los siete períodos previstos para la Iglesia durante la edad actual que vivimos, entre las dos venidas de Cristo (véase Apéndices 3-5).

A la iglesia de **Éfeso** se le enseña su falta de amor, pero Jesús le abre el camino a la vida eterna.

Sardis y **Laodicea** son las más censuradas, (son ricas en este mundo, pero en verdad son pobres y desnudas).

Pérgamo y **Tiatira** tienen cosas buenas y malas. Les hace falta discernimiento espiritual. El de ojos de fuego y espada aguda está presto a hacer la separación que ellos no han hecho.

Esmirna y **Filadelfia** no reciben ningún reproche. La primera sufre y se le anima para que sea fiel hasta la muerte. A Filadelfia se la promete librar del sufrimiento y la muerte (será arrebatada, Ap. 3:10).

La decadencia de las Iglesias es progresiva, comenzando por el descuido del amor, iba hacia la tibieza espiritual. La obscuridad espiritual empeora, de Pérgamo a Tiatira.

La doctrina de Balaam y la doctrina de los nicolaítas son referencias a los sistemas de falsa doctrina (enseñanza) que se han incorporado dentro de la Iglesia (para más información, véase Apéndice 6).

Las siete iglesias de Apocalipsis capítulos 2 y 3 funcionaban en Asia Menor, en el tiempo en que Juan el apóstol recibió la *revelación de Jesucristo*. Cada carta tuvo un significado contemporáneo para la iglesia en particular y un significado espiritual para la vida del creyente individualmente. También se aplica el mensaje de las cartas a las iglesias y creyentes de todo lugar y tiempo. Además, tienen una aplicación dispensacional y profética. Este plan se presenta en los Apéndices 2 al 5.

Si el plan presentado en los Apéndices 2 al 5 es representativo de la realidad que vive la Iglesia, entonces otra observación pertinente tiene que ver con el uso de las palabras *el que tiene oído*. Las tres primeras cartas presentan esta exhortación *(El que tiene oído, oiga lo que el Espíritu dice a las iglesias)* antes de la promesa, *al que venciere*, que se encuentra en cada carta. En cambio, las últimas cuatro cartas ubican la misma exhortación al fin de ellas, después de la promesa. ¿Correspondería esta agrupación a la interpretación que empleamos para encontrar las últimas cuatro iglesias al fin del período (o siglo) de la gracia? Si la respuesta a este interrogante es afirmativo, entonces Filadelfia será arrebatada y las otras tres conformarán la Iglesia apóstata.

Lección 16

El trono celestial

1. Las cosas que han de ser después   Ap 4:1 - 22:21

Con el capítulo 4 comienza la tercera sección de Apocalipsis. Se inicia con las mismas palabras que fueron usadas en 1:19 (*después de éstas*). *Las cosas que han de ser después de éstas*, pueden dividirse en tres secciones principales, que son:[a]

❏ El período de tribulación   Ap 6:1 - 19:21
❏ El milenio   Ap 20:1-15
❏ La condición eterna   Ap 21:1 - 22:5

Los capítulos 4 y 5 que estudiaremos en esta lección, hacen un preámbulo de la primera sección anotada arriba. Forman una introducción a la serie de juicios que son descritos detalladamente desde el capítulo 6 hasta el 19.

2. La puerta abierta en el cielo   Ap 4:1-3

Las expresiones *después de esto* y *después de éstas cosas*, hablan de lo que se presentó en los capítulos 2 y 3. Juan cambia su atención de los asuntos de la Iglesia a los de orden celestial. La Iglesia no se vuelve al escenario de Apocalipsis hasta el epílogo del capítulo 19 donde repentinamente la hallamos volviendo a la tierra. Esto indica que la Iglesia no estará en la tierra durante los juicios descritos en el libro. De la misma manera en que Juan fue trasladado, así sucederá con la Iglesia cuando acontezca el arrebatamiento.

Ap 1:19
Ap 4:1
[b]
[c]
1 Ts 4:17
Ap 3:10
Ap 4:1
1 Ts 4:16-17
1 Co 15:51-53

La palabra *trono* se menciona catorce veces en este capítulo, y cuarenta y seis veces en todo el libro de Apocalipsis, haciendo de éste el libro del *trono celestial*.

Ap 4:2
[d]

La excelencia, personalidad y perfección de Dios se representan en las piedras de jaspe, como translúcido a la luz y cornalina (ágata) que es de color rojo y simboliza el amor.

Ap 4:3
Ap 21:11
Ap 21:19-20
[e]

El arco iris como símbolo del pacto de Dios con Noé, indica que en medio del juicio, Dios será fiel a dicho pacto aunque la tormenta está por desatarse. El arco iris completamente circular y verde es símbolo de la esperanza del pacto perpetuo.

Ap 4:3
Gn 9:8-17
[f]

3. Descripción de los veinticuatro ancianos

Ap 4:4

¿A quiénes representan estos veinticuatro ancianos? Los ángeles no se sientan en tronos ni son coronados, tampoco cantarían el cántico de los redimidos, por lo tanto los ancianos son representantes de los redimidos. Son sacerdotes (vestidos de blanco) y son reyes (coronados). ¿Por qué veinticuatro? Dos veces doce podría referirse a los doce hijos de Israel y los doce apóstoles, dando así representación a los santos de los dos Testamentos de la Biblia. Doce es el número gubernamental en la tierra.

He 1:14
Col 2:18
1 P 1:12
[g]
Ap 2:10, 3:11
Mt 19:28
Ap 3:21
Ap 21:12-14

4. El trono celestial

Ap 4:5

"Y del trono salían relámpagos y truenos", indica el ambiente del cielo antes de ser desencadenados los juicios sobre la tierra. El trono de gracia se ha hecho trono de juicio.

Ex 19:16
Ap 8:5
Ap 11:19, 16:18
[h]

El ministerio purificador, perfecto, del Espíritu Santo está simbolizado por las siete lámparas de fuego. No arden con el fuego del amor, sino con el fuego de la ira de Dios contra los enemigos.

Is 11:2
Ap 1:4

5. Alabanzas celestiales delante del trono

Mar de vidrio semejante al cristal, muestra la santidad y pureza del que está sentado en el trono. En el tabernáculo de Moisés había una fuente de bronce que en los templos posteriores se amplió y se llamó *mar*. Siendo el tabernáculo terrenal figura del celestial, encontramos el *mar* en el cielo. Sin embargo hay varias diferencias entre el *mar* del templo de Salomón y el *mar de vidrio*. El *mar* de Salomón se contaminaba con la limpieza de los sacerdotes. En el *mar* celestial encontramos que no hay tal contaminación, ya que Cristo fue sacrificado una sola vez para todos. El *mar de vidrio* es el mismo piso de la sala del trono.

Ap 4:6-11
Ap 4:6
[i]
Ex 30:17-21
1 R 7:23-26
2 Cr 4:2-15
2 Cr 4:6
He 7:27
Ap 15:2-4

Los *cuatro seres vivientes* son los querubines del Antiguo Testamento y simbolizan los atributos judiciales y

Ap 4:6
Ez 1:5-26

la autoridad de Dios. Son presentados como poseedores de perfecta sabiduría. Proclaman la santidad de Aquel que está sentado en el trono y adoran al Creador. [j] Ap 4:8b

Simbólicamente en los rostros de los *seres vivientes*, Cristo es presentado como Rey, Siervo, Hombre y Dios: Ap 4:7 [k]

- ❏ *León*, omnipotencia y majestad — Ap 5:5
- ❏ *Becerro*, servicio a favor de los hombres — Lv 9:2-8
- ❏ *Hombre*, inteligencia y compasión — 1 Ti 2:5
- ❏ *Águila*, visión penetrante y acción repentina — Is 40:31

Miremos también el paralelo entre los cuatro seres vivientes con el énfasis que hace cada evangelio: [l]

- ❏ *León*, monarquía y reino de Cristo (Mateo) — Mt 3:2
- ❏ *Becerro*, servicio de Cristo (Marcos) — Mr 1:32-34
- ❏ *Hombre*, humanidad de Cristo (Lucas) — Lc 3:38
- ❏ *Águila volando*, divinidad de Cristo (Juan) — Jn 1:1

Este capítulo del trono termina con el himno de los ancianos, el primero de veinte himnos en Apocalipsis. Al rendir sus coronas ante el trono, los ancianos indican que únicamente el Señor es digno de reinar. Esto sirve como ejemplo para todo creyente. Ap 4:10-11

Ap 5:12

6. ¿Quién es digno?

Ap 5:1-3; Ap 5:1; Mt 22:44; He 10:12; Sal 98:1; Is 59:16

La mano derecha representa autoridad y poder.

Escrito por dentro y por fuera, indicando totalidad, así como el número de sellos; siete es el número de la totalidad y la perfección. Hay mucha controversia en cuanto a qué es este libro, o qué contiene. Podemos pensar que su contenido es juicio. Al abrir los sellos se van desatando juicios. Es posible que también sea el título de propiedad del planeta tierra. Era costumbre de los judíos que cuando una propiedad se vendía, la carta de venta (el título de propiedad) pasaba a manos del nuevo dueño. Al ser creado el hombre, Dios le hizo propietario de la tierra. Cuando el hombre cayó, perdió todo derecho y dominio sobre el Paraíso, así como también la vida eterna. Simplemente el hombre se vendió a la esclavitud. La tierra entonces cayó en manos de su nuevo dueño, Satanás, quien llegó a ser el *dios de este siglo*. Existía la ley de rescate. Cristo, al venir a este mundo, y morir en la cruz, ganó el derecho de ser nuestro *pariente cercano* y de rescatarnos.

[m]
Ap 5:1
[n]
Ap 6
[o]
[p]
Jer 32:6-15
Gn 1:26-28
Gn 1:17-22
Ro 6:16
2 Ti 2:26
2 P 2:19
Lc 4:5-7; Jn 12:31
2 Co 4:4
Lv 25:23-25
Col 2:13-15

EL TRONO CELESTIAL

7. Llanto de Juan y la respuesta

Las lágrimas de Juan representan el lamento del pueblo de Dios a través de todos los siglos. La tristeza de Juan era profunda; sin abrir los sellos, la tierra no podía ser rescatada de Satanás. Pero se encuentra a uno, quien es digno, *el León de la tribu de Judá, la raíz de David.* De Él, uno de los ancianos dice: *Ha vencido para abrir el libro.*

Ap 5:4-5

[q]

Jn 16:33

8. El Cordero inmolado

Tenía siete cuernos ... siete ojos. Cristo aquí se presenta como deidad.
- **Siete cuernos:** omnipotente
- **Siete ojos:** omnisciente

Ap 5:6-7

Is 11:2-3
Ap 5:6b

9. El cántico nuevo

Todos tenían arpas. En varios lugares de Apocalipsis se habla de *arpas.* Habrán instrumentos musicales en el cielo. ¡Qué bendición pierden los hermanos que creen que no debe haber instrumentos de música en la iglesia!

Copas de oro llenas de incienso, que son las oraciones de los santos. Delante de Dios nuestras oraciones son preciosas, no se pierden ni desaparecen. El ministerio sacerdotal de los santos se valora ante Dios.

Ap 5:8-10

Ap 14:2, 15:2b
Sal 33:2

Ap 5:8, 8:3-4
Mal 3:16

10. Toda la creación proclama honra y gloria al Cordero

La alabanza dada al Cordero es universal. Los ancianos, al cantar *...nos has redimido,* hacen nula la enseñanza de que no recordaremos nada de nuestra vida sobre la tierra y cuánto hemos hecho de malo. Si no tenemos memoria, no hay ningún sentido en este *nuevo cántico.* De todos los grupos que cantan y proclaman la dignidad del Cordero, sólo los ancianos pueden cantar de su redención. Ni los ángeles, ni tampoco *todo lo creado,* pueden cantar a su Redentor. Sólo el hombre, vendido al diablo, puede ser redimido.

Ap 5:11-14

1 Co 13:12b
Pr 20:27
1 Co 6:20

---Lección 17---

Los siete sellos

1. Inicio de la última semana de Daniel

En esta lección presentamos la apertura de los siete sellos que abarca el estudio de los capítulos 6 al 8 de Apocalipsis. Desde ahora nuestra atención estará dirigida a la tierra y a los juicios que vendrán sobre ella. El período total de juicios se describe desde el capítulo 6 hasta el 20. Hay muchos puntos de vista en cuanto a la conexión entre los sellos, trompetas y copas. En nuestro estudio, el séptimo sello contiene las trompetas y la séptima trompeta contiene las siete copas (véase Lámina 3). Muchos se han hecho la pregunta: ¿Por qué Dios no interviene en el mundo para remediar el estado pecaminoso y caótico en que vivimos? Una lectura de estos capítulos sobre el juicio será la contestación eficaz a esta pregunta. Cuando el Señor manifieste su ira, los resultados serán terribles y espantosos.[a] Es entonces de beneficio, para los que no conocen el evangelio, la paciencia y misericordia de Dios.

En este capítulo empieza a cumplirse la última semana de Daniel 9:27. Daniel no fue invitado para subir al cielo, pero Juan sí lo fue. Daniel lo vio todo en visiones nocturnas, pero no comprendió el significado de las mismas. [b] Aunque Juan tampoco comprendió muchas cosas, lo vio todo con claridad.

Los cuatro primeros sellos que son abiertos se presentan mediante cuatro caballos con sus jinetes. En algo se parecen a los juicios sobre los cuales Dios habló a Ezequiel.

Para simbolizar los agentes distintivos usados en la ejecución de los juicios divinos, se utilizan diferentes colores para los caballos.

Ap 6:1-8

Ez 14:21-22

[c]

2. Los siete sellos

Ap 6:1-2

2.1 El primer sello: el caballo blanco
El jinete conquistador

Este jinete es el cuerno pequeño que vio Daniel.

Y he aquí un caballo blanco. La presentación del mismo anticristo será como de un hombre de paz. Se destaca

Dn 7:8
[d]
1 Ts 5:1-3

que este jinete viene sobre un caballo blanco, símbolo de paz. Es notorio que tiene un arco pero no tiene saetas, lo cual también representa la paz.

Tan engañosa es su apariencia que hay muchos que creen que aquí se habla del Señor Jesús. Pero el jinete de este caballo blanco es distinto al jinete del capítulo 19. Aquí se dice del anticristo que *le fue dada una corona*, en cambio, del Señor Jesús se dice que *había en su cabeza muchas diademas*. Al Señor de señores y Rey de reyes no hay que "darle" una corona, Él tiene *en su cabeza muchas diademas*. También es fácil observar la diferencia que existe entre la descripción de este jinete y otras descripciones bíblicas de la conquista victoriosa de Cristo.

Podemos entender, aun del mismo sobrenombre "anticristo", que aquel ser intentará imitar a Cristo en todo aspecto durante su aparición, empresa en la cual tendrá sólo el éxito suficiente para engañar a los malvados. Los escogidos serán protegidos del error.

[e]
Ap 6:2
Dn 11:23,24
Dn 11:32

Ap 19:12

Zac 9:9-14
Sal 45:1-5

Mr 13:20

2.2 El segundo sello: el caballo bermejo
El jinete acompañado de la guerra

Ap 6:3-4
Ap 17:3,6

En este juicio el anticristo pronto deja ver su verdadero carácter. El color blanco, símbolo de paz, se vuelve rojo, símbolo de violencia y sangre. El jinete que llevaba el arco sin saetas ahora tiene una gran espada. Este jinete conducirá a las naciones a la guerra.

Muchos han pensado que este jinete representa al gobierno comunista, por el hecho de que siembra terror en el mundo. Busca armarse más que toda nación y su símbolo nacional es el color rojo. A pesar de todo, el comunismo en la forma que se ha manifestado no llena los requisitos para cumplir esta profecía en su totalidad; sin embargo, se puede destacar que tiene el espíritu del anticristo, como lo han tenido las naciones y reinos representados por hombres malvados como Julio César, Napoleón, Hitler, Stalin y otros.[f]

Este caballo con su jinete cumplirá las descripciones del profeta Daniel.

Dn. 11:38-39

2.3 El tercer sello: el caballo negro
El jinete portador del hambre

Ap. 6:5-6

Incluso en su color el jinete de este juicio presenta un cuadro de muerte (Lam. 4:8-9). Él trae una muerte espantosa. Este juicio será también económico, cuyo efecto será mayor sobre los pobres. *No dañes el aceite ni el vino.* Éstos son artículos de lujo que sólo aparecen en las mesas de los ricos. El mundo en que vivimos ahora mismo, sufre del mal presentado por este juicio. Los ricos se hacen más ricos y los pobres se hacen más pobres. Está desapareciendo la clase media. [g] Concluimos entonces que el juicio que vendrá a la tierra, hará que esta brecha se haga aún más notoria y por su resultado sobrevendrá muerte como nunca antes se registró en la tierra.

Un denario, era el sueldo mínimo de un día. *Libra* era una medida tan pequeña que apenas alcanzaba para que una sola persona pudiera comer.

2.4 El cuarto sello: el caballo amarillo
El jinete llamado Muerte

Ap 6:7-8

Este jinete tiene por nombre Muerte y su acompañante es el Hades. *Amarillo* puede traducirse como "pálido", "cetrino" o "verde", lo cual representa el color de un cadáver. El cuadro presentado por el reinado del anticristo ahora se hace manifiesto. ¡Es espantoso! Por todo lado habrán guerras, hambres, pestilencias y cadáveres abandonados. La putrefacción y pestes resultantes, ocasionando mortandad, se extenderán. Las *fieras de la tierra* perderán su temor natural al hombre, estarán bajo el control del anticristo, el enemigo perverso, y atormentarán a los hombres. Debido a este juicio morirá la cuarta parte de los habitantes de la tierra. Pronto será incrementado el número de los desdichados por los juicios restantes.

2.5 El quinto sello: el clamor de los mártires
Clamor de las almas justas

Ap 6:9-11

Con la apertura del quinto sello tenemos una persecución, con el martirio universal de los creyentes. Las *almas* que aquí claman contra sus verdugos, parecen ser judíos, por su insistencia en la venganza contra quienes prosiguen con la matanza en la tierra. En esto entendemos que son las almas de los judíos justos salidos de la tribulación. Al estar bajo el altar, se entiende que fueron cubiertos por el sacrificio del Cordero. En el capítulo 7 encontramos a los gentiles que son salvados en la tribulación.

He 10:32-34
Ap 13:10

Sal 94:1-2
Ap 7:14

Lv 8:15

Siguen algunas de las características de estas *almas*:

Ap 6:10-11

❏ Son mártires salidos de la tribulación

❏ Tienen voz y pueden clamar, pueden oír

LOS SIETE SELLOS

☐ Pueden razonar, tienen emociones
☐ Son inteligentes, tienen memoria
☐ Pueden vestirse, tienen vestiduras
☐ Se hallaban en estado de *descanso*   [h]
Nosotros entendemos que la palabra *alma* muchas [i]
veces hace referencia a la persona total.   Stg 1:21

2.6 El sexto sello: el gran terremoto   Ap 6:12-17
El sello de la ira

El terremoto descrito aquí es mundial, teniendo efecto sobre todos los moradores de la tierra. Se puede pensar que sucesos tales como el obscurecimiento del sol y la apariencia roja de la luna son resultados del cataclismo. Una actividad sísmica de esta magnitud afectará a todos los moradores de la tierra. Hará que grandes cantidades de polvo y humo de fuego se levanten en el aire. Como resultado quedará obscurecido el sol y la luna aparecerá roja como sangre.

Las estrellas del cielo que *cayeron sobre la tierra* deben ser meteoritos. Una lluvia tan abundante de aerolitos como la mencionada aquí, sería devastadora causando grandes daños en casas, edificios, vehículos y cualquier objeto expuesto a choque directo — todo esto sin mencionar el peligro del fuego.

No pasemos por alto la palabra *como*, que se repite en estos versículos cuatro veces. Juan tuvo mucha dificultad en explicar estos sucesos, lo que nos asegura que serán terribles y espantosos, por eso nos es difícil tener una visión clara de los eventos.

Notemos también que todo ser humano será afectado, alterándose el orden social. Todo se volverá un caos y la anarquía entrará en acción.

Es tan terrible el juicio de Dios, que los hombres malvados rezan a la naturaleza para que les esconda del Cordero. A pesar de la ira del Señor tan visiblemente manifiesta — y aún sabiendo los hombres la procedencia de tal ira — rehusan arrepentirse de sus perversos caminos.

El estudiante puede tomar nota de estos versículos   Is 54:10; Nah 1:5;
que nos hablan del sexto sello.   Ez 38:20

3. División parentética. Los 144.000 y la   Ap 7:1-8
multitud vestida de ropas blancas

Encontramos en el capítulo 7 un paréntesis de gracia. Dentro de este paréntesis, hallamos a dos grupos de santos redimidos durante la tribulación: uno es de los judíos y el otro de los gentiles.[j]

Muchos estudiosos nos indican que este paréntesis no sería cronológico, pero nosotros vemos que sí se debe entender en sentido cronológico por las palabras *después de esto* que son idénticas a las de Apocalipsis 4:1.

3.1 El remanente de Israel llamado y sellado Ap 7:1-8

Los *cuatro ángeles* están encargados de *los cuatro vientos* dando a entender los puntos cardinales: Norte, Sur, Este y Oeste. Ap 7:1 / Is 11:12

El *otro ángel* mencionado aquí no tiene que ser Cristo. No necesariamente la frase *otro ángel* habla siempre del Señor Jesús, mas vemos que el *otro ángel* cumple con las funciones de un sacerdote. Sin embargo, en el capítulo 8, la frase que estamos analizando tiene que referirse a Cristo; de igual manera, en el capítulo 10, el *ángel fuerte* es el Señor Jesús. Ap 7:2 / Ap 8:3 / Ap 10:1

Un descanso en los juicios es declarado con el propósito de sellar a los 144.000 judíos. El sello que llevan los protege para pasar a través de la tribulación. Siempre ha habido un remanente del pueblo de Dios. Ahora, este remanente será preservado para pasar la tribulación. Muchos piensan que ellos serán los evangelistas de la tribulación, pero nosotros vemos que sus ministerios serán como testigos para anunciar que los juicios provienen de Dios. Por lo tanto su misión principal no será predicar el evangelio. También ejecutarán un ministerio como remanente, guardando así un pueblo para Dios en la tierra, aún cuando las masas sólo blasfemen el nombre de Dios. Ap 7:3 / Ap 14:3b / Ez 9:4 / 1 R 19:18 / [k]

Sin informar la razón, en el texto faltan las tribus de Dan y Efraín. Posiblemente no están por su idolatría. Ellos dejaron que Jeroboam, rey de Israel, colocara becerros de oro en medio de sus tribus, incluyendo a la ciudad de Bet-el (casa de Dios), cambiando su nombre a Bet-avén (casa de los ídolos). Ap 7:9-17 / Ap 7:5-8 / Dt 29:18-21 / 1 R 12:26-30 / Jos 19:47 / Jue 4:4,5 / Os 4:17 / [l]

Algunos han dicho que sólo serán 144.000 los judíos salvos, pero esto es una afirmación no bíblica. Aquí se trata de un grupo especial con una misión especifica.

3.2 Gran multitud de redimidos salidos de la tribulación Ap 7:9-17

El grupo que ahora vemos es *de todas naciones*, esto ha de incluir tanto a los judíos, como a los gentiles. Vemos que las almas que estaban debajo del altar, ahora están *delante del trono*. Los primeros tres años y medio se han cumplido y en lo que resta de la tribulación provendrá la ira de Dios sobre los malvados que no se arrepintieron de sus perversidades.

Sigue una lista de características de la multitud:
- *Una gran multitud, la cual nadie podía contar* (Ap. 7:9)
- *De todas naciones y tribus y pueblos y lenguas*
- *Que estaban delante del trono ... en la presencia del Cordero*
- *Vestidos de ropas blancas, y con palmas en las manos*
- *Han salido de la gran tribulación*
- *Han lavado sus ropas, y las han emblanquecido en la sangre del Cordero* (Ap. 7:14)
- *Están delante del trono de Dios* (Ap. 7:15)
- *Le sirven día y noche en su templo*

Muchos han dicho que durante la tribulación podrán salvarse los "creyentes" que se quedaron después del rapto de la Iglesia. A esto contestamos: ¡NO! No nos engañemos. Los que serán salvos en la tribulación no serán los que calentaban las bancas en las iglesias. Si no tuvieron valor para servir a Cristo ahora, durante la presente época de gracia, no lo harán cuando el anticristo esté gobernando. No lo harían cuando, delante de sus ojos, cometan violación y homicidio contra sus familias. Serán salvos los impíos que nunca entraron en una iglesia. Al ver los juicios de los seis primeros sellos, ellos se arrepentirán y pagarán cualquier precio para estar con Cristo. El precio que tendrán que pagar es el de su propia vida. Serán decapitados por causa de Cristo.

2 Ts 2:7-12
He 6:4
He 10:26

Ap 20:4

4. El séptimo sello

Ap 8:1-5

El séptimo sello contiene tres cosas:
- *Silencio ... como por media hora*
- *Siete ángeles ... se les dieron siete trompetas*
- *El ángel tomó el incensario, y lo llenó del fuego del altar, y lo arrojó a la tierra*

Ap 8:1
Ap 8:2
Ap 8:5

El silencio es espantoso. En ninguna otra parte de la Biblia se menciona algo similar. El tiempo, *media hora*, puede ser simbólico o literal, pero enfatiza la gravedad de lo que sigue. Concerniente a este silencio en los juicios, Antonio Jaramillo escribió:

Ap 8:1
[m]
[n]

Es una tregua pausada cargada de mutismo.
Un sosiego desesperante de insonoridad y mudez.

Del contexto nos parece que el séptimo sello es el juicio de las siete trompetas.

Ap 8:1-2

El *otro ángel* del versículo 3 debe ser el mismo Señor Jesús en su ministerio sacerdotal. Aquí se nos indica que las oraciones de los santos son como incienso, un humo que sube a la presencia de Dios. No sólo vemos al Señor en su ministerio sacerdotal sino también como Juez, al arrojar el incensario lleno de fuego sobre la tierra. Notemos que:

Ap 8:3
Ef 2:18
He 13:15
1 P 2:5
1 Ti 2:5
[o]
[p]
He 12:29

❏ El fuego consume

Mal 3:2-3

❏ El fuego purifica

Ap 13:3

Lección 18

Las siete trompetas

1. Se rompe el silencio profundo

Muchos han sido los intentos por entender el significado de las trompetas y de los juicios en general. Nosotros nos inclinamos a la interpretación literal. Sin menospreciar otros puntos de vista, pensamos que esta preferencia a lo literal evitará confusión, pues no es posible conocer todavía los significados precisos de las profecías que deberán cumplirse en el futuro.

En el libro de Apocalipsis se aprecia el ministerio de los ángeles mejor que en cualquier otra parte de la Biblia. Los ángeles son los que ejercitan la voluntad de Dios. Estudiaremos ahora acerca de los siete juicios dispuestos por los ángeles que tocan las trompetas, designados para indicar la plenitud del poder de Dios en asuntos judiciales.[a]

Las trompetas de Apocalipsis son un solo conjunto. El siete indica plenitud, entonces el anuncio que hacen es perfecto y total. Su sonido sale del silencio profundo que hubo en el séptimo sello.[b]

Los juicios que siguen son juicios de la ira de Dios contra los malvados que han quedado en la tierra.

Muchas veces las trompetas se usaban para hacer anuncios, llamados de alarma y otros propósitos parecidos como por ejemplo, el lanzamiento de un ejército a la guerra.

Nm 10:1-9
Jl 2:1
[c]

Las siete trompetas pueden dividirse en dos grupos, las cuatro primeras y las tres últimas, conocidas como los "Ayes".

Las trompetas nos recuerdan los juicios contra Egipto.

Ap 8:6-13
Ap 9:1-11:18
Ex 9:18-28
Mi 7:15-17

2. Las siete trompetas
2.1 La primera trompeta

Ap 8:6-7

El granizo, el fuego y la sangre simbolizan la ira de Dios.[d] El efecto de este juicio será totalmente catastrófico, especialmente para los sistemas de vida vegetal.[e] Los tres elementos usados en este juicio forman un terrible conjunto de destrucción para la tierra y sus habitantes.[f]

2.2 La segunda trompeta
Ap 8:8-9

Dice: *"Como una gran montaña"*. Es difícil decir de qué se trata, pero el resultado del juicio es claro. La sentencia es sobre el mar y su efecto será de gran destrucción. Las pérdidas materiales y humanas ocasionadas serán excesivas.

2.3 La tercera trompeta
Ap 8:10-11;
Dt 29:18b;
Jer 23:15; Pr 5:4;
Lm 3:15,19

La estrella es Ajenjo. El Ajenjo es símbolo de amargura.

El resultado de este juicio, es la destrucción de las fuentes de agua dulce para la tercera parte de los habitantes de la tierra.

2.4 La cuarta trompeta
Ap 8:12-13

El resultado de este juicio será traer desánimo a los moradores de la tierra. Siempre la luz trae alegría. Un día obscuro es "un día triste". ¡Qué obscuridad tendrán los malvados en aquellos días de juicio! A causa de este juicio habrá un enfriamiento de la tierra.

3. Los dos primeros ¡ayes!
Ap 9:1-11:19
3.1 La quinta trompeta: el primer ¡ay!
Ap 9:1-12

Una estrella que cayó del cielo sería el ángel del abismo, posiblemente Satanás mismo. Es un ser de quién se habla porque dice: *se le dio la llave* y *abrió el pozo*.

Según algunos autores, los eventos de esta trompeta, serán todos en el mundo espiritual y los hombres no verán con sus ojos estos demonios terribles llamados langostas. Sin embargo, estamos inclinados a pensar que sí serán visibles tal como Juan los vio. Los hombres que en esta época estén sobre la tierra, estarán destinados a pasar lo más terrible. Estos tres años y medio serán para ellos una antesala del mismo infierno.

El tormento de este juicio será tanto que los hombres buscarán la muerte, pero no la hallarán.

3.2 La sexta trompeta: el segundo ¡ay!
Ap 9:13-21

Los cuatro ángeles mencionados aquí tienen que ser ángeles caídos, tan dañinos que Dios los mantuvo atados hasta este momento.

Que estaban preparados para la hora, día, mes y año. Esta frase nos hace ver que todos los eventos que hemos venido contemplando funcionan según un horario preparado por Dios desde mucho antes. Cuando comparamos con Mateo 24:22 se nos viene la pregunta: ¿Cómo puede ser acortado el número de días si el horario ya está hecho? Posiblemente la respuesta sea que el número de días es igual, pero su duración será acortada. Dios puede efectuar esto en nuestro medio para medir el tiempo, sin que nosotros lo sepamos. Explicar esto está más allá del alcance de la obra presente, pero tiene que ver con la física y la teoría de la relatividad. Lo cierto es que actualmente existe la idea generalizada de que no alcanza el tiempo para hacer las cosas como antes. El tiempo nos hace falta para todo. No olvidemos que Dios hizo regresar la sombra para Ezequías (2 R. 20:11).

En Judas 6, habla de *ángeles que no guardaron su dignidad ... en prisiones eternas.* Citamos aquí a Ivan Barchuk:

> Hay una antigua tradición judía en el sentido de que los espíritus malos se mantienen prisioneros junto al río Éufrates. También la ciudad de Babilonia, que está junto al Éufrates, se llama la morada de los demonios y de los espíritus inmundos (Ap. 18:2).
>
> Hay que recordar, además, que los alrededores del Éufrates eran antes el Paraíso. Por eso, parece que ese lugar les agrada a los ángeles caídos, como recuerdo de la victoria de ellos sobre el hombre. Pero el Señor convirtió este lugar para ellos en prisión.[g]

Los cuatro ángeles sueltos de sus prisiones tienen el trabajo de matar a la tercera parte de los hombres y también tienen a su disposición un ejército de doscientos millones de jinetes.   Ap 9:15 Ap 9:16 [h]

4. Los resultados de las seis primeras trompetas   Ap 9:20-21

Y los otros hombres que no fueron muertos con estas plagas, ni aún así se arrepintieron. Dios no cerró la puerta del cielo al terminar los primeros tres años y medio de tribulación, pero muchos de los hombres que sobreviven hasta estos juicios son tan malignos que por nada se arrepienten. Prefieren morir en el juicio antes que volverse a Dios. Aún en estas condiciones tan terribles, habiendo sido atormentados por los mismos demonios del infierno y muertos por sus ejércitos, hasta el último siguen con su idolatría y adorando a los demonios.

5. Visiones parentéticas   Ap 10:1 - 11:13

Así como hubo entre los sellos sexto y séptimo un paréntesis, también lo hay antes de la séptima trompeta.

5.1 El ángel con el librito   Ap 10:1-11

El *otro ángel fuerte* de este texto puede ser el mismo Señor Jesús. Sus características son como siguen: Ap 10:1

- *Fuerte* — Pr 23:11
- *Arco iris sobre su cabeza* — Gn 9:13
- *Su rostro era como el sol* — Mal 4:2
- *Sus pies como columnas de fuego* — Ap 1:15

Al poner un pie sobre la tierra y el otro sobre el mar muestra su legítimo dominio sobre la tierra. — Ap 10:2

Hay muchas teorías acerca del librito y su contenido, mencionaremos algunas: — Ap 10:2
- Que es el mismo librito de los sellos — [i]
- Que es otro libro que también contiene juicio — [j]
- Que es el libro de Daniel
- Que es la Biblia

Las dos primeras en la lista anterior no nos parecen ser las mejores, pensamos que la apropiada es la última de las nombradas.

Ahora se nos presentan los *siete truenos*. Posiblemente sean más juicios o pronunciamientos de juicios, pero no podemos saber nada de ellos. Dios no ha visto conveniente darnos a conocer su significado, entonces mejor haremos en no preocuparnos de ello. — Ap 10:4; Job 26:14b

Que el tiempo no sería más. Ha llegado el momento de la expresión máxima de la ira de Dios. Así como Él puso término a los días del hombre en el tiempo de Noé, así también lo ha hecho con el hombre para el juicio final. Génesis 6:3 no constituye una declaración de la duración de la vida de un individuo, sino del tiempo que Dios dio al hombre para que se arrepienta de su maldad por la predicación de Noé. En palabras sencillas, ¡La hora llegó! — Ap 10:6b; Gn 6:3; 1 P 3:20

Las descripciones, palabras y acciones anotadas aquí son parecidas con las de Daniel. Tanto él como Juan muestran ángeles, parados a la orilla, declarando que Dios es soberano y dueño de la creación. En las dos descripciones estos ángeles levantan la mano y juran por Dios. En Daniel se hace la declaración que el tiempo será de tres años y medio; aquí en Apocalipsis se anuncia *que el tiempo no sería más.* Por esta razón, hemos llegado al punto de mayor de intensidad en la tribulación. — Ap 10:5-7; Dn 12:7; Dn 10:4-8; [k]

Con el toque del séptimo ángel el *misterio de Dios se consumará.* Leyendo el contexto de la séptima trompeta nos damos cuenta que el misterio que aquí se nombra — Ap 10:7

es la consumación de la ira de Dios. El hombre impío se viene preguntando: ¿Cuándo será el fin? Para él es un misterio que Dios tiene guardado. Este misterio será consumado sobre la tierra con los eventos y juicios que siguen a la séptima trompeta. Entonces serán destruidos *los que destruyen la tierra*. El misterio de Dios entonces será descubierto: *El arca de su pacto se veía en el templo*. Para el creyente, en el cielo con Cristo, con los profetas, con los siervos de Dios, será maravilloso. Para el morador de la tierra será espantoso y señal de la procedencia y razón del gran juicio. Ap 11:15-19 Ap 11:18 Ap 11:19

Juan, ahora está completando la revelación de Dios para el hombre, la cual había sido un misterio. Con Apocalipsis se completa lo que faltaba. El *librito* tiene que ser aquella revelación, ya que otros libros sólo se pueden leer, pero a la Palabra de nuestro Dios hay que comerla. En su boca era dulce pero en el vientre era amarga. Juan ya había digerido el contenido de las palabras que escribía y se dio cuenta del terrible castigo que le esperaba al hombre que no se arrepintiera de su pecado. Ez 3:1-3 Col 1:26-27 Lc 4:4 Ap 20:11-15

5.2 El templo y los dos testigos   Ap 11:1-13

Este paréntesis abarca toda la tribulación. Los versículos 1 y 2 hacen referencia a la segunda mitad de la tribulación. Desde el versículo 3 comienza el ministerio de los dos testigos que cubre la primera mitad de la tribulación. Este espacio parentético acaba en el versículo 13. Desde el versículo 14 vuelve a la línea principal de acción con la séptima trompeta.

Juan mide el templo de Dios. Al medir el templo, el altar y *los que adoran en él*, Juan está haciendo conocer que es propiedad de Dios. Ap 11:1-2; Zac 2:2,4 [I]

Son muchas las escrituras que enseñan que el templo volverá a construirse en Jerusalén para el tiempo de la tribulación. Al llegar a la mitad de la tribulación, el templo será profanado por el anticristo. Durante la primera parte, Israel estará en pacto con el anticristo y tendrán todo bajo control. El pueblo judío pensará que el anticristo es su Mesías. De esto concluimos que Israel tendrá el templo nuevamente, pero en la parte final de la tribulación será otra vez hollado por los gentiles. 2Ts 2:3-4 Dn 9:27 Mt 24:15,21 Ap 11:1-2

5.3 Los dos testigos

Ap 11:3-13

Aparecen los dos testigos para testificar por un período de 1.260 días. Esto corresponde a los primeros tres años y medio de la tribulación, es decir, la primera mitad de la última semana que fue revelada a Daniel.

Ap 11:3
Mt 24:15
Dn 9:27; 12:11

Son muchos los posibles candidatos que pudieran ser los dos testigos, cada uno con argumentos a su favor. Sin embargo, Dios no está promoviendo una elección para que elijamos a alguno de ellos. Es posible que cuando los conozcamos, nos sorprendamos al verlos. Algunos candidatos son los siguientes:

- ❏ Elías   Mal 4:5-6; Ap 11:6; 1 R 17:1; Stg. 5:17; Ap 11:5; 2 R 1:10-12; Jer 5:14; Lc 9:54-55
- ❏ Enoc   Gn 5:24; Jud 14-15
- ❏ Moisés   Ap 11:6; Ex 7:10,19

Otras sugerencias son innumerables, tales como: Eliseo, Josué, Zorobabel,[m] etc. Casi todos los comentaristas tratan extensamente acerca de la identificación de estos testigos. Nosotros nos inclinamos a pensar que podrían ser Elías y Moisés (Mt. 17:2-3), pero su identificación no es tan importante como su actividad durante los días de su visita aquí en la tierra.

Como agentes de juicio ellos harán lo siguiente:

- ❏ *Sale fuego de la boca de ellos, y devora a sus enemigos*   Ap 11:5; 2 R 1:10-12
- ❏ *Si alguno quiere hacerles daño debe morir él de la misma manera*
- ❏ *Tienen poder para cerrar el cielo, a fin de que no llueva en los días de su profecía*   Ap 11:6; Stg. 5:17; Ex 7:14-25
- ❏ *Tienen poder sobre las aguas para convertirlas en sangre*
- ❏ *Para herir la tierra con toda plaga, cuantas veces quieran*

La bestia *que sube del abismo* hará guerra contra ellos para vencerlos. Él tendrá la victoria, pero no por la fuerza de su ejército, sino porque el tiempo se habrá cumplido. Es notorio que todos los moradores de la tierra verán sus cuerpos — seguramente por televisión — y se alegrarán con la muerte de ellos. Pero después de tres días y medio serán resucitados. Aparentemente no todos los moradores de la tierra lo verán, ya que gran temor *cayó sobre los que los vieron*. Seguramente el anticristo hará todo lo posible para que la noticia de la resurrección de los dos testigos no sea difundida.

Ap 11:7
Ap 11:10

Como resultado final de este paréntesis, los dos testigos serán arrebatados por Dios y se manifestará un gran terremoto que derribará *la décima parte de la ciudad*. En este evento mueren siete mil hombres, y los demás ... *dieron gloria al Dios del cielo*. Esta actitud debe entenderse en el mismo sentido de cuando Josué pidió que Acán diera gloria a Dios.

Ap 11:11
Ap 11:13

Jos 7:19-20
Jos 7:24-25

6. La séptima trompeta: el tercer ¡ay! (véase Lámina 3) Ap 11:14-19

Prácticamente, con excepción de los capítulos parentéticos, y los pasajes mileniales y eternos, lo demás de Apocalipsis es una ampliación en esta séptima trompeta. Podemos decir que el *tercer ay* incluye los juicios de las copas, el inicio del juicio final (que tiene el propósito de purificar la tierra), el desalojo de Satanás de los cielos y mucho más.

Con la séptima trompeta llegamos al fin de la tribulación y al inicio del reinado milenial; sin embargo, hay mucho que está incluido dentro del período final de la tribulación, por lo mismo apenas hemos estudiado la mitad del libro de Apocalipsis.

Ap 11:15

Una de las características de la profecía es la de hablar en tiempo pasado. Se expresa de esta manera, ya que, su cumplimiento es tan seguro como algo que ha transcurrido en la historia. Este principio se llama "prolepsis". Por esta razón, Isaías pudo hablar en tiempo pasado de eventos que tendrían su cumplimiento, cientos de años más tarde, en la persona de Cristo. Por lo tanto, al anunciar el ángel que *los reinos del mundo han venido a ser de nuestro Señor y de su Cristo*, habla de eventos futuros que están por cumplirse muy pronto.

Is 53:3-9

Ap 11:19
Mt 27:50-51
Ap 10:7

Y el templo de Dios fue abierto en el cielo, y el arca de su pacto se veía en el templo. El velo que ahora está rasgado será quitado y tendremos libre acceso al Lugar Santísimo, entonces *el misterio de Dios se consumará*. Para el creyente será la dicha tan esperada, pero la escena será terrible para los inicuos, los perversos, los idólatras, los perros (véase Apéndice 6) y todos aquellos malignos, porque entonces verán el furor de Dios. Del mismo templo celestial, los juicios de las copas serán derramados.

Ap 15:8
Ap 16:1

Lección 19

La mujer y el dragón

1. Capítulo parentético

Este capítulo parentético parece tener su cumplimiento a la mitad de la gran tribulación. También encontramos algunos versículos que deben entenderse de manera histórica. Hay mucha controversia relacionada con la interpretación de este capítulo. No pretendemos que sea fácil, pero sí podemos examinar los símbolos usados en este capítulo y llegar a ciertas conclusiones referentes a sus significados.

2. La mujer vestida del sol   Ap 12:1-2

Nosotros identificamos a la mujer de estos versículos con Israel. La relación se establece por varias razones, algunas de las cuales son:

- ❐ En muchas ocasiones se habla de Israel como *la hija de Sion* y la *desposada*.   Jer 6:2 / Os 2:19-20
- ❐ Isaías habla de Israel como una mujer de parto y que dio a luz un *hijo varón* y también la frase *sus hijos*.   Is 9:6, 66:7 / Mi 5:3
- ❐ *Vestida del sol, con la luna debajo de sus pies, y sobre su cabeza una corona de doce estrellas*, se relaciona con los hijos de Israel, los progenitores de la raza escogida.   Gn 37:9-10
- ❐ En Daniel vemos que Miguel es el príncipe del pueblo de Israel. Miguel también aparece aquí en este capítulo vinculado con Israel.   Dn 12:1 / Ap 12:7 / [a]

En conclusión, la mujer de Apocalipsis 12 es Israel. Rechazamos que la mujer de Apocalipsis 12 sea María, la madre de Jesús.

Siguiendo la historia, vemos que Satanás ha intentado destruir, desde el mismo inicio, la línea de la descendencia real de la cual Cristo tendría que nacer. Desde Caín (que asesinó a Abel) hasta la matanza de los niños por Herodes, Satanás ha persistido en su proyecto. Entonces la figura de una mujer encinta quien *clamaba con dolores de parto*, es perfecto.

He aquí un gran dragón escarlata, Satanás se presenta en una forma completamente diferente a lo que era. El malvado era el *lucero, hijo de la mañana*, el *querubín grande, protector, acabado de hermosura* y mucho más, pero ahora por su maldad se ha convertido en una *serpiente*, un *dragón*, un monstruo.

Ap 12:3

Is 14:12
Ez 28:12,14

Ap 12:3,9

Y su cola arrastraba la tercera parte de las estrellas del cielo, y las arrojó sobre la tierra. Con este versículo se explica la presencia de los demonios. En este caso, las estrellas representan ángeles y las que fueron arrojadas sobre la tierra deben ser ángeles caídos (demonios).

Ap 12:4
Jud 5-6

Y ella dio a luz un hijo varón, no habla de que María haya dado a luz a Cristo. Sino que Israel, habiendo sufrido durante siglos y a pesar de los designios de Satanás, por medio de María dio a luz a Jesús, quien debía nacer de la descendencia escogida por Dios. El *hijo varón* fue Jesús.

Ap 12:5

3. Guerra en el cielo, Satanás es echado fuera

Ap 12:7-12

Hasta el momento, Satanás es el *príncipe de la potestad del aire* y está operando en el mundo. Pero viene el día cuando Dios ya no le va a tolerar que esté en el aire que vemos, *el cual engaña al mundo entero*, será *arrojado a la tierra*. Viene el día del juicio para Satanás y sus ejércitos cuando no se hallará *ya lugar para ellos en el cielo*.

Ef 2:2

Ap 12:9
Ap 12:8

Sabemos que Satanás es el *acusador* y que inculpa a *los santos delante de nuestro Dios día y noche*. Este tema se va aclarando al leer la historia de Job. Su aflicción no fue por cometer algún gran pecado, sino que Satanás había dicho que Job no amaba a Dios. Dios tuvo que permitir todo lo que le pasó para probarle al mundo, a los ángeles y a Satanás mismo, que Job le servía porque le amaba.

Ap 12:10b

Job 1:9,11
Job 2:5

Como consecuencia de esta guerra, Satanás será echado del *aire* a la tierra y comenzará a desatar todos sus poderes con toda obra nociva, sabiendo que le queda poco tiempo.

Ap 12:12

4. La mujer perseguida por el dragón

Ap 12:6,13-17

La mujer será milagrosamente protegida de la furia de Satanás. Así como la Iglesia fue arrebatada para el cielo, la mujer será trasladada al desierto durante la última parte de la tribulación. Citamos a Frank M. Boyd:

Desierto. Versículo 14. Lea también Oseas 2:14-22; Habacuc 3:3-6. Parecen existir verdaderas y sólidas bases, a juzgar por Isaías 16:1-5 y 63:1-4, para creer que la nación de Israel es preservada del aniquilamiento por la huida del remanente al desierto de Edom y Moab, a las ruinas rocosas de Sela o Petra (roca). (Lea 2 Reyes 14:7; Salmo 60:9; 2 Crónicas 25:11,12 en donde se hallan citas bíblicas de esta antiquísima ciudad.) Hasta hoy sus templos maravillosos, sus casas de comercio, y residencias, labradas en las paredes rosadas de los precipicios de las montañas que rodean el profundo valle de Petra, constituyen una maravilla arquitectónica.[b]

Posiblemente, el remanente representado por la mujer sea el mismo grupo de los 144.000 del capítulo 7. Estos 144.000 son presentados como testigos y también sellados. En tal caso estarán presentes para ser testigos de los juicios de Dios sobre los perversos que todavía sobrevivan en la tierra. La mujer es la porción de Israel que huirá milagrosamente al desierto. Nada podrá hacer Satanás contra ella, ni tampoco contra el resto (remanente), porque son sellados por Dios. No obstante el dragón hará todo lo posible para acabar con los otros judíos. Sin embargo, no tendrá éxito en ninguno de sus intentos porque todos los creyentes judíos, que todavía se encuentren en la tierra serán protegidos portentosamente por Dios.

―――――― Lección 20 ――――――

Las dos bestias

1. Del mar y de la tierra

En el capítulo que ahora estudiaremos, el trece, se nos presentan dos bestias, una que sale del mar y la otra que sale de la tierra.[a]

En el capítulo 6 se nos mostró a los cuatro jinetes quienes representan diferentes aspectos del mismo personaje indicado en el capítulo 13. Podríamos decir que, en el capítulo 6 se expresó estos eventos desde un punto de vista celestial. Allí los vemos como juicios de Dios enviados en forma de jinetes. En esta ocasión son vistos desde la tierra, por lo que Juan da más detalles concernientes a sus acciones malvadas.

Hasta el mismo día de los sucesos, habrá muchos comentarios acerca de estos eventos y su ubicación en el tiempo. Es difícil discutir los méritos de cada interpretación, pues sólo Dios sabe cuál será la precisa. Para nosotros este capítulo es un tema paralelo con la presentación del primer jinete, pero los eventos de este capítulo no son paralelos en el tiempo y forman parte de la segunda mitad de la tribulación.

2. La bestia que sube del mar   Ap 13:1-10

Es posible que la referencia al *mar* señale a las masas humanas, *pueblos, muchedumbres, naciones y lenguas*. Es también posible que indique el área alrededor del mar Mediterráneo, donde tendrán lugar estos eventos.

    Ap 13:1
    Ap 17:15

La bestia que sale del mar es identificada con varios personajes Bíblicos: 2 Ts 2:6-12

- ❐ *El rey de Babilonia* — Is 14:4
- ❐ *El cuerno pequeño* — Dn 7:8,20-25
- ❐ *Un rey altivo de rostro* — Dn 8:23
- ❐ *El desolador* — Dn 9:27
- ❐ *El rey ... se ensoberbecerá* — Dn 11:36
- ❐ *El asirio* — Mi 5:5
- ❐ *El hombre de pecado, aquel inicuo* — 2 Ts 2:3,8

Comúnmente se le conoce como el anticristo. Es una persona de carne y hueso, no una figura.

A continuación un estudio de paralelos entre la cuarta bestia de Daniel y la primera bestia de Apocalipsis realizado por Salem Kirban:[b]

Daniel	Apocalipsis	
❏ Subía del mar (7:3) ❏ Diez cuernos—diez reyes (7:7,24) ❏ Otro cuerno (el anticristo) llega a ser líder dominante (7:24-26)	❏ Subía del mar (13:1) ❏ Diez cuernos — diez reyes (13:1; 17:12) ❏ La bestia como persona llega a ser líder dominante (17:12-13) ❏ Como leopardo (13:2)	Esta bestia tiene características de cada una de las primeras tres bestias (león, oso y leopardo) (Dn. 7:4-6)
❏ *Hollaba con sus pies* (7:7) ❏ *Dientes grandes de hierro* (7:7) ❏ Blasfemo (7:25) ❏ Persigue a los santos (7:21) ❏ Tiene poder por un tiempo, tiempos y medio tiempo (1 + 2 + $^1/_2$ = $3^1/_2$ años) (7:25) ❏ Derrotado por Dios quien establece su reino (7:21-22,26-27)	❏ Pies como de oso (13:2) ❏ Boca de león (13:2) ❏ Color escarlata (17:3) ❏ Blasfemo (13:5) ❏ El dragón le da poder (13:2) ❏ Persigue a los santos (13:7; 11:7) ❏ Tiene poder por 42 meses ($3^1/_2$ años) (13:5) ❏ Derrotado por Dios quien establece su reino (19:11 - 20:6)	

Nota: Para otros detalles, vea las lecciones de Daniel, especialmente la Lección 7.

Como imitador de Cristo, el anticristo morirá de muerte agresiva y asombrosamente resucitará; la muerte será debido a una herida en la cabeza (*herido* proviene del griego "esfagméneen" que significa matar violentamente). Como consecuencia, *toda la tierra, se maravilló, en pos de la bestia. Una de sus cabezas,* ha de ser el anticristo quien es la *cabeza* de La Nueva Roma (véase Lección 22, sección 4).   Ap 13:3

La bestia abrirá su boca en blasfemias contra Dios, se le permitirá *hacer guerra contra los santos, y vencerlos.* Su adoración vendrá de todos los moradores de la tierra, quienes no están inscritos en el libro de la vida del Cordero.   Ap 13:6-8

La exhortación, *si alguno tiene oído, oiga,* se repite por parte del Señor, siempre que Él desea enfatizar algo importante a los creyentes; de tal forma que la exhortación que sigue es para los creyentes de la tribulación. No   Ap 13:9
Ap 2:7,11,17,29
Ap 3:6,13,22

obstante, podemos darnos cuenta que también es aplicable a los creyentes de todo tiempo.

Aquí está la paciencia y la fe de los santos. Cuando viene un enemigo en contra nuestra es mucho más fácil aplicar la ley y decir ojo por ojo; nos cuesta darle la otra mejilla. Durante la tribulación el enemigo no sólo pedirá un ojo o una mejilla, sino también la vida, la familia, la mujer y los hijos. Será una persecución como nadie pueda imaginarse. *Si alguno mata a espada, a espada debe ser muerto.* Que ninguno olvide que la cruz de Cristo no es fácil de llevar.

Ap 13:10
Ap 12:11
Mt 5:38-40
Mt 24:21
He 13:12-13

3. La bestia que sale de la tierra

Ap 13:11-18

Citamos a Herbert Lockyer[c], con una lista de contrastes entre la primera bestia y la segunda:

La primera bestia	La segunda bestia
Sale del mar (desorden)	Sale de la tierra (gobierno ordenado)
Instrumento de Satanás (el dragón)	Instrumento de la primera bestia
Vice-regente de Satanás	Vicario de la bestia
Poder secular	Poder espiritual
Tiene diez cuernos	Tiene dos cuernos
¿Un gentil?	¿Un judío?
Supremo en autoridad	Subordinado a la primera bestia
Se glorifica a sí mismo	Desafía a la primera bestia
Aparece primero	Segunda en surgir
Gobierna desde Roma	Gobierna desde Palestina
Notable por su poder brutal	Notable por su sabiduría astuta
Cabeza política	Cabeza eclesiástica
Falsa deidad	Falso profeta

4. Las dos bestias

Citando al mismo autor de la tabla anterior, sigue una lista de características parecidas.[d]

- ❒ Son de abajo, no de arriba.
- ❒ Son fieles aliadas y actúan como una.
- ❒ Van a sufrir la misma condenación.
- ❒ Son imitadoras del Cordero.
- ❒ Son personas como cualquier otra.
- ❒ Harán señales (prodigios mentirosos).

Aunque la segunda bestia se presenta después de la primera, las dos estarán en acción al mismo tiempo (Ap. 13:11-12).

En Apocalipsis 13:11 en griego literalmente expresa "del mundo subterráneo", lo que se traduce *de la tierra*. El origen de la segunda bestia corresponde entonces al mundo de los espíritus que están *guardados bajo oscuridad, en prisiones eternas* (Jud. 6). La segunda bestia tiene en consecuencia el mismo origen que la primera.

Así como la primera bestia intentó imitar a Jesús, también lo hará esta bestia, que se presentará con *dos cuernos semejantes a los de un cordero*. Pero Juan observa su verdadero carácter, pues *hablaba como dragón*.

Tiene poder para hacer milagros engañadores, con el propósito de que los hombres de la tierra adoren a la imagen (estatua) de la primera bestia. Infunde vida y hace que dicha imagen pueda matar a todos los que no le adoren. ¡Qué poder infernal! Hasta puede supuestamente dar vida. Pero esta vida tiene que ser solamente vida-motor (como robot). También hace que todos los moradores de la tierra tomen la marca de la bestia, sin la cual, la persona morirá y no podrá comprar ningún alimento ni adquirir un servicio. Tiene que hacerse esclavo total de la bestia, sino, su muerte será segura. Para el que ama a Dios, esto será un escape seguro.

Este cuadro demuestra la astucia de Satanás para imitar a la santa trinidad:

Legítimo	Imitación
❏ Dios el Padre	❏ El dragón (Satanás)
❏ Dios el Hijo (Jesús)	❏ La primera bestia (el anticristo)
❏ Dios el Espíritu Santo	❏ La segunda bestia (el falso profeta)

Muchos han tratado de descifrar qué personaje está indicado por el número 666. Dice: *"Aquí hay sabiduría"*. Estamos convencidos de que sería posible relacionar este número con cualquier nombre, si es que nos pusiéramos a buscar una fórmula para este propósito. Lo interesante, nos dice la palabra: *"Es número de hombre"*. El hombre fue creado al sexto día; en el número 666 hallamos un trío del número seis, el número del hombre, uno menos que siete, correspondiente al número de Dios. Pensamos que el tiempo para poder entender este número en forma específica todavía no ha llegado. Pero para la persona que esté iluminada por la Palabra de Dios durante la tribulación, su interpretación será fácil.

El cuadro pintado por estos versículos es de un mundo dominado por la falsa trinidad satánica, bajo su control absoluto. Entendemos que el período mencionado representa la segunda parte de la tribulación. Aunque este trío satánico estará sobre la tierra durante la primera mitad de la tribulación, el tiempo de su poder para ejercer la dominación total es de cuarenta y dos meses. Este corresponde a la segunda parte de la tribulación. El evento de imponer el sello con el número 666, hará que muchos caigan en el engaño de ser sellados porque pensarán que el anticristo es su Mesías, pero un remanente altamente numeroso no se dejará engañar.

5. Los 144.000   Ap 14:1-5

Son muchos los estudiosos que afirman que los 144.000 presentados en los capítulos 7 y 14 constituyen un solo grupo. Sin desestimar la validez de esta interpretación clásica, a continuación el autor plantea un punto de vista que será novedoso para muchos.

Posiblemente —y para propósitos del presente estudio— el grupo de 144.000 (del capítulo 14) no es el mismo del capítulo 7. Pensamos que habrá un remanente fiel de 144.000 judíos (en la tierra, Ap. 7:4b) y un grupo de 144.000 *primicias para Dios y para el Cordero* (que llegan al cielo en la primera resurrección, Ap. 14:4b). Estas *primicias* son personas que han buscado un lugar cerca del Señor como hizo Juan, quien *estaba recostado al lado de Jesús* (Jn. 13:23). Aunque Juan tenía una relación tan estrecha con Jesús, no le hizo que fuera más apóstol ni más salvo. No es que Dios hace acepción de personas, sino que el hombre muchas veces no aprovecha la compañía de su Creador. Valdría que nos preguntemos: ¿Cuándo fue la última vez que buscamos este puesto íntimo cerca del Señor?

Siendo que no es un asunto que cambia los fundamentos de la fe, hemos propuesto que serán dos grupos de 144.000 para la examinación del lector. En apoyo a este punto de vista, observamos que:

- ❐ Son judíos (capítulo 7) sellados para pasar a través de la tribulación (en la tierra) y los 144.000 del capítulo 14 se encuentran con el Cordero *sobre el monte de Sion* (figura del cielo).
- ❐ En la Biblia *"primicia(s)"* nunca se usa en referencia a Israel, pero sí se usa en relación a la Iglesia (1 Co. 15:23, Stg. 1:18).
- ❐ Son *redimidos de entre los de la tierra* (Ap. 14:3b). Este lenguaje habla de toda la tierra, no solamente de los judíos. El grupo del capítulo 7 son nombrados específicamente como judíos.
- ❐ Respetando la regla de no separar eventos enlazados por las palabras *después de esto* o similares (método usado en el Apéndice 7), los 144.000 judíos (capitulo 7) siguen el sexto sello (última parte de la tribulación) y el otro grupo del capítulo 14 están en el cielo (sobre el monte de Sion) después de la presentación de las besitas (inicio de la tribulación).

Destacamos que esta interpretación concerniente a los dos grupos de 144.000, no tiene nada que ver con ciertas sectas falsas que limitan el número de los salvos a 144.000 personas. ¡Qué cielo tan pequeño y su dios muy minúsculo! ¡La Biblia describe un cielo amplio para millones de millones de salvos y un Dios que ni el universo puede contener!

6. El mensaje de los tres ángeles   Ap 14:6-13

Los versículos de esta porción contienen mucha revelación. A pesar de que el tiempo se ha cumplido para que los hombres sean juzgados, Dios todavía muestra misericordia. Por un momento tratemos de imaginar la situación en el cielo y sobre la tierra:

- ❏ La resurrección de los muertos en Cristo y el rapto de la Iglesia han tenido lugar. Los santos están con Cristo en el cielo. Están en el cielo los santos de la Iglesia y los veinticuatro ancianos; todavía no ha salido ningún redimido de la tribulación. `Ap 4:1`

- ❏ La tribulación ha comenzado, el anticristo se presentó como hombre de paz, pero pronto se reveló como hombre de guerra. El anticristo, con su *falso profeta*, comienzan a dominar al mundo. `Ap 6:1-2` `Ap 13:1`

- ❏ Dios en su gracia manda predicar el evangelio a los moradores de la tierra y les anuncia con sus ángeles que no tomen la marca de la bestia. También les anuncia la caída de Babilonia, a manera de profecía, pero hablando las cosas que todavía no suceden *como si fuesen*. Con toda claridad es anunciado el fin que les espera a los impíos que no aceptan el mensaje de los ángeles. Muchos son los que reciben el mensaje. El anticristo, bajo la dirección del dragón, manda matar a todos aquellos que no tomen su marca. Esto da comienzo a una persecución contra los creyentes de la tribulación, la cual jamás se ha visto en toda la historia. `Ap 14:6` `Ap 14:9-11` `Ap 14:8` `Ro 4:17` `Ap 14:10` `Ap 7:14` `Ap 13:7`

- ❏ Dios da aliento a estos pobres creyentes, quienes se enfrentan con una muerte inminente, con las palabras *bienaventurados de aquí en adelante los muertos que mueren en el Señor*. Dios tiene guardado para ellos una bienaventuranza especial. `Ap 14:13`

❐ En medio de todo, el Señor selló para sí un gru- Ap 7:1-8
po de 144.000 de Israel. Ellos serán testigos,
que pasarán a través de la tribulación.
Se ha dicho que muchos no pueden aceptar el evangelio porque es predicado por los mismos hombres pecadores, pero en la tribulación y al inicio de ella, el evangelio será predicado por los ángeles. Aún así, el hombre impío lo va a rechazar.

7. Se siega la tierra   Ap 14:14-20

En esta sección se termina la porción parentética que comenzó con el capítulo 13. Recordemos que, como ésta, hay otras secciones parentéticas anteriores; de igual manera existen otras posteriores a ésta. La ubicación de la presente sección es fácil, y debe vincularse con los sucesos de la famosa batalla del Armagedón.

Cristo aquí se presenta como el Juez. Este texto es paralelo con la venida de Cristo a la tierra que habla el capítulo 19.

Y fue pisado el lagar fuera de la ciudad. El Señor   Ap 14:20
vendrá para pelear contra las huestes del anticristo   Ap 19:11-21
que están reunidas en el valle de Meguido. Donde *salió sangre hasta los frenos de los caballos.* Entonces Jesús llegará a la ciudad de Jerusalén y hará su entrada verdaderamente triunfal, después de haber bajado sobre   Zac 14:1-4
el monte de los Olivos.

8. Guerras proféticas

Conviene estudiar tres guerras, que hasta el presente no se han producido. Este resumen proviene del estudioso de la profecía, Salem Kirban:

❐ Participan **Rusia y sus aliados contra Israel**.   Ez 38:1 - 39:16
Esta guerra tendrá lugar antes o durante los primeros tres años y medio de la tribulación, por lo que podría ser en cualquier momento. Por motivos que nos son desconocidos, pero para tomar posesión de una posible riqueza mineral de Israel, Rusia atacará a Israel. El fin de esta guerra será una intervención milagrosa de Dios por medio de un terremoto con lluvias de grani-   Ex 9:18-34;
zo, aniquilando a los ejércitos rusos. Los judíos   Sal 105:32
estarán recolectando los escombros y desechos durante siete años y les tomará más de siete meses el enterrar a los muertos.

- **La batalla de Armagedón,** entre los ejércitos del anticristo junto con todas las naciones y Jesús, tiene lugar al terminar los siete años de tribulación, cerca de Jerusalén. El anticristo desafiará a Dios, buscando destruir a los 144.000 testigos y a Jerusalén. La batalla terminará con la venida de Cristo en Gloria.

  Jl 3:9,12
  Zac 14:1-4
  Ap 14:14-20
  Ap 16:13-16
  Ap 19:11-21
  Ez 39:17-29

- **La última rebelión** de Satanás contra Dios, tendrá lugar al fin del milenio. Dios dará a Satanás una oportunidad más para defraudar a las naciones. El diablo tendrá éxito engañando a millones de personas nacidas durante el milenio. Sus ejércitos vendrán contra los creyentes en Jerusalén. Dios hará que descienda fuego del cielo sobre ellos. Satanás será echado al lago de fuego donde estará el anticristo y el falso profeta, entonces serán atormentados día y noche durante la eternidad.

  Ap 20:7-10

  [e]

Con la guerra entre Iraq (Babilonia) y las naciones del mundo sucedida en 1991, es fácil pensar que posiblemente haya otra guerra para añadirse a la lista anterior. Dicha guerra daría un cumplimiento más amplio a ciertas profecías respecto a Babilonia, especialmente las de Isaías en el capítulo 13 de su libro (Is. 13:1-14; Jer. 51:27-30). Si esta guerra está por cumplirse, entonces podremos esperar que sea antes o durante la tribulación. Su fin será la destrucción total de Iraq. En la guerra de 1991 no faltó mucho para que se cumpliera esta profecía. Aún ahora, es probable que el mundo contemple cosas más asombrosas y terribles mientras se acerca la venida de nuestro Señor.

---------- Lección 21 ----------

Las plagas postreras

1. Preparación para el derramamiento de la ira de Dios   Ap 15:1-8

Nuevamente continuamos con la línea principal de acción. El capítulo 15 tiene una relación ininterrumpida con Apocalipsis 11:18,19. En los dos capítulos encontramos al templo de Dios abierto en el cielo. Se distingue este capítulo por la ira de Dios a diferencia de la ira del Cordero que acabamos de observar en la sección perteneciente al Apocalipsis 14:14-20.[a]

Este capítulo tiene tres temas sobresalientes: [b]
- La ira de Dios   Ap 15:1
- Las arpas de Dios   Ap 15:2b
- La gloria de Dios   Ap 15:8

La frase, *la ira de Dios*, aparece seis veces en el libro de Apocalipsis. Seis es el número del hombre. Dios consumará su ira con juicios de siete, y el seis podría indicar que su *ira* está dirigida hacia el hombre perverso sobre quien viene la consumación de *la ira de Dios*.   Ap 14:10,19 / Ap 15:1,7 / Ap 16:1,19 / [c] / Ap 15:1b

Un mar de vidrio mezclado con fuego. Nosotros tenemos que enfrentarnos con tres enemigos: el mundo, la carne y el diablo. Los creyentes salidos de la tribulación habrán enfrentado un enemigo más: la bestia. El fuego entonces, representa las pruebas que tendrán que sufrir para llegar hasta el cielo.   Ap 15:2 / 1 P 1:7 / 1 P 4:12 / [d]

En preparación para los juicios postreros, los santos salidos de la gran tribulación estarán *con las arpas de Dios, y cantan el cántico de Moisés ... y el cántico del Cordero.*   Ap 15:2-3

Y del templo salieron los siete ángeles. El juicio proviene desde el mismo templo celestial. Los ángeles salen no como siervos o mensajeros, sino como administradores reales de juicios, *ceñidos alrededor del pecho con cintos de oro.*   Ap 15:6

La ira de Dios es repartida entre los siete ángeles por uno de los seres vivientes y estará contenida en siete copas de oro.

Ap 15:7

Y el templo se llenó de humo por la gloria de Dios. En varias ocasiones se ha manifestado este humo que simboliza la presencia de Dios así como su ira y juicio.

Ap 15:8; Ex 19:18; Is 6:4; 2 S 22:7-9; Sal 37:20; Jl 2:30-31

2. Las siete copas de la ira (véase Lámina 3)

[e]
Ap 16:1-21

Estos juicios son parecidos a los juicios que Dios mandó sobre Egipto, y por esto seguramente el coro celestial del último capítulo, recordó el cántico de Moisés. A continuación daremos un breve resumen de las siete copas de la ira de Dios.

2.1 La primera copa

Ap 16:2

Se produce una úlcera maligna sobre los hombres que tienen la marca de la bestia. Es decir, recaerá sobre todos los moradores de la tierra, con excepción de los 144.000 judíos testigos, la mujer, y escasos individuos en lugares apartados. Habrán también personas que vivan en puntos lejanos. Muchos de ellos escaparán de la obligación de tomar la marca de la bestia. Será la misericordia de Dios que determine quienes puedan evitar la marca.

Ex 9:8-12
Dt 28:15,27,35
[f]
[g]
[h]

2.2 La segunda copa

Ap 16:3

El mar en su totalidad es convertido en sangre, matando a todo ser viviente que habite en él. Es difícil imaginar la pestilencia terrible que este juicio ocasionará. Al recordar la purificación de la tierra que Dios hizo en los días de Noé, dejando solamente ocho personas vivas, no es difícil comprender cuán terribles y costosos en vidas serán estos juicios.

Ex 7:17-21
Ap 11:6
Gn 7:4

2.3 La tercera copa

Ap 16:4,5

Toda fuente y río de agua dulce son convertidos en sangre. Este juicio es el más terrible que se ha dado hasta aquí, ya que su efecto será universal. Pero por terrible que sea, declarará el ángel de las aguas que es justo, *también ... otro, ...desde el altar decía: Ciertamente, Señor Dios Todopoderoso, tus juicios son verdaderos y justos.*

Ap 8:10
Ap 16:7

2.4 La cuarta copa
Ap 16:8-9

El sol alcanza tal grado de poder para *quemar a los hombres con fuego.* También el efecto de este juicio es universal. Se trata de un juicio aterrador, pero sin resultar en el arrepentimiento de los corrompidos. Aquellos que han sobrevivido hasta este punto de la tribulación son perversos, y *habiendo conocido a Dios, no le glorificaron como a Dios.* En vez de arrepentirse de su pecado, blasfeman el nombre de Dios, *y no se arrepintieron para darle gloria.*

Ro 1:21
Ap 16:9
Ap 9:20

2.5 La quinta copa
Ap 16:10-11

El juicio llega directamente al trono de la bestia. Cuán cargado de tinieblas será el mundo, que obligará al gobernador de las mismas y a sus seguidores, morderse sus lenguas de dolor.

2.6 La sexta copa
Ap 16:12-16

Al secarse el gran río Éufrates, es posible que la gobernación satánica piense que la providencia les ha hecho un favor al abrir el camino para que los ejércitos mundiales puedan reunirse para la batalla de Armagedón. Los tres espíritus a manera de ranas que salieron de la boca del dragón, la bestia y el falso profeta, son vistos por Juan de manera espiritual. Qué terribles y feas cosas veríamos si es que pudiéramos mirar también con ojos espirituales al mundo de los demonios. Es posible que el anticristo necesitará hacer esta demostración de su poder para contrarrestar los probables rumores de que Dios va a triunfar. Los hombres empezarán a dudar, ya que, el anticristo no tendrá ningún poder para detener los juicios de Dios.

2.7 La séptima copa
Ap 16:17-21

La copa es derramada por el aire, el asiento del reino de Satanás. *Hecho está,* la segunda venida de Cristo se convierte en una realidad. *Relámpagos y voces y truenos,* son parte del juicio final de la tribulación. Todos los juicios descritos de aquí en adelante son parte de la última copa. *Y un gran temblor de tierra, un terremoto tan grande, cual no lo hubo jamás desde que los hombres han estado sobre la tierra.* El resultado de este terremo-

Ap 16:17b
Ap 16:18

Ap 16:18

to es que *la gran ciudad fue dividida en tres partes.* La gran ciudad es Babilonia. Dice que las ciudades de las naciones cayeron — y no un cierto lugar o una cierta parte — en todo lugar, siendo de carácter universal. Tan terrible es que *toda isla huyó, y los montes no fueron hallados.* Como si estos hechos no fueran suficientes para mover al arrepentimiento, Dios en su ira, enviará *un enorme granizo.*

Ap 16:19
Ap 18:2,10,18,19,21

Ap 16:20

Ap 16:21

El peso de un talento es de cuarenta y tres kilos, es decir, que cada granizo será un armamento destructor que acarreará muerte instantánea al desdichado que se encuentre en su camino. ¡La destrucción proporcionada por este juicio será terriblemente grande! Pero con todo esto el hombre seguirá en su blasfemia contra Dios. Los capítulos 17, 18, 19:11-21 son ampliaciones de los sucesos presentados aquí. Además, Apocalipsis 14:14-20 es paralelo a los capítulos mencionados así como todas las porciones de la Escritura que hablan del Armagedón y la segunda venida de Cristo.

Zac 14:4

3. Consideraciones

Es probable que el terremoto mencionado suceda cuando Jesús descienda y ponga su pie en el monte de los Olivos.

El Salmo 2 tendrá su cumplimiento con los acontecimientos de la última copa y con ésta, los juicios se terminan. El camino está abierto para que Cristo y las huestes celestiales lleguen a la tierra para preparar el reinado milenario de Jesús.

––––––––––––––––– Lección 22 –––––––––––––––––

La caída de Babilonia

1. Personajes del capítulo 17

El estudio del capítulo 17 lo haremos a través de los personajes que se presentan. Los actores principales son:
- La gran ramera = la mujer = BABILONIA LA GRANDE = la gran ciudad
- La bestia con siete cabezas y diez cuernos
- El Cordero = Señor de señores y Rey de reyes
- Pueblos, muchedumbres, naciones y lenguas

2. La mujer   Ap 17

Esta mujer tiene las siguientes características:
- *Está sentada sobre muchas aguas* Ap 17:1b, 15
- *Con la cual han fornicado los reyes de la tierra* Ap 17:2a
- *Los moradores de la tierra se han embriagado con el vino de su fornicación* Ap 17:2b
- *Sentada sobre una bestia escarlata* Ap 17:3
- *Estaba vestida de púrpura y escarlata, y adornada de oro, de piedras preciosas y de perlas, y tenía en la mano un cáliz de oro lleno de abominaciones y de la inmundicia de su fornicación* Ap 17:4
- *En su frente un nombre escrito, un misterio: BABILONIA LA GRANDE, LA MADRE DE LAS RAMERAS Y DE LAS ABOMINACIONES DE LA TIERRA* Ap 17:5
- *Ebria de la sangre de los santos, y de la sangre de los mártires de Jesús* Ap 17:6
- *Las siete cabezas son siete montes, sobre los cuales se sienta la mujer, y son siete reyes* Ap 17:9b-10
- *La mujer que has visto es la gran ciudad que reina sobre los reyes de la tierra* Ap 17:18

Es notorio donde la mujer está sentada:

❐ Sobre *muchas aguas*, que son *pueblos, muchedumbres, naciones y lenguas*	Ap 17:1b, 15
❐ Sobre *una bestia escarlata*	Ap 17:3
❐ Sobre *siete montes*	Ap 17:9b
❐ Sobre *siete reyes*	Ap 17:10

Referente a la mujer afirmamos:

❐ Es una ciudad	Ap 17:18
❐ Es muy poderosa	Ap 17:18b, 15
❐ Es muy rica	Ap 17:4
❐ Es idólatra	Ap 17:4-5
❐ Es enemiga del evangelio	Ap 17:6

La mujer es *BABILONIA LA GRANDE, LA MADRE DE LAS RAMERAS Y DE LAS ABOMINACIONES DE LA TIERRA*. Muchos han sido los que han asegurado que la mujer es la Iglesia católica romana. Pero el misterio de esta Babilonia parece ser más amplio. Ella será la Iglesia apóstata de los últimos días: Laodicea, la iglesia *desventurada, miserable, pobre, ciega y desnuda*. A ella se unirán todos los "tibios" de las diferentes Iglesias, sean católicos, evangélicos u otros. Aunque estarán presentes miembros de todas las denominaciones religiosas, es válido considerar que el sistema romano (político) y el papado (religioso) serán los que permitan esta unión. La frase *sobre siete montes*, señala que será Roma la que se identifique con la mujer.

Algo de mucha pertinencia nos describe Boyd:

En Apocalipsis 21:9,10 la Iglesia es simbolizada también por una ciudad. La novia, la Esposa del Cordero, debe de haber sido una "casta virgen", la Iglesia. La casta virgen, desposada y presentada así, se convierte en Esposa; por lo tanto la ciudad santa, la novia, la Esposa del Cordero, constituye un símbolo de la Iglesia.[a]

Así como la ciudad santa y la Iglesia son una sola, así también BABILONIA es una con la Iglesia apóstata que tiene su sede en la ciudad de BABILONIA, que para los creyentes de la Iglesia primitiva era ROMA (1 P. 5:13).

Roma es la única ciudad que llena los requisitos que tendrá que cumplir la mujer descrita aquí. Ella es una sede principal del cristianismo apóstata de hoy, y lo será durante la tribulación. Sus instituciones y dogmas han hecho burla del evangelio de Cristo. No hay sobre la faz de la tierra un gobierno que pueda mantener una representación diplomática tan grande como la que el Vaticano (Roma) mantiene a través de su Iglesia; ciertamente ella está sentada sobre *pueblos, muchedumbres, naciones y lenguas* como ninguna otra.

LA CAÍDA DE BABILONIA

3. La bestia
Ap 17

A la bestia se la describe así:
- *"Una bestia escarlata llena de nombres de blasfemia, que tenía siete cabezas y diez cuernos"* — Ap 17:3
- *Era, y no es; y está para subir del abismo e ir a perdición* — Ap 17:8

Esta bestia se identifica claramente con la primera bestia del capítulo 13. Es el mismo anticristo, quien hará su aparición como gran campeón de la Iglesia. Pero la Iglesia apóstata será devorada por los diez cuernos de la bestia. La bestia no permitirá ninguna competencia, por estar celosa de ella. — Ap 13:1, Ap 17:3, Ap 17:16

4. Las siete cabezas
Ap 17:3

A estas cabezas también se las identifica como:
- *Siete montes, sobre los cuales se sienta la mujer* — Ap 17:9
- *Son siete reyes* — Ap 17:10

Dice de ellos que *cinco ... han caído; uno es, y el otro aún no ha venido; y cuando venga, es necesario que dure breve tiempo. La bestia que era, y no es, es también el octavo; y es de entre los siete, y va a la perdición.*

La mayoría de los comentaristas sostienen diferentes puntos de vista en relación a estos siete reyes; a continuación algunos de ellas:
- Que son siete áreas geográficas mundiales, sobre las cuales tiene dominio la mujer.
- Que son diferentes emperadores del Imperio Romano.
- Que son siete imperios, la identificación de los cuales varía según el autor. Como ejemplo podríamos decir que son: Babilonia, Media, Persia, Grecia, Roma antigua, Roma presente, Roma nueva.[b][c]

Hay muchas otras teorías. Sin embargo, nosotros preferimos la última posibilidad, según la cual la séptima cabeza es el reino del anticristo. Por la dificultad de identificación de las siete cabezas, y por no ser un punto de importancia trascendental en nuestra interpretación, no nos extendemos más.

5. Los diez cuernos
Ap 17:3b

Su identificación es descrita así:
- *Diez cuernos* — Ap 17:3
- *Son diez reyes* — Ap 17:12

El ángel dice de ellos:
- ❏ *Aún no han recibido reino*
- ❏ *Pero por una hora recibirán autoridad como reyes juntamente con la bestia*
- ❏ *Pelearán contra el Cordero, y el Cordero los vencerá*
- ❏ *Aborrecerán a la ramera, y la dejarán desolada y desnuda; y devorarán sus carnes, y la quemarán con fuego; porque Dios ha puesto en sus corazones el ejecutar lo que Él quiso*

A estos diez reyes ya los hemos estudiado en el libro de Daniel. Ellos representan diez naciones europeas con sus respectivos líderes, de los cuales se levantará el cuerno pequeño descrito en Daniel.

6. El Cordero   Ap 17:14

Su descripción:
- ❏ *El es Señor de señores y Rey de reyes*   Ap 17:14
- ❏ Está acompañado por los *elegidos y fieles*   Ap 17:14

El Cordero es el actor principal del libro de Apocalipsis. El inocente Cordero ahora se ha hecho Señor de señores y Rey de reyes. ¡Aleluya!

7. Pueblos, muchedumbres, naciones y lenguas   Ap 17:15

Según la interpretación que hemos escogido para los siete reyes, podemos concluir que estos *pueblos, muchedumbres, naciones y lenguas*, que aquí se mencionan, son de todo lugar y de todo el tiempo del reinado de los siete reyes. Ningún otro poder religioso en este mundo ha sido tan bien extendido, con tanto poder sobre el mundo como lo ha sido la Iglesia romana con el papado, que ella en verdad se sienta sobre *pueblos, muchedumbres, naciones y lenguas* en franca alianza con los reyes de este mundo.

Las *muchedumbres*, los perdidos, son los que se han rebelado contra Dios. Ellos han escogido a la bestia, para servirle; pero ahora sus agentes, los diez reyes, se levantan contra la Iglesia apóstata para desnudar y devorar sus carnes. ¡Qué desesperación debe tener aquella! Rechazaron a Dios para seguir a la bestia, pero ahora la bestia les rechaza a ellos. ¡Si usted se enreda con Satanás, verá con quién se mete!

8. Consideraciones

Este capítulo tiene grandes dificultades y no podemos pensar que hemos llegado a una interpretación completa. A pesar de todo, nos parece que aquí se presenta a la Iglesia apóstata compuesta por personas de todas las denominaciones, que tiene su sede en Roma;

y que su poder está concentrado alrededor del papado. A esta iglesia se le llama una ramera. La ramera se presenta en la escena mundial, es exaltada sobre la bestia y sus imperios. Luego que la ramera haya servido a los propósitos de la bestia, será destruida por los diez reyes de la bestia (Ap. 17:16).

Para nosotros, la mujer es la Iglesia apóstata, y también es la ciudad de Roma que es a la vez BABILONIA ... LA MADRE DE LAS RAMERAS. Es también el centro comercial que se ve en el capítulo 18. No estamos de acuerdo con las interpretaciones que proponen dos Babilonias; es nuestro criterio que las dos son una, en un solo sitio, y que aquél corresponde a ROMA.

9. La caída de Babilonia
Ap 18

Babilonia es destruida por dos causas. Las instituciones de la Iglesia apóstata son exterminadas por los diez reyes de la bestia, que tienen su sede principal en Roma; además la ciudad comercial es devastada debido a los efectos producidos en la tierra por la séptima trompeta.

Ap 17:16

Ap 16:17-19

Al entrar en el estudio del capítulo 18, contemplamos el mismo fin del sistema mundial gentil: su fin eclesiástico, comercial, político, asi como físico.[d]

La Babilonia, mencionada aquí (no es la antigua, ni tampoco una reconstrucción de la original) es ROMA. Roma está apenas a veinticuatro kilómetros del mar Tirreno con acceso de navegación a través del río Tíber. Este río tiene problemas de sedimentación, pero con los adelantos en tecnología para la limpieza, no nos sorprendería ver que Roma se convierta en ciudad portuaria.[e] Como capital del anticristo, tendrá las riquezas de las naciones, así como botín de muchas guerras a su disposición, haciendo a la ciudad rica y comercial descrito aquí.

La exhortación del versículo 4, es para hoy día y todo tiempo. Es una exhortación para no caer preso del mundo, ni de *los deseos de los ojos*. El creyente tiene que salir de Sodoma y Gomorra antes de que sea demasiado tarde. No seamos como la mujer de Lot.

Ap 18:4
Stg 4:4
1 Jn 2:15
Lc 17:32
Gn 19:26

La destrucción de la gran ciudad apóstata es total, los malvados moradores de la tierra, quienes ganaban mucho del comercio de Babilonia, ahora se encuentran en gran lamento.

Ap 18:17-19

Así como la destrucción de la gran ciudad de Babilonia antigua fue permanente, así será también la destrucción de la Babilonia (Roma) de los últimos días.

Ap 18:21b

10. Consideraciones

Como hemos venido enfatizando desde un principio, Babilonia es más que una ciudad — sea la antigua o la nueva — plenamente identificada como Roma. Cuando hablamos de Babilonia, estamos hablando de un concepto. (Vea las consideraciones al final de la Lección 5 para mayor información acerca de la Babilonia como sistema.)

10.1 Babilonia y su relación con la Iglesia romana

En esta porción en que trazaremos la unión de la Babilonia con la Iglesia romana, hemos resumido del libro *La Biblia a su alcance*, tomo 8, por Frank Boyd (Editorial VIDA). Lo que se presenta a continuación no son noticias recientes. La conexión entre Babilonia y la Iglesia romana está bien establecida.

Nimrod, el *vigoroso cazador*, fue el fundador de Babilonia. Él organizó la primera rebelión contra Dios (Gn. 10:9,10; 11:1-9). Ellos querían hacerse *un nombre*. Este *nombre* sería para ellos un orgullo, sería una señal de grandeza.

En Babilonia se produjo la primera gran apostasía. Con la rebelión que inició Nimrod, comenzó el culto babilónico. Los que fueron iniciados en esta secta dejaron de ser de la nacionalidad babilónica, asiria, egipcia, o de cualquier otra, pasando a ser miembros de una hermandad mística. Esta creencia sigue en muchas sociedades secretas hasta ahora. Los iniciados, supuestamente poseían sabiduría superior y podían descubrir los secretos divinos escondidos. El líder de este grupo se conocía como el pontífice y actuaba como sumo sacerdote, siendo su palabra la ley sagrada.

Adoraban al "padre supremo", "la reina del cielo" ("el ser femenino encarnado") y su "hijo". Del "padre supremo" decían que no ejercía influencia en los asuntos de los mortales, levantando a "la reina del cielo" a la cumbre de la diosa máxima en los asuntos humanos.

Este sistema fue originado por demonios, quienes tuvieron el objetivo de gobernar el mundo. Con el mismo plan continúa Satanás hasta hoy (1 Ti. 4:1,2) y Babilonia es la fuente de toda falsa enseñanza y toda idolatría (Jer. 51:7; Ap. 18:3).

En el año 487 a.C., la ciudad de Babilonia fue capturada por Jerjes y sus habitantes fueron aniquilados. El sacerdocio babilónico tuvo que huir y de Babilonia nacieron tres corrientes. Eran parecidas, y cada una tuvo su propio "sumo pontífice". Se ubicaron en Tíbet, Pérgamo y Menfis. Siguen en Tíbet hasta nuestro tiempo. Los que huyeron a Pérgamo, permanecieron allí por largo tiempo. Con la muerte de Atalo I en 133 a.C. — quien era pontífice y rey de Pérgamo — la jefatura del sacerdocio babilónico fue trasladada a Roma.

La caída de Babilonia

Los etruscos llegaron a Italia desde Lidia (la región de Pérgamo) y trajeron consigo la religión y rito babilónico. Establecieron un pontífice, quien ejerció poder de vida y muerte sobre el pueblo. El pontífice fue aceptado por los romanos como jefe de los asuntos civiles. Julio César se elevó a esta categoría en el año 74 a.C. Fue elegido pontífice supremo de la orden de Babilonia, haciéndose heredero de los derechos y títulos de Atalo.

En el año 218 d.C. (de nuestra era) el ejército romano estuvo acuartelado en Siria por causa de la rebelión contra Macrino. Heliogábalo, quien había sido sacerdote de la rama egipcia de la religión babilónica, fue elegido emperador. Poco después fue elegido pontífice supremo por los romanos. Con esto, las dos ramas occidentales de la apostasía babilónica se centralizaron en el emperador romano.

Los emperadores romanos actuaron como "sumos pontífices" hasta el año 376 d.C. Fue entonces que Graciano se negó a ataviarse con las vestiduras del sumo pontífice. Milner, en la *historia de la Iglesia*, dice de Graciano:

> Desde su más tierna infancia aparecieron señales innegables de verdadera piedad en Graciano, en un grado superior a las que se habían observado en cualquier otro emperador romano. Uno de sus primeros actos lo demuestra. El título de sumo sacerdote perteneció siempre a los príncipes romanos. Observó, y con justicia, que este título era por su misma naturaleza idólatra, y no le correspondía a un cristiano asumirlo. Por lo tanto, Graciano rehusó vestirse del hábito, aunque los paganos le otorgaron el título.

Pero los asuntos religiosos fueron tan desorganizados que se hizo necesario elegir a alguien para ocupar el puesto. Siguiendo la cita de arriba, dice:

> Sucedió que Dámaso, el obispo de la Iglesia cristiana de Roma, fue elegido para ocupar este cargo. Este Dámaso, había sido hecho obispo de la Iglesia en el año 366 d.C., por la influencia de los monjes del monte Carmelo, un colegio de culto babilónico, originalmente fundado por los sacerdotes de Jezabel (mucho antes de Cristo) y que continúa hoy en relación con Roma. **De manera, entonces, que en el año 378 d.C. el jefe de la orden babilónica pasó a ser el jefe de la Iglesia cristiana.** Este hombre, Dámaso, unió en sí mismo el cargo de obispo cristiano, y todos los títulos y poderes del sumo sacerdocio de la antigua apostasía babilónica.

> "Poco tiempo después de que Dámaso fuera nombrado o elegido pontífice supremo, los ritos de Babilonia comenzaron

a destacarse. El culto a la virgen María se estableció en el año 381 d.C. María era adorada por todas partes como la "madre de dios", la reina del cielo. En las postrimerías del siglo cuarto este culto era general. El culto a la reina del cielo había reemplazado el culto a Cristo." — Gibbon.

"En el Antiguo Testamento, Babilonia era enemiga de Jehová, el verdadero Dios, y de Jerusalén, su santo lugar.

"Dios le concedió a Babilonia poder civil, y con este poder ella llevó cautivo al pueblo de Dios. Cuando la Babilonia literal dejó de existir, Roma se elevó al poder y continuó su antagonismo contra Dios.

"Fue Roma la que crucificó al Señor Jesucristo, puso fuego a Jerusalén y se llevó los vasos sagrados del templo. Además, desde entonces Roma ha corrompido la verdad y se ha opuesto a la piedad vital.

"Con relación a la obra de Dios, Roma es Babilonia. Pero es 'Babilonia fuera de su lugar'. Es la Babilonia del misterio, y no la Babilonia literal. Las características morales son las mismas, pero el lugar ha cambiado." — *Misterio e historia de Babilonia*[f]

No solamente los comentaristas evangélicos destacan la conexión entre Babilonia y Roma, sino también sacerdotes y escritores católico romanos reconocen esta verdad. El Cardenal Bellarmine escribió:

San Juan en el Apocalipsis llama Babilonia a Roma, puesto que ninguna otra ciudad fuera de Roma reinó en su época sobre los reyes de la tierra, y es una verdad bien conocida que Roma se asentaba sobre siete colinas...[g]

Además, el famoso prelado francés, Bossuet, en su trato del Apocalipsis, dice: "Los rasgos son tan señalados que es fácil descifrar a Roma bajo la figura de Babilonia".[h]

Para finalizar esta sección, el autor desea resaltar que lo que hemos dicho de Roma, ha sido en referencia al sistema Babilónico y su parte en él. No hemos buscado criticar, sino presentar hechos comprobados. Hay ovejas dentro de la Iglesia romana que buscan a Dios y tienen corazones sinceros. A ellos les rogamos: *Salid de ella* (Ap. 18:4).

Nosotros concluimos entonces, que Roma es ahora sede de la Gran Babilonia. Pero sería una equivocación decir que los capítulos 17 y 18 hablan sólo de Roma como ciudad.

Roma se ha establecido como sede principal de la apostasía babilónica, y se ha introducido dentro de la Iglesia cristiana como ya se observó. Son *pueblos, muchedumbres, naciones y lenguas* donde ella está sentada. Bajo su dominio están incluidos todos los movimientos apóstatas de los últimos días; si hoy no aparecen juntos, es porque el tiempo todavía no ha llegado, pero al inicio de la tribulación todas las Iglesias apóstatas y contrarias a la voluntad de Dios estarán unidas en una sola.

Habiendo seguido su historia desde la antigüedad, sería útil observar la Babilonia moderna. Nuestro estudio ha señalado a Roma como cabeza de la Babilonia que pronto ha de establecerse en la tierra; sin embargo, esta Babilonia, que será una ciudad rica y poderosa del Nuevo Imperio Romano, es la manifestación física de todo un concepto espiritual. La Babilonia como un concepto espiritual vive hoy en el movimiento de la Nueva ERA o EDAD y se relaciona con el concepto del Nuevo ORDEN Mundial.

10.2 Desde la Babilonia hasta el Nuevo Orden

Hemos establecido la relación de la Babilonia con la Iglesia romana; no obstante, hay aún algo más interesante para nuestra época.

Resumamos algunas características del movimiento babilónico:
- Fue fundada en rebelión.
- Los iniciados afirmaban tener conocimiento "oculto" (sabiduría superior y secretos divinos).
- Era una religión universal. Dejaban de ser babilónicos, asirios o egipcios, etc., y pasaban a ser miembros de una hermandad mística.
- Practicaban la adoración a la "reina del cielo" o "el ser femenino encarnado".

El historiador griego, Herodoto (cuya obra fue escrita aproximadamente 450 años antes de Cristo) trató acerca de Nimrod y su rebelión. Él indicó que Nimrod se casó con una ramera sensual, quien, además de ser una prostituta, se jactaba de esta perversión. Nimrod fue el responsable de unificar la rebelión del hombre contra Dios en la torre de Babel. El espíritu de humanismo egoísta y sedición audaz contra el Creador fueron lo que más representaba la torre que levantaron como producto de la sublevación en la llanura de Sinar.

Con la muerte de su esposo, Nimrod, Semiramis (la ramera) quedó abandonada y desamparada. Sin fuerza de carácter para sostenerse, y como producto de su vida pecaminosa, ella quedó embarazada. Para encubrir su vergüenza, comenzó a difundir la noticia que el embarazo fue "ordenado por los dioses". Ella dijo llevar en su vientre la reencarnación del que había sido su esposo: Nimrod. Se cambió el nombre de Nimrod a Zaratustra y se fundo una religión; el Zoroastrismo... A la madre y su "bebé-esposo" les deificaron.[1]

Otras fuentes indican que el bebé de Semiramis fue llamado Tammuz. Las reencarnaciones de Nimrod, según estas tradiciones, serían múltiples: Tammuz, Zaratustra, dios-solar, etc. Rechazamos totalmente la reencarnación, pero no es difícil pensar que el espíritu demoníaco que dominaba a Nimrod ha de haberse manifestado repetidamente en la historia. Podríamos llamar este espíritu "el caudillo". Adolfo Hitler, en su libro *Mein Kampf*, confiesa dejarse poseer por el espíritu del super-hombre, o sea, "el caudillo".[j] ¿A cuántos dictadores les ha poseído este espíritu? Es interesante que los hombres quienes se han mostrado como caudillos en la historia, a menudo persiguen a los cristianos o a los de origen judío, hasta la muerte. ¿Sería que un mismo espíritu satánico les ha dominado?

Con la dispersión del hombre, resultado de la confusión de las lenguas (Gn. 11), la religión del misterio de Babel, fue llevada por toda la tierra. Evidencias de esto se encuentran en los muchos símbolos de la religión babilónica, esparcidos desde las pirámides de Centroamérica hasta las de Egipto. Literalmente en todo el mundo están los rastros de la primera religión apóstata. Citamos a Ironside:

> Desde Babilonia, esta religión de misterios se esparció por todas las naciones circunvecinas... Dondequiera los símbolos eran los mismos, y dondequiera el culto de la madre y el niño llegó a ser el sistema popular; sus cultos se celebraban con las prácticas más repugnantes e inmorales. La imagen de la reina de los cielos, con el niño en sus brazos, se veía por dondequiera, aunque los nombres pudieran diferir tanto como difieren las lenguas. Llegó a ser la religión de los misterios de Fenicia, y fue llevada por los fenicios a los confines de la tierra. Astarot y Tammuz, la madre y el niño de estos endurecidos aventureros, se convirtieron en Isis y Horus en Egipto, Afrodita y Eros en Grecia, Venus y Cupido en Italia, y tuvieron muchos otros nombres en lugares más lejanos.[k]

Antes, mencionamos que una de las ramas del sacerdocio babilónico llegó a Tíbet, la cima de la tierra donde los montes Himalayas son los más altos del mundo. Hoy, esta rama de la religión de Babel sigue con sus prácticas ocultas a través de los "chamanes" (hombres "santos").

Podemos darnos cuenta que las enseñanzas de los chamanes de Tíbet, con sus artes de meditación y prácticas místicas, han tenido mucha influencia sobre las religiones orientales, especialmente la hindú.

También hemos señalado la conexión entre Nimrod, su religión y el Zoroastrismo. Añadiendo a ésta, la extensión de la rebelión original de Babilonia por todo el mundo como causa de la confusión de la lengua única, podemos llegar fácilmente a la India donde los adeptos del Zoroastrismo practican su religión hasta hoy. Aún edifican "torres" altas para dejar encima los cadáveres de sus muertos. Los buitres vienen a comer el cuerpo[l] para así llevarlo al cielo, donde Nimrod quiso, pero no pudo llegar.

Hay amplias conexiones entre las religiones orientales y la religión de la primera rebelión del hombre contra Dios y también al movimiento de la Nueva Era. El doctor Walter Martin explica:

> La secta de la Nueva Era es un resurgimiento del ocultismo de la antigüedad. Tiene vínculos históricos con prácticas religiosas de Sumeria, India, Egipto, Caldea, Babilonia y Persia.[m]

Se dice que es una "nueva" era. La historia, sin embargo, indica que no tiene nada de "nuevo". La revista *Time* informó:

> Así que, aquí estamos en la Nueva Era, una combinación de espiritualidad y superstición, de moda pasajera y farsa; acerca de la cual lo único cierto es que no es nada nuevo.[n]

Se considera que la Sociedad Teosófica es la conexión moderna entre el hinduismo y la Nueva Era. Esta sociedad fue fundada por Helena Blavatsky en los últimos años del siglo diecinueve. Esto tuvo lugar en los Estados Unidos. Madame Blavatsky promovió el espiritismo y la filosofía de los hindúes. Este movimiento se manifestó decididamente en contra del cristianismo.

Blavatsky escribió más de veinte libros bajo la influencia de un "maestro ascendido" (lo que los cristianos llamamos un demonio). Ella decía recibir las comunicaciones telepáticamente.

A esta conspiración satánica que es la misma iniciada en Babel, llamada por los discípulos de esta secta "la Era de Acuario", se suma su fuente más popular proveniente de la música "rock", comenzando con los "Beatles". Ellos han sido los protagonistas más destacados para la difusión de la Nueva Era. Toda la cultura "hippy", con su "amor libre" y las drogas, tiene raíces que pueden trazarse hasta la apostasía más antigua de la humanidad. Creyendo haber encontrado algo "nuevo", han caído en las trampas más primitivas de la degradación.

Así como la remota Babel, la Nueva Era ha sido fundada en rebelión. Sus seguidores afirman tener conocimientos "ocultos" (sabiduría superior y secretos divinos). Buscan la universalidad y la unión mundial bajo su líder venidero, quien trae un "Nuevo Orden Mundial". Practican la adoración al "ser femenino encarnado".

Más adelante, estaremos analizando estos factores, especialmente la práctica de la adoración al "ser femenino encarnado". Antes de esto, advertiremos acerca del adiestramiento que la Nueva Era está imponiendo a la sociedad y la Iglesia.

10.3 Adiestrando la sociedad en la Nueva Era

Las enseñanzas de la Nueva Era se han hecho tan populares y conocidas que a menudo es difícil demostrar, aun a los creyentes, el error de su doctrina. Sutilmente infunden sus enseñanzas a través de nuestras escuelas e instituciones públicas. Con el mismo engaño con que se introdujo la religión babilónica dentro de la Iglesia primitiva, sigue confundiendo a la Iglesia moderna.

El movimiento de la Nueva Era es tan astuto que pone nuevos nombres a las blasfemias más antiguas. Prácticas como la brujería, el espiritismo, el satanismo, la adoración al diablo y el vudú son comunes, recibiendo el rechazo de la sociedad en general. Ahora, en vez de acercarse a la bruja local para que haga un encantamiento de sanidad, la Nueva Era le proporciona la "medicina tradicional"[o]. Esta "medicina tradicional" — de la cual estamos preocupados — no es el tratamiento médico por medio de las substancias naturales. No objetamos el uso correcto de los elementos naturales de la creación de Dios para el bien del ser humano. Lo que estamos destacando son las prácticas, que a pesar de tener nuevos nombres, siguen siendo nada menos que prácticas y participaciones con los mismos demonios. Por ejemplo: La Nueva Era ahora llama a los curanderos (quienes hacen encantamientos) "practicantes de la medicina tradicional". No les llaman curanderos o brujos como antes. El nuevo lenguaje forma una imagen diferente y parece menos primitivo. Inclusive, suena como una ocupación de mucha dignidad. Entonces, la palabra "tradicional" ha llegado a ser una forma elegante para decir lo que antes se llamaba brujería.

Antes, al pecado se llamaba pecado. El adulterio, fornicación, homosexualidad, lesbianismo y otros actos lascivos se conocían por su nombre propio. Hoy se les llama "estilos alternativos de vida"[p]. Como es un "estilo alterno", se puede cambiar como cambia la moda. Ya no hay necesidad de evitar la conducta pecaminosa, pues la actividad que uno "escoge" es tan solamente una "alternativa". Es la misma filosofía que le dice a la mujer que su cuerpo le pertenece y que puede provocar o inducir el aborto porque tiene "la libertad reproductiva". Esta "libertad reproductiva" es otra manera para alternar con el adulterio, fornicación y sobre todo — homicidio.

La Nueva Era nos enseña la "necesidad" de "la clarificación de valores". Esta actitud la comparte la sociedad en general. La idea es que no existen absolutos con los cuales un valor puede definirse. En otras palabras, se pueden desechar los valores cristianos porque todo es "relativo". "Clarificación de valores" viene a ser el nuevo término para el "relativismo", una doctrina de la filosofía que expresa la falta total de lo absoluto. Dicen que lo bueno y lo malo no dependen de algo establecido, como son los diez mandamientos, sino de la cultura y los tiempos. Esto significa que un hombre de la selva puede matar, y está bien, pues es parte de su cultura. Pero nosotros no podemos cometer homicidio porque tenemos otra cultura. El relativismo nos dice que los diez mandamientos no se deben aplicar a todos. La Biblia, en cambio, está llena de absolutos que deben aplicarse a todos. Al deshacerse de absolutos, es fácil para un individuo de esta generación en rebeldía hacer lo que le venga en gana abusando del libre albedrío. Si todo es relativo, entonces la mentira ya no es mentira porque el fin justifica los medios. Simplemente, para el hombre moderno "hay que clarificar los valores". Obviamente esta filosofía, en que lo relativo se opone a lo absoluto, no tiene nada que ver con el cristianismo y su Dios que exige santidad para entrar en su presencia (He. 12:14).

Desde la jardín infantil hasta los estudios universitarios, los textos educativos actuales están llenos de las filosofías y pensamientos de la Nueva Era. La prensa y los medios masivos de información, nos bombardean a diario con los pensamientos de la Nueva Era. Tan bien difundido está su pensamiento que ni nos damos cuenta. Terminologías nuevas abundan para explicar el pensamiento de la Babilonia "moderna" a los moradores de la tierra. Todo suena tan normal, tan bien. Solamente que, esta Nueva Era no será lo que sus proponentes creen.

Todo esto, que se llama la Nueva Era, es un disfraz, un engaño del antiguo espíritu de Babilonia. Juan el apóstol nos enseñó que el espíritu del anticristo *ya está en el mundo* (1 Jn. 4:3).

10.4 La manifestación de la Nueva Era y la Babilonia en la Iglesia

Posiblemente la manifestación más blasfema de la Nueva Era y la resurrección de la Babilonia en la Iglesia, se ve en la doctrina apóstata de "nuevamente imaginar a Dios". Sabemos que a Dios no se le puede "imaginar" como a uno se le antoje; sin embargo, este movimiento religioso propone precisamente eso.

En 1993, dos mil mujeres de veintisiete naciones, incluyendo "protestantes" y "católicas", se reunieron en una conferencia en los Estados Unidos con el propósito de "nuevamente imaginar a Dios". Durante un servicio de "la santa cena", usando leche y miel (en lugar de los elementos tradicionales) oraron a "Sofía", una imagen femenina tomada de Proverbios y usada para personificar a la sabiduría. (Leche y miel fueron elementos usados en la preparación de la "haoma", una bebida intoxicante utilizada en los ritos de la religión de Babel y el Zoroastrismo. Sofía es la palabra griega cuyo significado es sabiduría; de esta palabra, también toma nombre la Sociedad Teosófica.)

Tomando la libertad de interpretación, y aplicando expresiones simbólicas en forma que va contra toda buena hermenéutica, ¿será que las teólogas feministas procuran crear una nueva teología "cristiana"? (La religión babilónica, siendo de orden "oculto" o de "misterio" utilizaba abundante simbología. Esto no debe confundirse con el uso de la simbología bíblica. El sistema babilónico hace uso de los símbolos para esconder la verdad, la Biblia tiene símbolos para dar más luz a la verdad.)

Lo que más asombra, es el éxito de este esfuerzo. ¿Cómo es posible que se atrevan a identificar su creencia con el cristianismo? ¡A Cristo lo eliminaron del cristianismo! Una de las teólogas feministas, la reverenda Dolores Williams, maestra del Seminario Unión Teológica de Nueva York, dijo: "No creo que necesitamos a personas colgándose en cruces con sangre goteando por todo lado y cosas absurdas como éstas".[q]

Durante esta conferencia de "nuevamente imaginar a Dios", ni una sola vez invocaron a Jesús, peor tomar en cuenta la significación redentora de la cruz. Expresaron que la cruz es una manifestación grotesca de la imaginación masculina. La oración blasfema de estas mujeres, muchas de ellas lesbianas fue:

> A nuestra creadora, Sofía, somos mujeres hechas a su imagen; con la sangre caliente de nuestros vientres damos forma a la vida nueva. Con néctar entre nuestros muslos invitamos a un amante; con nuestros fluidos corporales recordamos al mundo sus placeres y sensaciones.[r]

Esta oración parece algo de la religión fundada por la esposa ramera de Nimrod. Es parecida a los rezos utilizados en las ceremonias de las religiones y sectas que emplean actos eróticos de envilecimiento como parte de sus ritos.

Esta blasfemia, que afirmamos se basa en la religión antigua de Babilonia y la adoración al "ser femenino encarnado" o "reina del cielo", actualmente puede considerarse como parte de la religión apóstata que predice Apocalipsis y está tomando fuerza dentro de la Iglesia protestante tradicional. Además, la relación con la Nueva Era se deja ver escandalosamente. El propósito de estos movimientos feministas es el de sacramentar la sexualidad de la mujer. Esto no es algo nuevo y se ha practicado en diversas religiones de remota antigüedad, y como ya hemos visto, aun más dentro de la religión babilónica. Lo novedoso es la astucia con que se está introduciendo sutilmente en la Iglesia cristiana.

Nos recuerda la astucia con que Satanás obró para introducir Babilonia dentro de la Iglesia, y posteriormente la doctrina de María como "madre de dios". Hoy el diablo está buscando aún peores y nuevas blasfemias. No sólo está contento con la adoración a la "reina del cielo", sino busca incorporar la prostitución religiosa dentro de la Iglesia "cristiana". ¡Qué osadía!

Oremos para que Dios nos proteja del error, ya que estas manifestaciones perversas han de aumentar a medida que nos acercamos al inicio de los eventos descritos en Apocalipsis. También tomemos nuestros puestos como adalides del Señor Jesucristo, decididos a luchar con armas espirituales en contra de esta blasfemia. No permitamos que introduzcan su maldad en nuestras iglesias, mientras estemos presentes en la tierra y podamos impedirlo.

No solamente viene una "Nueva Edad", sino también un "Nuevo Orden Mundial". Posiblemente no hay nada que el creyente pueda hacer para evitar el desarrollo de este "orden", pero vale estar advertido de estos eventos que son parte del proceso para establecer al anticristo como jefe del Nuevo Imperio Romano.

10.5 ¿Qué podemos hacer?

Al considerar todas estas cosas podemos sentirnos impotentes ante la eventualidad del establecimiento del "Nuevo Orden". A pesar de todo, nuestra reacción no debe ser de desesperación ni de pesar, sino de alegría ante la realidad de que todas estas cosas señalan la pronta venida del Salvador, nuestro Señor Jesucristo.

Nuestra esperanza es de escapar de las cosas terribles que la misma Biblia indica que vendrán. En esta obra presentamos amplias y numerosas razones para creer en el arrebatamiento de la Iglesia antes de la tribulación. Es cierto que la Iglesia ha sufrido tribulación, y todavía ha de sufrir tiempos difíciles, pero tenemos la fe y la certidumbre que NO PASAREMOS LA GRAN TRIBULACIÓN dispuesta por la ira y el juicio de Dios sobre la humanidad. Sin embargo, a esta seguridad y fe no se le puede convertir en un orgullo espiritual. A veces los hermanos que estamos seguros de irnos con Cristo en el arrebatamiento, nos volvemos unos orgullosos espirituales por sentirnos un tanto "mejor" que los que van a quedarse a sufrir la tribulación. Debo advertir que el orgullo es el pecado que arruinó a Satanás.

Recuerde a los jóvenes hebreos. Ellos tuvieron que pasar por el fuego. Estaban dispuestos a ser fieles a Dios, enfrentándose con la posibilidad de la muerte en el horno. Si nos hemos equivocado en nuestro punto de vista, y a la Iglesia le corresponde pasar parte o toda la gran tribulación, tenemos que estar decididos a servir a Cristo ante cualquier situación. ¡No seríamos los primeros mártires para Cristo! Indudablemente, ninguno que está leyendo estas palabras tendrá la dicha de ser el último mártir para Jesús. Así que, estimado lector, cuídese en su manera de pensar. Tenemos la fe y la convicción que seremos arrebatados para estar con Jesús. Pero, no deje que esta fe le lleve a creer que es mejor que los millones de mártires que ya le han ganado en la carrera para llegar al cielo. Con su ejemplo, debemos proseguir *a la meta, al premio del supremo llamamiento de Dios en Cristo Jesús* (Fil. 3:14).

Posiblemente, lo único que podemos hacer a medida que nos vamos acercando al eventual establecimiento del Nuevo Orden del anticristo, es vivir una vida más consagrada para Jesús. Identifiquemos las fuentes de perversión que buscan sutilmente engañarnos. Éstas pueden ser halladas en todo lugar. Oremos por discernimiento espiritual, para poder darnos cuenta de la maldad que ronda alrededor nuestro. Sobre todo, tengamos confianza en el Dios de Daniel que nos cuidará de la boca del león y nos sacará del horno de fuego ardiente. Recordemos además, que Babilonia caerá. ¡Cristo será el vencedor para siempre!

―――――― Lección 23 ――――――

Las bodas del Cordero y la segunda venida

1. Los tres ¡aleluyas! de la multitud celestial   Ap 19:1-8

¡*Aleluya!* ha de ser y será un vocablo celestial. Expresa alabanzas sin fin para Dios.

Los tres ¡Aleluyas! expresados por la multitud celestial vienen en seguida después de los tres ¡ayes! Los tres ¡ayes! son juicios, mientras que los tres ¡Aleluyas! son gritos de victoria. Qué contraste: en la tierra el hombre está sufriendo los juicios más terribles y en el cielo los redimidos están gozando de los beneficios de los tres gritos de victoria: ¡Aleluya!, ¡Aleluya!, ¡Aleluya!

1.1 El primer ¡aleluya! de la multitud   Ap 19:1-2

Este ¡*Aleluya!* es una alabanza por la justicia de Dios, al eliminar a la gran ramera. Él ha *vengado la sangre de sus siervos de la mano de ella.*

1.2 El segundo ¡aleluya! de la multitud   Ap 19:3-5

De este ¡*Aleluya!* se nos dice que es eterno, que *el humo de ella sube por los siglos de los siglos.* Cuando estemos allá diez mil años, ¡recién habremos comenzado a alabar y adorar a Dios!

Como afirmación de este ¡*Aleluya!* oiremos también a los veinticuatro ancianos y a los cuatro seres vivientes diciendo, ¡*Amén!* y ¡*Aleluya!* (Algunos creen que este es el tercer ¡*Aleluya!*, asumiendo que son cuatro Aleluyas en total. Lo que podemos afirmar es que son tres ¡Aleluyas! dados por la multitud.)

La alabanza de los tres ¡Aleluyas! es universal en el cielo, tanto de *pequeños como grandes.*

1.3 El tercer ¡aleluya! de la multitud   Ap 19:6

A Juan le hizo falta palabras para explicar lo que oyó, él sólo pudo decir *como la voz de grandes truenos.* ¡*Aleluya, porque el Señor nuestro Dios Todopoderoso reina!*

2. La cena de las bodas del Cordero

Ap 19:7-10

A los tres ¡Aleluyas! celestiales siguen las bodas del Cordero. Mucho se ha hablado de que estas bodas ocurrirían durante la tribulación, lo cual no es verdad. Las bodas del Cordero sucederán al fin de la gran tribulación. Esto deducimos porque siguen textualmente a continuación de las copas de ira.

No podemos saber cuáles son los "preparativos" que la novia ha venido realizando. ¿Han sido sólo en la tierra o también celestiales? De cualquier manera, lo cierto es que *su Esposa* (la Iglesia) *se ha preparado*. Posiblemente estos preparativos hablen del *tribunal de Cristo* que los justos experimentarán durante la tribulación.

Ap 19:7b
2 Co 5:10
[a]

¿A quién se le concedió que *se vista de lino fino*? ¿Qué es el lino fino? *El lino fino es las acciones justas de los santos*. Es la Iglesia y los redimidos de todas las edades quienes se vistan de *lino fino*.

Ap 19:8
Ap 19:9

¿Quiénes son los *bienaventurados*? Es la Iglesia santa con todos los justos de todas las edades.

Lc 12:43
Ap 19:10

Juan quedó tan conmovido por la revelación, que se postró a los pies del mensajero angelical para adorarle. La respuesta inmediata fue *no lo hagas ... adora a Dios*.

Porque el testimonio de Jesús es el espíritu de la profecía. El espíritu de la profecía es el Espíritu Santo. Los santos hombres de Dios fueron guiados por el Espíritu Santo cuando profetizaron y hablaron desde tiempos antiguos del Cristo, de Jesús, quien se llama *Fiel y Verdadero*.

Ap 19:10b
2 P 1:21

Ap 19:11

Ap 19:11-21

3. El apocalipsis

El momento ha llegado, el día que esperaron los patriarcas, que esperaron los reyes de Israel, que esperaron los santos profetas y que espera la Iglesia; es el día de la revelación, del apocalipsis, la segunda venida de Cristo. Ahora Jesús no se presenta como un bebé, en un pesebre, pobrecito; ahora viene el que tiene *"ojos ... como de fuego"*, *"EL VERBO DE DIOS"*, *"EL PRÍNCIPE DEL EJÉRCITO DE JEHOVÁ"*, *"EL SEÑOR DE SEÑORES Y REY DE REYES"*.

Ap 19:14

El Gran Rey viene seguido por los ejércitos celestiales. Ellos se encuentran vestidos de lino finísimo y son los mismos santos que participan en las bodas del Cordero.

Ap 19:8,9

Las fuerzas del anticristo saldrán del oriente y se

reunirán en el Armagedón. Ellos son los ejércitos de la última rebelión del sistema babilónico y se reunirán para hacer la guerra contra el Cordero. Él es Rey de reyes y Señor de señores. Siempre lo ha sido, pero ahora el momento ha llegado para que Cristo Jesús se establezca delante del mundo como tal. El Rey toma posesión de lo suyo. Aquellos ejércitos no pueden hacer nada contra la espada aguda que sale de su boca, por el poder de su palabra. El holocausto terminará con la posible muerte de doscientos millones de individuos.

Ap 19:16
Ap 17:14
Ap 19:15
Ap 19:21
Ap 19:20

Como resultado de esta guerra, la bestia y el falso profeta serán *"lanzados vivos dentro de un lago de fuego"*.

―――――― **Lección 24** ――――――

Los mil años y la eternidad

Sabe el Señor librar de tentación a los piadosos, y reservar a los injustos para ser castigados en el día del juicio (2 P. 2:9). Miraremos el castigo, o la gloria, que esperan los seres humanos. ¿Cuál fin le espera? ¡Con Cristo será la gloria! Deje que Cristo viva en su corazón.

1. Los mil años   Ap 20:1-10

Con el capítulo anterior se terminan los siete años de la tribulación. A continuación un resumen de las circunstancias existentes en la tierra, al inicio de los eventos del capítulo 20:

- ❐ La bestia y el falso profeta son lanzados al lago de fuego.   Ap 19:20
- ❐ Los ejércitos del anticristo han sido derrotados.   Ap 19:21
- ❐ Por mil años Satanás es apresado.   Ap 20:1-3
- ❐ Tomará lugar el juicio de las naciones descrito por Cristo.   Mt 25:31-46

Aunque el reinado del anticristo había sido universal y se extendía sobre todas las naciones de la tierra, su poder no alcanzaba a muchos lugares. No habrá podido efectuar sus obras plenamente en dichas localidades (por ejemplo la selva del Amazonas). De esta manera muchos podrán sobrevivir a la tribulación. Esto demuestra cuán limitado es el dragón. Será imposible para el anticristo dominar todo el mundo porque Satanás no es omnipresente. Todo esto nos lleva a la conclusión de que no todos los hombres habrán tomado la marca de la bestia y será necesario el juicio de las naciones por Cristo para hacer la separación entre las ovejas y los cabritos. Aparentemente serán juzgados según sus obras, y por la manera en que trataron a los perseguidos del anticristo.

2. Juicios y resurrecciones

A continuación presentamos una lista de juicios y resurrecciones tomada de la obra *Grandes temas de la Biblia*. Nosotros la presentamos para el análisis del lector: Ap 20:4-6 [a] [b]

- **Juicio de la Iglesia.** A este juicio se le conoce como el *tribunal de Cristo*. Serán juzgadas las obras del creyente, no sus pecados. Los pecados del creyente no serán recordados más. Pero toda obra será juzgada para así dar el galardón a cada uno. Este galardón vendrá a manera de responsabilidad. Este juicio tiene lugar después del rapto y antes de las bodas del Cordero.
2 Co 5:10,11; Ro 14:10; He 10:17; Mt 12:36; Col 3:24,25
- **Juicio de los gentiles.** Este juicio también es conocido como el "juicio de las naciones". Este juicio tiene lugar al término de la tribulación. Los gentiles, quienes han venido a Cristo (las ovejas) durante la tribulación, serán recibidos en el reino. Los impíos (las cabras), serán echados al lago de fuego por sus pecados.
Mt 25:32; Sal 2:1-10; Is 63:1-6; Joel 3:2-16; Sof 3:8; Zac 14:1-3
- **Juicio de Israel.** Este juicio tendrá lugar al terminar la tribulación. Cristo hará que los judíos sean reunidos y entonces serán juzgados. Así como las ovejas de entre los gentiles, los creyentes en Cristo entrarán al reino.
Ez 20:33-38
- **Juicio de los malvados (juicio del gran trono blanco).** Tendrá lugar después de los mil años. Este último juicio se producirá, indistintamente, sobre todos los impíos ante el gran trono blanco. El Dios soberano se sentará en el trono y los impíos serán juzgados según sus obras malas. Los que no tienen sus nombres inscritos en el libro de la vida, serán echados al lago de fuego por toda la eternidad.
Ap 20:11-15

3. Las resurrecciones [c]

- **Varias resurrecciones efectuadas por Cristo y los profetas.** Estas resurrecciones fueron señales, y la persona resucitada volvió a morir.
2 R 4:32-35; Lc 7:11-16; Mr 5:22-24; Jn 11:32-44
- **La resurrección de Jesucristo**, fue profetizada desde mucho tiempo antes y es el fundamento de la fe cristiana, sin la cual ninguno tendría esperanza.
Sal 16:9-10; Lc 24:5b; 1 Co 15:13-14
- **La resurrección de los santos en Jerusalén.** Aunque los sepulcros fueron abiertos en el momento de la muerte de Cristo, parece que los santos no salieron de los sepulcros hasta que Cristo resucitó. Cristo es la primicia. Esta resurrección es una confirmación de que hay más de una sola resurrección.
Mt 27:52-53

- **La resurrección de la Iglesia.** A esta resurrección se le conoce también como el "rapto". *Los muertos en Cristo* serán resucitados primero y luego los santos, que todavía estén con vida cuando Cristo venga por la Iglesia, serán trasladados. 1 Co 15:51-58
1 Ts 4:13-18
1 Jn 3:2
- **La resurrección de los santos del Antiguo Testamento.** Es posible que los santos del Antiguo Testamento no sean arrebatados en la primera resurrección. Esta implicación se da en algunos pasajes. Daniel 12 describe la gran tribulación en el versículo 1 y la resurrección en el versículo 2 como un suceso inmediatamente posterior. La resurrección de estos santos, será antes del milenio. (El autor cree que esta resurrección será junto a la primera resurrección.) Job 19:25-26
Dn 12:1-2
Is 26:19-21
- **La resurrección de los santos de la tribulación.** Ap 20:4-5
- **La resurrección de los santos en el milenio.** No hay una profecía en la Palabra de Dios tocante a esta resurrección, pero habrá muertos durante el milenio, lo cual hace suponer que sí habrá dicha resurrección. Is 65:20
- **La resurrección de los impíos.** Ap 20:11-15

Algunas observaciones acerca de las resurrecciones:
- El propósito de las resurrecciones es dar un cuerpo eterno.
- Al respecto de *la primera resurrección*, Chafer dice:

...la expresión *"primera resurrección"* se refiere a todas las resurrecciones de los justos aun cuando se encuentren ampliamente separadas por el tiempo. Todas ellas son *primera*, esto es, antes que la resurrección final de los impíos. Consecuentemente, la expresión *"primera resurrección"* se aplica a todas las resurrecciones de los santos sin consideración de cuando ocurrieron, incluyendo la resurrección de Cristo mismo. [d]

Y vi tronos, son dos los juicios que se celebran aquí, el de las naciones y el de Israel. También tenemos la Ap 20:4

resurrección de los santos de la tribulación descrita con las palabras, *y vi las almas de los decapitados por causa del testimonio de Jesús ... y vivieron.*

Los otros muertos no volvieron a vivir hasta que se cumplieron mil años, habla de los muertos impíos. Su resurrección será para el juicio ante el gran trono blanco (véase Estudio cronológico).   Ap 20:5

Esta es la primera resurrección. Son palabras que deben ser entendidas como parte del versículo 6.   Ap 20:5b

4. Satanás suelto   Ap 20:7-10

En estos versículos tenemos la descripción de la última guerra (véase el fin de la Lección 20, sección 8, para más información respecto a esta guerra).

Observamos la última obra de Satanás, presentándose para engañar con toda facilidad al hombre que ha vivido hasta el fin del milenio.

5. El juicio ante el gran trono blanco (véase Lección 24, sección 2)   Ap. 20:11-15

Posiblemente los *libros* que *fueron abiertos* hablen de la Santa Biblia. Los impíos serán juzgados según las palabras allí escritas.   Ap 20:12 / Jn 12:48

Ahora vemos *la muerte segunda*. Esta muerte es fatal y eterna, a diferencia de la muerte primera que todos pasaremos, si Cristo no viene antes.   Ap 20:14b

Este juicio es de los *otros muertos*, los impíos muertos sin Cristo.   Ap 20:14-15 / Ap 20:5a

6. Cielo nuevo y tierra nueva   Ap 21:1 - 22:5

Las descripciones que siguen de la Nueva Jerusalén van más allá de lo que podemos comprender. La palabra *como* es utilizada por Juan repetidas veces. Imaginémonos por un momento, qué pasaría si pudiéramos tomar un nativo de una tribu primitiva, el cual nunca hubiese salido de su tierra y le pusiéramos en la noche en medio de un gran aeropuerto. Él tendría dificultades para explicar a sus compañeros lo que vio. Posiblemente él diría del aterrizaje de un avión moderno: "Bajó del cielo un pájaro enorme con muchos ojos de fuego y trueno de volcán".

Al leer estos versículos, es importante recordar que Juan no pudo explicar lo que vio porque iba más allá de cualquier cosa que él hubiera conocido. Esto no es obstáculo para aceptar su relato como verdadero. Podemos estar seguros que la realidad será aún más bella y maravillosa de lo que atestigua la descripción de Juan.

Son muchos los comentarios que se han escrito sobre Apocalipsis, la profecía y el cielo, describiendo las bendiciones para los santos. Sea fiel hasta el fin (Mt. 13:13), pelee la buena batalla de la fe (1 Ti. 6:12) y podrá alcanzar todas ellas. Este es el premio para los que amamos al Cordero.

A continuación trataremos algunos puntos dignos de resaltar:

- ❒ *Y el mar ya no existía más.* Algunas razones del por qué:
- ➡ El mar produce tempestades. — Sal 107:23-30;
- ➡ El mar constituye inquietud. — Is 57:20-21
- ➡ El mar representa misterio. — Jer 49:23
- ➡ El mar significa separación. — Sal 77:19
- ❒ *Enjugará Dios toda lágrima.* Comparando con las palabras que siguen en el mismo versículo, *ni habrá más llanto*, se nos presenta un misterio que se ha tratado de explicar en las siguientes maneras: — Ap 21:4 / Is 25:8 / Ap 7:11
- ➡ Que son lágrimas de gozo. — Es 3:12,13
- ➡ Que son lágrimas resultantes del tribunal de Cristo, cuando nos demos cuenta de que no hemos alcanzado las cosas que Dios tenía para nosotros.
- ➡ Que son lágrimas producidas cuando nos demos cuenta de que no se encuentra presente algún familiar.

Cualquiera que sea el misterio de estas *"lágrimas"*, la Biblia afirma que NO *habrá más llanto*.

- ❒ Jesús es el *Alfa y la Omega*, Él no fue creado como nosotros. Él es Alfa no beta. Si Jesús fuera creación de Dios, Él sería como nosotros y no podría ser llamado Alfa (el primero). Jesús es el mismísimo principio. — Ap 21:6
- ❒ Encabezando la lista de los excluidos del nuevo cielo y tierra están los *cobardes*. No hay acto más cobarde que negar a Cristo, sea por temor a los familiares o a los amigos, sea por vergüenza de lo que van a "decir" o por el pecado; no hay nada o nadie más cobarde que el que rechaza a Cristo. — Ap 21:8
- ❒ El nuevo cielo será diferente, no tendrá templo; el cielo presente, sí lo tiene. — Ap 21:22 / Ap 15:8

- ❐ Las palabras *hubieren sido salvas*, no se encuentran en el griego, pero con todo, sólo habrá naciones *salvas*, ya que todos los no *salvos* estarán en el lago de fuego.   Ap 21:24 [e] Ap 20:15
- ❐ *Y no habrá más maldición*. La *maldición* es lo que produce putrefacción, vejez, polvo y un sinnúmero de efectos negativos sobre la tierra y sus moradores. Estos efectos nos llevan a la enfermedad y a la muerte. Comenzaron con la maldición de Dios sobre Adán.   Ap 22:3 / Gn 3:17-19

7. Epílogo   Ap 22:6-21

Estas palabras son fieles y verdaderas. El autor es el Señor, *el Dios de los espíritus de los profetas*. Por lo tanto, no hay razón para poner en juicio las palabras de la profecía de este libro. Son cosas que *deben suceder pronto*. Aquí se utilizan las mismas palabras que se usaron en el primer versículo del libro. Esta frase nos hace pensar en el "reloj" de Dios. Para Él han pasado los últimos dos milenios en "un momento".   Ap 22:6 / Ap 1:1 / 2 P 3:8

¡He aquí, vengo pronto! ¡Tenemos que estar listos! ¡La pronta venida del Señor Jesús está a las puertas! Las manecillas del reloj están por indicar la media noche, posiblemente el propósito más importante de Apocalipsis es hacer que el pueblo de Dios esté advertido y listo para la venida del Señor.   Ap 22:7

Juan testifica que él es quien *oyó y vio estas cosas*. Después nos participa de un error personal que cometió adorando al ángel. El ángel respondió diciéndole *no lo hagas*, y se identificó como su *consiervo*.   Ap 22:8-9

No selles las palabras ... porque el tiempo está cerca. No podemos pretender saber todo lo referente al futuro, simplemente porque hemos leído Apocalipsis. Esta lectura, sin embargo, nos dará grandes bendiciones. Mientras los eventos relacionados con la profecía se hacen más claros, tendremos un mejor entendimiento de los mismos.   Ap 22:10

El que es injusto, sea injusto todavía ... y el que es santo, santifíquese todavía. Tomando esta exhortación en el contexto tenemos dos hechos: el primero, es una amonestación al creyente que no se tranquilice en su   Ap 22:11

búsqueda de la santidad; el otro, es una indicación de la brevedad del tiempo. Cuando llegue el tiempo de los sucesos de este libro, entonces será tarde para cambiar de manera de ser.

Jesús mismo se presenta y proclama su pronta venida. También declara el galardón que espera a los justos y nombra a aquellos que estarán afuera. Ap 22:12-15

La invitación viene del Espíritu, quien trae convicción sobre la vida del pecador. La Esposa, la Iglesia de Cristo, tiene el objetivo de predicar las buenas nuevas, llamando al pecador a que venga a los pies de Cristo. La invitación es para tomar del *agua de la vida gratuitamente*. Ap 22:17
Jn 16:8

Ahora vienen las maldiciones sobre aquellos que cambian la Palabra de Dios. Se ve que Dios está preocupado de proteger su Palabra contra los que, por sus propias conveniencias, la tuercen. Ap 22:18-19
Dt 4:2

El que da testimonio de estas cosas, es el mismo Señor Jesús. Las últimas palabras pronunciadas por Jesús en la Biblia son, *Ciertamente vengo en breve*. La segunda venida de Jesús es algo inmutable, incambiable, pase lo que pase, su venida es segura. *Amén; sí, ven, Señor Jesús* debe ser nuestra esperanza. Para el mundo impío la venida del Señor es lo más terrible que pueda imaginarse, en cambio para el creyente es su bendita esperanza, por lo cual decimos: ¡Amén; sí, ven, Señor Jesús! Ap 22:20

1 Ts 4:13,18

La gracia de nuestro Señor Jesucristo sea con todos vosotros. Amén. ¡Cuánta diferencia hay entre la terminación del Antiguo Testamento y la del Nuevo Testamento! El Antiguo termina con una maldición, pero el Nuevo con una bendición. Querido lector, haga suyas las bendiciones de este libro; Dios tiene grandes cosas para darle con el propósito de que usted las pueda compartir. Ap 22:21

Mal 4:6

Jer 33:3
Mt 28:18-20

¡Amén; sí, ven, Señor Jesús!

Los apéndices

Apéndice 1

Cuadro comparativo de las siete cartas de Apocalipsis

¡El que tiene oído, oiga lo que el Espíritu dice a las Iglesias!

Destino	Descripción de Cristo	Puntos Buenos	Queja	Acción de Represión	Remedio	Promesa al que Venciere
Éfeso	Ap. 2:1 El que tiene las siete estrellas en su diestra, el que anda en medio de los siete candeleros de oro	Ap. 2:2,3 ❏ Arduo trabajo ❏ Paciencia ❏ No soportar a los malos ❏ Probar ❏ Sufrir ❏ Trabajo ❏ No desmayar	Ap. 2:4 Has dejado tu primer amor	Ap. 2:5b Quitaré tu candelero	Ap. 2:5a Arrepiéntete, haz las primeras obras	Ap. 2:7 Le daré a comer del árbol de la vida
Esmirna	Ap. 2:8 El primero y el postrero, el que estuvo muerto y vivió	Ap. 2:9 ❏ Tu tribulación ❏ Tu pobreza (pero eres rico) ❏ La blasfemia de la sinagoga de Satanás	NO HAY	(Ap.2:10) NO HAY represión, pero habrá persecución	Ap. 2:10 (palabras de aliento) Sé FIEL hasta la MUERTE No TEMAS	Ap. 2:11 No sufrirá daño de la segunda muerte
Pérgamo	Ap. 2:12 El que tiene la espada aguda de dos filos	Ap. 2:13 ❏ Conozco dónde moras ❏ Retienes mi nombre ❏ No has negado mi fe	Ap. 2:14,15 ❏ Tienes ahí a los que retienen la doctrina de Balaam ❏ Los que retienen la doctrina de los nicolaítas	Ap. 2:16b Vendré a ti pronto, y pelearé contra ellos con la espada de mi boca	Ap. 2:16a Arrepiéntete	Ap. 2:17 Daré a comer del maná escondido, y le daré una piedrecita blanca

DANIEL Y APOCALIPSIS: Un manual de estudios proféticos

Destino	Descripción de Cristo	Puntos Buenos	Queja	Acción de Reprensión	Remedio	Promesa al que Venciere
Tiatira	Ap. 2:18 El que tiene ojos como llama de fuego, y pies semejantes al bronce	Ap. 2:19 ❏ Amor ❏ Servicio ❏ Fe ❏ Paciencia ❏ Y que tus obras postreras son más que las primeras	Ap. 2:20,21 ❏ Que toleras a esa mujer Jezabel ❏ No quiere arrepentirse de su fornicación	Ap. 2:22,23 ❏ He aquí, yo la arrojo en cama ❏ A sus hijos heriré de muerte	Ap. 2:25 Lo que tenéis, retenedlo hasta que yo venga.	Ap. 2:26-28 Yo le daré autoridad sobre las naciones, y las regirá con vara de hierro
Sardis	Ap 3:1a El que tiene los siete espíritus de Dios, y las siete estrellas	Ap. 3:4 Tienes unas pocas personas en Sardis que no han manchado sus vestiduras	Ap. 3:1b Que tienes nombre de que vives, y estás muerto	Ap. 3:3b Si no velas, vendré sobre ti como ladrón y no sabrás a qué hora vendré sobre ti	Ap. 3:2,3a ❏ Sé vigilante ❏ Afirma ❏ Acuérdate ❏ Guárdalo ❏ Arrepiéntete	Ap. 3:5 Será vestido de vestiduras blancas; y no borraré su nombre del libro de la vida, y confesaré su nombre delante de mi Padre
Filadelfia	Ap. 3:7 El Santo, el Verdadero, el que tiene la llave de David, el que abre y ninguno cierra, y cierra y ninguno abre	Ap. 3:8 ❏ Aunque tienes poca fuerza, has guardado mi palabra ❏ No has negado mi nombre	NO HAY	(Ap. 3:9a) NO HAY (Represión a los enemigos de la Iglesia)	Ap. 3:10,11 (Palabras de aliento) ❏ Has guardado la palabra de mi paciencia ❏ Retén lo que tienes **VENGO PRONTO**	Ap. 3:12 Yo lo haré columna en el templo de mi Dios, y nunca más saldrá de allí; y escribiré sobre él el nombre de mi Dios
Laodicea	Ap. 3:14 El Amén, el testigo fiel y verdadero, el principio de la creación de Dios	NO HAY (Ap. 3:19)	Ap. 3:15,17 ❏ Que ni eres frío ni caliente ❏ Eres tibio	Ap. 3:16b Te vomitaré de mi boca	Ap. 3:18,19 ❏ Compres oro refinado ❏ Compres vestiduras blancas ❏ Unge tus ojos ❏ Sé, pues, celoso ❏ Arrepiéntete	Ap. 3:21 Le daré que se siente conmigo en mi trono, así como yo he vencido, y me he sentado con mi Padre en su trono

¡El que tiene oído,
oiga lo que el Espíritu dice a las Iglesias!

Apéndice 2

Circunstancias geográficas e históricas de las siete iglesias

Iglesia	Ubicación	Fama	Nota
Éfeso	Occidente de Asia Menor. Entre Mileto y Esmirna, en el valle del río Caístro, a 5 km. del mar Egeo y entre las montañas de Koresos.[a]	La gran metrópoli del Asia proconsular, y feria de vanidades del mundo antiguo.[b]	Su óptimo acceso al mar la convirtió en el principal puerto de Asia durante el Imperio Romano. Compartió con Alejandría y Antioquía la supremacía en el Mediterráneo oriental, y llegó a ser la más importante gracias a su posición geográfica y actividad industrial.[c]
Esmirna	Costa occidental de Asia Menor (hoy Izmir, Turquia). Situada a 65 km. al norte de Éfeso.[d]	"La gloria de Asia". Urbanización planificada, hermosos templos y excelente puerto le trajeron fama.[e]	Era un centro donde se adoraba al César, y entre su población se contaba una numerosa comunidad judía (*sinagoga de Satanás*).[f]
Pérgamo	Ciudad de Misia en Asia Menor. Se levantaba a orillas del mar Egeo, aproximadamente a 90 km. al noreste de Esmirna.[g] Ocupaba un promontorio entre dos tributarios del río Caicus.[h]	*"Trono de Satanás".* Fue centro de cultura, con una biblioteca de 200.000 tomos.[i]	Era un centro conocido por su idolatría y religiones demoníacas; con espléndidos templos a Júpiter, Atena (Minerva), Apolo y Esculapio.[j]
Tiatira	Ciudad de Asia Menor. Se ubicaba 70 km. al este de Pérgamo.	Centro comercial, saturado de religiones paganas.[k]	Se destacaban sus artesanos en la tintorería, la confección de ropa, la alfarería y la fundición de bronce.[l]

Iglesia	Ubicación	Fama	Nota
Sardis	Ciudad de Asia Menor. Su situación dominaba todo el valle del río Lico.[m] Ubicada a 80 km. al noreste de Esmirna.[n]	Era famosa por la riqueza obtenida por sus industrias textiles y joyeras.[o]	Fue la antigua capital del reino de Lidia, que alcanzó una riqueza legendaria bajo Creso (siglo VI a.C.). Todavía en la época apostólica prosperaba, gracias al oro tomado del río Pactol que la atravesaba y al comercio que circulaba por cinco carreteras principales.[p]
Filadelfia	Ciudad de Asia Menor. Situada a 40 km. al sureste de Sardis[q] en un extremo del ancho valle del río Cogamis (tributario del Hermo) que desemboca en el mar cerca de Esmirna.[r]	Su nombre significa "amor fraternal". A pesar de muchos terremotos, la ciudad todavía existe. Cristianos todavía se reunen allí en forma regular.[s]	Su ubicación en una meseta muy fértil, hizo que se convirtiera en fuente de mucha riqueza y prosperidad.[t]
Laodicea	Ciudad de Asia Menor, situada en Frigia, en el valle del Lico.[u] Ubicada cerca de Colosas a poco más de 60 km. de Éfeso.[v]	Era una ciudad orgullosa, tan próspera en su comercio, que después de un terremoto desastroso en el 60 d.C., se dio el lujo de rehusar el subsidio imperial ofrecido para su reconstrucción.[w]	Era muy conocida como centro industrial por la producción de excelente lana negra y la elaboración de polvo frigio, utilizado para enfermedades de la vista. Sus fuentes termales la hicieron un famoso centro sanitario. Estos hechos son utilizados en la carta para ilustrar la verdadera condición espiritual de la iglesia de esta ciudad.[x]

Nota: En esta tabla se presentan los factores geográficos e históricos que, al comparar con el mensaje de cada carta en particular, nos demuestran el conocimiento íntimo manifestado por el escritor con cada localidad. Siendo que Juan estaba recibiendo dictado del Señor Jesucristo — y que la autoría es de Jesús — se deduce la relación entrañable del Señor para con su Iglesia.

―――――― Apéndice 3 ――――――

Las iglesias
y la época actual

Iglesia	Características	Hechos históricos
Éfeso Pentecostés hasta 100 d.C.	Iglesia de arduo trabajo que ha sufrido y no ha desmayado, pero ha dejado el primer amor.	Después de un buen comienzo en la edad apostólica (Hechos) y la predicación del evangelio en todo el mundo conocido (Hch.17:6), surgen varias doctrinas falsas (Ejemplo: los nicolaítas) y la Iglesia se encuentra en necesidad de exhortación constante (vea las epístolas de Pablo, Ejemplo: Gálatas). En el año 117 hay persecución.
Esmirna 100 - 312 d.C.	Iglesia pobre, pero rica espiritualmente; sufrirá muerte por el nombre de Cristo (Ap. 2:9,10).	Varios emperadores persiguen a la Iglesia cristiana muy severamente (Ejemplo: Maximinio 235-238). Millares de cristianos murieron en el circo romano. Las catacumbas de Roma eran cavernas donde se refugiaban los cristianos y fueron sepultados por millones. Esmirna fue una iglesia fiel hasta la muerte.
Pérgamo 312 - 540 d.C.	Retiene el nombre de Cristo en medio de la persecución, pero es tolerante a las doctrinas falsas.	Comienza a decaer la iglesia. Constantino (306-337) se convirtió al cristianismo (312.) y publicó el edicto de Milán (313) que obligó a todos profesar su nueva religión. La Iglesia vive un tiempo imperial; prosperó y comenzó a entrar el mundo en ella. En lugar de separarse del paganismo la iglesia se acomodó a sus exigencias.
Tiatira 540 - 1517 d.C.	Hay amor, fe, servicio y paciencia. Sus obras postreras eran más que las primeras, pero toleraban a Jezabel.	Gregorio I, estableció el papado en forma decisiva; promovió la idea del purgatorio. Era el tiempo de las guerras papales. Nicolás I (858-867) fue el primer papa que usó corona. La época de oro del poder papal fue 1054-1305; humillaron reyes y ejercieron gran poder. Entonces comenzaron los movimientos reformistas.

DANIEL Y APOCALIPSIS: Un manual de estudios proféticos

Iglesia	Características	Hechos históricos
Sardis 1517 - 1750 d.C.	Iglesia activa, pero espiritualmente muerta y con pocos fieles (Ap. 3:1-6).	El papa León X (1513-1521) mandó a Tetzel a Alemania para vender indulgencias con el fin de reunir fondos para completar la construcción de la Basílica de San Pedro en Roma. Lutero quemó la carta de excomunión de León X el 10 de diciembre de 1570. Pablo III (1534-1549) instigó la guerra en contra de los protestantes alemanes (1546-1549). El 31 de octubre de 1517 Lutero clavó sus 95 tesis contra el abuso del sistema de indulgencias. En 1522 Lutero tradujo el Nuevo Testamento al idioma alemán.
Filadelfia 1750 d.C. hasta el arrebatamiento	Iglesia que guarda el nombre de Cristo en medio de todo. Cristo no tuvo queja contra ella (Ap. 3:7-13).	Esta iglesia no se identifica con hechos históricos, por cuanto es el cuerpo espiritual de los verdaderos creyentes que irán con Cristo en el arrebatamiento (Ap. 3:10,11).
Laodicea Ahora	Iglesia ni fría ni caliente. Iglesia con apostasía espiritual (Ap. 3:15-18).	Esta Iglesia todavía no llega al cumplimiento total, así como Filadelfia. Pero ya se advierte el principio de su cumplimiento, ejemplos: liberalismo, neo-ortodoxia; ecumenismo. También cultos falsos: Testigos de Jehová, Mormonismo, Ciencia Cristiana. Además, hay enemigos modernos del cristianismo hoy más que nunca, ejemplos: alta crítica, evolución, humanismo, Nueva Era (Edad), etc. Aún el comunismo sigue siendo una amenaza en el país más poblado del mundo, China.

NOTA: El cuadro compara cada una de las siete iglesias de Apocalipsis con la historia de la Iglesia cristiana durante los últimos 1.900 años. Para este propósito se divide la historia de la Iglesia en siete períodos.[a]

Tiatira (el catolicismo romano), Sardis (protestantismo), Filadelfia (la Iglesia verdadera) y Laodicea (el modernismo apóstata) coexisten relacionadas hasta el final de la era presente y la inminente venida del Señor, *ciertamente vengo en breve.*

Se debe anotar que Sardis representa al protestantismo que se unirá a la Iglesia apóstata de los últimos días. Esto no quiere decir que todo hermano protestante se va a perder, sino los que siguen en su religiosidad y tradicionalismo. A los miembros de esta Iglesia, la exhortación de Apocalipsis 18:4 es aplicable: *salid de ella, pueblo mío.* Hay todavía muchos justos en estas iglesias y Dios les está llamando.

―――――――Apéndice 4―――――――

El curso del presente siglo

1. Las siete parábolas de Mateo 13

El estudio que sigue es tomado del libro *Eventos del Porvenir* por J. Dwight Pentecost, páginas 107-119.[a]

La época entre las dos venidas del Mesías se encuentra descrita en dos porciones — el capítulo 13 de Mateo y los capítulos 2 y 3 de Apocalipsis. Tanto la primera como la segunda continen las palabras de Jesús. Estas porciones son profecías dadas por la misma boca de Dios. Cada una demuestra diferentes aspectos relacionados con los eventos previstos para el desarrollo del *presente siglo malo* (Gá. 1:4). Definitivamente el *presente siglo malo* espera el juicio, tal cual lo señala el panorama indicado por las profecías de Jesús.

2. Breve resumen de las siete parábolas

2.1 El sembrador y las tierras   Mt 13:3-9

- Durante el *siglo* habrá siembra de la Palabra.   Mt 13:18-23
- Las *tierras* serán distintas, algunas serán mejor preparadas.
- Habrá oposición a la Palabra en esta época.

2.2 El trigo y la cizaña   Mt 13:24-30

- Habrá una siembra falsa contraria a la siembra   Mt 13:36-43
descrita en la parábola del *sembrador*.
- Lo malo y lo bueno brotarán juntamente.
- El siglo terminará con juicio.

2.3 El grano de mostaza   Mt 13:31,32

- Habrá un crecimiento fuera de lo normal.
- El árbol, que debía haber sido hortaliza, llegará a ser un lugar donde las aves hagan nidos. En la parábola del sembrador las aves eran dañinas para el plan de Dios, ya que se comieron la semilla.

2.4 La levadura escondida en la harina

Mt 13:33

- "La mujer" es la referencia de un sistema religioso falso. Ap 2:20; 17:1-8 Ex 12:15
- En aquella época habrá introducción de lo malo en las cosas relacionadas con la divinidad de Cristo, especialmente en cuanto a la doctrina de su persona. La levadura representa corrupción. En esta parábola, la levadura (corrupción), se mezcla con la harina. Las ofrendas de harina tipifican la persona de Jesús. Lv 2:1-3 Lv 2:11

2.5 El tesoro escondido

Mt 13:44

- Esta parábola muestra la conexión de Israel con el curso de la era actual.
- Jesús compra un tesoro, mediante la cruz.
- El tesoro está escondido en un campo, el mundo. Mt 13:38
- En el curso del tiempo de la era, Jesús no disfruta el tesoro.

2.6 La perla

Mt 13:45,46

- La perla es la Iglesia. La idea es que el Señor obtiene dos posesiones: el tesoro (Israel) y una perla (la Iglesia). Esta perla es un atavío muy personal para Él.
- La Iglesia, así como una perla, será propiedad del Mercader, Cristo.
- La Iglesia, así como una perla, será formada por medio de crecimiento continuo.
- La Iglesia, así como una perla, llegará a ser un adorno para Él, al ser levantada de las profundidades donde fue formada. Esto tipifica el arrebatamiento.

2.7 La red

Mt 13:47-50

- Muestra el juicio al fin del siglo en contra de las naciones gentiles, siendo que la red es echada al mar.
- Las personas malvadas no tendrán parte en el reino que será instituido. Ap 17:15

3. Breve bosquejo de las siete parábolas[b]

- ❑ Habrá una siembra de la Palabra de Dios durante el siglo,
- ❑ que será imitada por una siembra falsa opuesta;
- ❑ el reino asumirá inmensas proporciones externas, pero
- ❑ se caracterizará por una corrupción doctrinal interna; no obstante, el Señor obtendrá para sí mismo
- ❑ un tesoro peculiar de entre Israel, y
- ❑ de entre la Iglesia;
- ❑ el siglo terminará en juicio contra los injustos que han de ser excluidos del reino que comienza y los justos serán introducidos para disfrutar de la bendición del reinado del Mesías.

4. Notas de resumen

Dentro de este presente siglo, tomando como referencia entre las dos venidas de Cristo, Dios ha llevado a cabo dos programas distintos: el de la Iglesia, que terminará con el traslado de ella y el de Israel, que terminará después del arrebatamiento y de la segunda venida de Cristo.[c]

La comparación de Mateo 13 y Apocalipsis 2 y 3 nos ayuda a entender la profundidad del plan de Dios.

Apéndice 5

Comparación de Mateo 13 con Apocalipsis 2 - 3

La tabla que sigue hace una comparación entre las dos porciones de las escrituras en que Jesús señala, proféticamente, los eventos relacionados con la edad de la Iglesia. No hay una identidad de revelación entre Apocalipsis 2 - 3 y Mateo 13; sino más bien hay una similitud en el devenir del siglo como se lo revela en ambas porciones. El estudio presentado aquí es una ampliación del que se expone el libro *Eventos del porvenir* por J. Dwight Pentecost.[a]

Mateo 13	Apocalipsis 2 - 3 significado del nombre	Fecha aproximada	Característica	Relación y comparación
sembrador 1-9, 18-23	Éfeso deseada, relajamiento	Pentecostés 100 d.C.	Tiempo de siembra, organización y evangelización.	Aunque esta parábola se refiere al progreso de todo el período de la Iglesia, su aplicación dispensacional es mayormente para el primer siglo. Éfeso era una iglesia trabajadora, comenzaron la obra de evangelización, eran sembradores de la Palabra.
trigo y cizaña 24-30, 36-43	Esmirna Amargura	Nerón 300 d.C.	Persecución. Enemigo revelado.	El enemigo de nuestras almas trató de atacar a la Iglesia en su infancia; lo hizo en varias formas, en Mateo 13, se revela por medio de *"los hijos del malo"*, en su persecución de la Iglesia. Lo mismo vemos en Esmirna.
grano de mostaza 31,32	Pérgamo casada	300 - 800 d.C.	Alianza mundana, gran crecimiento externo.	Como el diablo no tuvo éxito con la persecución, su esfuerzo para corromper a la Iglesia dió resultado desde adentro. La aparición de Constantino facilitó la unión de la Iglesia con el mundo. Las falsas doctrinas se colocaron en el árbol, haciendo sus nidos.

COMPARACIÓN DE MATEO 13 Y APOCALIPSIS 2 - 3

Mateo13	Apocalipsis 2 - 3 significado del nombre	Fecha aproximada	Característica	Relación y comparación
levadura 33	Tiatira sacrificio continuo	800 - 1517 d.C.	Dominación papal. Corrupción doctrinal.	Hay una relación estrecha entre la mujer de Mateo 13:33 y Jezabel de Apocalipsis 2:20. Existía un remanente que tenía amor, fe y servicio; es debido a ellos que el nombre significa sacrificio continuo. Pero la Iglesia en general ha sido leudada. La institución representada por la mujer comienza a ejecutar dominio como nunca antes.
tesoro 44	Sardis los que escapan	Reforma	Después de un buen inicio: profesión vacía, degradación del estado de la Iglesia.	La parábola de Mateo 13:44 hace referencia sin duda a Israel, pero también en aspecto dispensacional a Sardis. Dios protege a sus amados en medio del mundo y los guarda de la posesión de Satanás, sea Israel o la Iglesia. La reforma era una obra de Dios, pero se convirtió en algo no edificante.
perla 45,46	Filadelfia amor perdurable	Los postreros días	Iglesia verdadera de los postreros días.	Cristo viene a llevarse una buena perla. Cristo promete a Filadelfia que *"serán guardados de la hora de la prueba que ha de venir sobre el mundo entero"*. Los de Filadelfia serán arrebatados para estar con Cristo y serán para Él como una perla.
red 47-50	Laodicea pueblo gobernado	Los postreros días	Apostasía	La parábola de la red enseña el juicio que vendrá sobre Laodicea. El pueblo de Laodicea será un pueblo gobernado por el anticristo.

―――――――――― Apéndice 6 ――――――――――

Símbolos, nombres y paralelismos de Daniel y Apocalipsis

El propósito de la tabla que sigue es presentar términos simbólicos relacionados con la profecía y el respaldo de definiciones concisas. Esta lista es una herramienta útil para el análisis de Daniel y Apocalipsis.

Los términos se han escogido exclusivamente de los libros de Daniel, Apocalipsis y las parábolas de Mateo capítulo 13. La tabla está dividida en tres partes: términos generales en orden alfabético (páginas 143-163), expresiones numéricas (páginas 164-169) y frases vinculadas con el tiempo (páginas 170-173).

El esfuerzo que hemos hecho para observar ciertos méritos simbólicos en los términos numéricos, no debe confundirse con un afán para llegar a conclusiones definitivas basadas en la numerología. No pretendemos predecir el futuro con el uso simbólico de los números.

El procurar entender mejor las Escrituras por medio de un examen del significado de las palabras usadas en sus páginas, aplicando las reglas de interpretación bíblica, no debe confundirse con el ocultismo o la Nueva Era. A diferencia de las prácticas ocultas, el simbolismo en la Biblia tiene el propósito de comunicar las profundas verdades del mensaje inspirado. En cambio, el propósito del uso de los símbolos entre los que participan de los ritos obscuros, es el de esconder la verdad de sus perversidades, aparentando ser inocentes.

Se han registrado intentos "místicos" de establecer códigos sofisticados con tablas numéricas complejas, para así comprobar la inspiración divina de las Escrituras. En base a la numerología algunos han buscado mensajes escondidos y hasta "nuevas revelaciones", más allá de las que se encuentran reveladas en el texto bíblico. Las interpretaciones de los términos numéricos que se presentan en este apéndice no tienen ningún objetivo "místico".

Por ser tan difícil determinar exactamente qué es simbólico, en esta lista puede haber términos que para unos sobran, y para otros faltan. Están incluidos en la tabla símbolos, nombres y paralelismos.

Las palabras se han escogido por ser términos "representativos" o "equivalentes". En la matemática, muchas veces se usa una corta expresión para representar a otra forma, sin perder su propiedad o relación. Un nombre puede ser usado para representar a un objeto o persona. A veces un nombre es descriptivo. "Cordero", por ejemplo, representa un aspecto de Cristo y por este motivo se ha incluido en la tabla.

Usando las reglas sencillas de la hermenéutica se ha intentado interpretar las palabras que aparecen en la tabla, siempre examinando el significado a la luz de **toda** la Biblia. Sobre esto Herbert Lockyer, proporciona el siguiente consejo:

> Otra cosa que debemos tener presente en la interpretación de un símbolo es averiguar cuál es su uso a través de las Escrituras y luego comparar los pasajes entre sí para determinar su pleno significado. Si tomamos como ejemplo una figura usada con mucha frecuencia, como el *fuego*, descubrimos que representa a Dios, a Cristo, al Espíritu, a la Palabra, a la autoridad profética, al juicio, etc. [a]

A la luz de este consejo, podemos concluir que debemos estudiar un término con la mira en la totalidad de la Palabra, mas la interpretación definitiva y precisa siempre dependerá del contexto específico en que se halle. Por lo tanto, las definiciones que hemos dado en la columna de "significados" se relacionan solamente con el uso textual presentado por las citas de la columna de "textos bíblicos". En el ejemplo de arriba, el hermano Lockyer, muestra que el significado de la palabra "fuego" cambia según el uso. Pero muchas veces el significado de un símbolo no varía.

En lo posible, para conformar la tabla, el autor ha escogido la interpretación más literal indicada por el contexto en que se encuentra la expresión. Es paradójico, pero el significado de "literal" es subjetivo (basado en la opinión personal); así que, todas las interpretaciones encontradas en la tabla que sigue (excepto las que están escritas en letra *cursiva*), deben tomarse solamente como sugerencias. En cambio, **los significados que están escritos con letra *cursiva*, provienen textualmente de la Palabra de Dios** y por lo tanto no son opiniones o sugerencias. Son interpretaciones de procedencia divina.

La tabla que sigue — en manos de indoctos y perversos — podrá ser utilizada para "espiritualizar" la Palabra de Dios y torcerla según sus propias concupiscencias. A pesar de lo anotado, la importancia de la tabla es suficiente como para presentarla a consideración del lector. En manos del siervo de Dios, será una herramienta poderosa. La presentamos para compartir la bendición con los que aman al Cordero, al León, al Alfa y Omega, al Fiel y Verdadero, al AMÉN.

Claves utilizadas en la tabla

(SND) — Simbología no determinada. Es posible que sea simbólico, pero no se puede afirmar. Como ya observamos, es difícil a veces determinar lo que es simbólico.

(ILP) — Interpretación literal preferida. Siempre el autor ha buscado la interpretación literal de todas las palabras en este estudio, aunque hay ciertos versículos que indican un posible uso simbólico. Por ejemplo, la palabra *aire*. En ciertos lugares de la Biblia *aire* se usa simbólicamente (Ef. 6:12), pero en los casos específicos citados en los versículos de la segunda columna, es probable que no sea simbólico. Al utilizar los signos ILP, estamos diciendo que en otras partes de la Biblia puede ser término simbólico, pero en el caso específico de Daniel y Apocalipsis, parece no ser un término figurado.

La segunda columna de la tabla, "Texto bíblico", contiene citas del libro de Daniel, del libro de Apocalipsis y del evangelio de Mateo capítulo 13 donde se encuentra el término, en base de los cuales se ha realizado la interpretación.

La última columna, "Referencia", contiene una cita bíblica relacionada con el significado del término.

El signo "#" indicará que el término se encuentra en la sección Términos numéricos, en las páginas 164-169.

El signo "^" indicará que se encuentra en la sección: Términos de períodos o tiempos, en las páginas 170-172.

Finalmente, están incluidas en la lista muchas palabras que no son simbólicas para facilitar el sistema de cruce de referencia. Un ejemplo es la palabra *"Jesús"*. ¡En ninguna manera Jesús es simbólico! Está incluido en la tabla solamente para servir de guía, señalando otros términos que sí son símbolos, nombres, o paralelos, tal como es **"Cordero"**.

SÍMBOLOS, NOMBRES Y PARALELISMOS DE DANIEL Y APOCALIPSIS

Término	Texto bíblico	Significado	Referencia
Abadón	Ap 9:11	El destructor. Nombre hebreo del ángel del abismo. (VÉASE ÁNGEL DEL ABISMO, APOLIÓN, SATANÁS)	Job 28:22
abismo	Ap 9:1,2,11; 11:7; 17:8; 20:1; 20:3	Hondura, concepto antiguo de océano, caos primitivo, morada o calabozo de los demonios. Morada de los muertos. (VÉASE ÁNGEL DEL ABISMO, LLAVE DEL ABISMO, POZO DEL ABISMO)	Job 28:14; Lc 8:30,31
abominación desoladora	Dn 11:31; 12:11	Profanación del altar de los holocaustos, hecho histórico (Epífanes) y futuro (anticristo).	2 Ts 2:4; Mt 24:15
aceite		(VÉASE VINO)	
acusador	Ap 12:10	Satanás, el diablo.	Ap 12:9,10
ágata	Ap 21:19	(SND) Piedra preciosa.	Ex 28:19; 39:12
agua	Dn 11:22; Ap 12:15; 16:5	En estas citas es instrumento de muerte. Es una sustancia esencial para la vida.	Gn 7:18
agua de la vida	Ap 7:17; 21:6; 22:17	Espíritu Santo. Vida eterna.	Jn 7:38,39
aguas	Ap 17:1	*Donde la ramera se sienta, son pueblos, muchedumbres y naciones.*	Ap 17:15
aguijones	Ap 9:10	(SND) Objeto punzante.	Jue 3:31
aguda		(VÉASE HOZ AGUDA)	
águila	Dn 7:4; Ap 12:14	Ligereza. Protección. (VÉASE LEÓN CON ALAS DE ÁGUILA.)	Pr 23:5; Ex 19:4
águila volando	Ap 4:7	Altura, ideales modelos. Cuarto ser viviente.	Ez 1:10; 10:14
aire	Ap 9:2; 16:17	(ILP) Dominio de los espíritus malos.	Ef 2:2
Ajenjo	Ap 8:11	Amargo. Describe tristeza, calamidad y crueldad.	Dt 29:18
alas	Dn 7:4,6; Ap 4:8; Ap. 9:9; Ap 12:14	Altura y gloria. Alcance global. Velocidad. Protección, cobertura. (VÉASE CUATRO ALAS DE AVE#, SEIS ALAS#)	Ez 10:5; Sal 18:10; Dt 32:11,12
Alfa y la Omega	Ap 1:8,11; 21:6; 22:13	Nombre de Jesús. Habla de que Él es todo. Alfa es la primera letra del alfabeto griego y omega es la última. (VÉASE PRIMERO Y EL ÚLTIMO#)	Dt 32:40
alfarero		(VÉASE VASO DE ALFARERO)	
altar	Ap 6:9; 8:3,5; 9:13; 11:1	(ILP) Lugar de consagración.	Ro 12:1
Altísimo	Dn 4:2,17,24, 25; 7:22-27	Nombre de Dios. Dios sobre todo. (VÉASE DIOS)	Hch 7:48; Gn 14:18
alzaba ... costado más	Dn 7:5	Imperio Medo-Persa, el oso. Al alzarse más de un lado muestra el dominio de Persia.	Dn 7:17; 8:20
amargas	Ap 8:11	(ILP) El resultado de no perdonar, llevando a la apostasía y juicio.	He 12:15; Dt 29:18
amarillo	Ap 6:8	Pálido, muerte.	Ez 14:21
amatista	Ap 21:20	(SND) Cuarzo violeta o translúcido.	Ex 28:19; 39:12
Amén	Ap 3:14	¡Qué así sea! ¡El verdaderamente sí! ¡Jesús!	2 Co 1:20

Término	Texto bíblico	Significado	Referencia
amor de las mujeres (no hará caso)	Dn 11:37	(SND) Posiblemente indica que el anticristo será homosexual.	Lv 18:22,29; 2 Ti 3:2,3; Ro 1:27
anchura ... tierra	Ap 20:9	(SND) Totalidad de la tierra.	Ap 20:9
Anciano de días	Dn 7:9,13,22	Nombre de Dios, el Dios eterno.	Sal 135:13
ancianos		(Véase veinticuatro ancianos#)	
ángel del abismo	Ap 9:11	El destructor. Posiblemente Satanás mismo. (Véase Abadón, Apolión, abismo, Satanás)	1 Co 10:10
ángeles		(Véase ángeles de las siete iglesias#)	
ángulos		(Véase cuatro ángulos#)	
angustia		(Véase tiempo de angustia^)	
anticristo		(Véase amor de las mujeres, bestia que era..., boca que habla grandes cosas, herida de muerte, despreciable, príncipe, herida de muerte, hombre despreciable, príncipe que ha de venir, rey soberbio, serpiente antigua, uvas.)	
antigua		(Véase serpiente antigua)	
antorcha	Dn 10:6; Ap 8:10	(SND) Emisor de luz. Representa entendimiento, guía y vida.	2 S 22:29; Pr 6:23
año		(Véase año^, mil años^)	
Apolión	Ap 9:11	El que destruye. Posiblemente Satanás mismo. Nombre griego del ángel del abismo. (Véase Satanás)	Sal 78:49
árbol	Dn 4:10,11,14, 20,23,26; Mt 13:32	Refugio. Dominio. Las referencias de Apocalipsis han de ser literales.	Dn 4:22
árbol de la vida	Ap 2:7; 22:2,14	Tipo de Jesús. Proveedor del fruto que da vida.	Gn 3:24
arco	Ap 6:2	Instrumento de guerra. Poder bélico del anticristo.	Dn 11:38
arco iris	Ap 4:3; 10:1	Representa la gracia de Dios.	Gn 9:12,13
ardiente		(Véase ruedas de fuego ardiente)	
arena	Ap 13:1; 20:8	Multitud, a veces Israel.	Gn 32:12
Armagedón	Ap 16:16	Valle de Meguido o Josafat, donde Jesús será victorioso en la última batalla de la tribulación contra los ejércitos del anticristo.	Ap 17:14
arrojo en cama	Ap 2:22	Juicio de enfermedad. En la cama se comete fornicación, sería juzgada en la misma cama de pecado.	Ro 2:8,9
ave		(Véase cuatro alas de ave#)	
aves	Mt 13:4	Comen la semilla — Palabra de Dios — antes de que pueda brotar. Son malas para el reino de Dios. (Véase nido, ramas)	Mt 13:4
Ay, Ay, Ay	Ap 8:13; 9:12; 11:14; 12:12; 18:10,16,19	Las tres últimas trompetas del juicio de las trompetas. (Véase tres ayes#)	Is 3:11
azufre	Ap 9:17,18; 14:10;	Produce gas tóxico. Siempre se usa con relación al	Gn 19:24

SÍMBOLOS, NOMBRES Y PARALELISMOS DE DANIEL Y APOCALIPSIS

Término	Texto bíblico	Significado	Referencia
azufre (cont.)	19:20; 20:10; 21:8	lago de fuego y otros diversos juicios indicando la ira de Dios.	
Babilonia	Dn 2:48; 3:1; 4:30; Ap 14:8; 16:19; 17:5; 18:10,21	Ciudad de la antigüedad donde tuvo lugar la mayoría de los eventos del libro de Daniel. Representativo de todo un concepto: el reino de las tinieblas. Un sistema que tiene como fin eliminar a Dios, evento que no tendrá éxito. Una de sus manifestaciones modernas es el movimiento de la Nueva Era. (VÉASE BESTIA, CABEZA DE ORO, PRIMERA BESTIA#) (Véase Lección 3, sección 5 y Lección 22 sección 10)	Gn 11:4,9
bajo el altar	Ap 6:9	Se echaba la sangre (la vida) del holocausto debajo del altar. Representa las vidas de los santos dadas en consagración.	Lv 4:7; Fil 2:17
Balaam		(VÉASE DOCTRINA DE BALAAM)	
balanza	Dn 5:27; Ap 6:5	Juicio.	Job 31:6
barro cocido	Dn 2:33	Parte frágil del último reino. (La Nueva Roma) (¿Democracia?) (VÉASE PIES DE HIERRO Y DE BARRO COCIDO)	Dn 2:41-45
becerro	Ap 4:7	Animal de poder. El poder del evangelio.	He 9:12
berilo	Dn 10:6; Ap 21:20	(SND) Mineral cristalino, verde pálido.	Ex 28:20
bermejo		Color de sangre. Violencia y pecado.	Is 1:18
bestia	Ap 6:4 Dn 4:16,23; 7:3,7; Ap 11:7; 13:1,4;	Reyes. El anticristo. El falso profeta. (VÉASE CUARTA BESTIA#, CUATRO BESTIAS#, DOS BESTIAS#, MARCA O EL NOMBRE DE LA BESTIA, OTRA BESTIA, PRIMERA BESTIA#, REY SOBERBIO, SEGUNDA BESTIA#)	Dn 7:17 Ap 19:20
bestia que era, y no es y será	14:11	El octavo. El anticristo, Satanás.	Is 14:4-27
blanco	Ap 17:8,11 Ap 6:2,11; 14:14; 20:11	Purificación, inocencia, la deidad de Cristo. Justicia y victoria. (VÉASE GRAN TRONO BLANCO, PIEDRECITA BLANCA, ROPAS BLANCAS, TRONO BLANCO, VESTIDURAS BLANCAS)	Sal 51:7 Ap 19:13,14
boca		(VÉASE TRES COSTILLAS EN SU BOCA#)	
boca que habla grandes cosas	Dn 7:8;	La boca es la parte más sucia del cuerpo, grandes cosas son palabras de blasfemia que hablará el anticristo.	Mt 15:18; Ap 13:6
bodas del Cordero	Ap 9:19; 13:5	Unión eterna de Cristo con su novia, la Iglesia.	Ef 5:22-32
brazos		(VÉASE PECHO Y BRAZOS DE PLATA)	
bronce	Ap 19:7,9	Un tercer reino, Grecia. (VÉASE VIENTRE Y MUSLOS DE BRONCE)	Dn 2:39; 8:21
bronce bruñido	Dn 2:32,35 Dn 10:6; Ap 1:15; 2:18	Color visto por Juan de los pies del Cristo omnipotente. Material usado en muchos de los muebles sagrados del templo de Salomón. Significa juicio.	1 R 7:40-45

DANIEL Y APOCALIPSIS: Un manual de estudios proféticos

Término	Texto bíblico	Significado	Referencia
buena tierra	Mt 13:8	Corazón presto para recibir el evangelio.	Mt 13:18-23
buenas perlas	Mt 13:45	Creyentes.	Is 54:11-13
bueno	Mt 13:48	Creyentes.	3 Jn 11
caballo	Ap 6:2,4,5,8; 19:11,14	Portadores de juicios. Poderío humano.	Pr 21:31
cabello de mujer	Ap 9:8	(SND) Posiblemente habla de la sujeción de las langostas (criaturas demoníacas) a Satanás o alguna característica de apariencia. (Véase LANGOSTAS)	1 Co 11:10
cabellos blancos	Ap 1:14	La majestad de Cristo, su presencia gloriosa.	Dn 7:9
cabeza de oro	Dn 2:32	Rey Nabucodonosor, Imperio de Babilonia.	Dn 2:38
cabezas	Dn 7:6,20; Ap 12:3; 13:1; 17:3,7,9,10	*Las siete cabezas son siete montes, sobre los cuales se sienta la mujer, y son siete reyes. Cinco de ellos han caído; uno es, y el otro aún no ha venido; y cuando venga, es necesario que dure breve tiempo.* (Véase CUATRO CABEZAS#, SIETE CABEZAS#)	Dn 2:38
cabezas de leones	Ap 9:17	Ferocidad. *"Las cabezas de los caballos eran como..."*.	Ap 9:17
cabrío		(Véase MACHO CABRÍO)	
cadena	Ap 20:1	Prisiones. Aflicciones. Libertad quitada.	Jer 40:1; Ef 6:20
caliente	Ap 3:15,16	Condición espiritual agradable, el efecto de un vaso de algo caliente en un día frío.	Jos 9:12
cáliz	Ap 14:10; 16:19; 17:4; 18:6	Portador de juicio.	Is 51:17
calle (de oro)	Ap 21:21; 22:2	(ILP) Una vía de acceso. Esta calle es de oro, es vía al árbol de la vida. (Véase ORO)	Pr 3:18; Is 2:3
camino		(Véase JUNTO AL CAMINO)	
campo	Mt 13:44	*El mundo.*	Mt 13:38
candeleros		(Véase DOS CANDELEROS#, SIETE CANDELEROS DE ORO#)	
candeleros de oro	Ap 1:12,13, 20; 2:1,5; 11:4	*Los siete candeleros ... son las siete iglesias.*	Ap 1:20
cántico		(Véase NUEVO CÁNTICO)	
caña (medir)	Ap 11:1; 21:15,16	(ILP) Instrumento para medir, tres metros de largo. Se mide una propiedad para hacer la compra.	Ez 42:15-20
capitanes	Ap 6:15; 19:18	(ILP) Personas de autoridad. Miembros del orden social.	
caras humanas	Ap 9:7	(SND) La cara es el punto de contacto, muestra las emociones.	Gn 4:5
cárcel	Ap 2:10	(ILP) Lugar de detención, reclusión o confinamiento.	Sal 142:7
carnero de dos cuernos	Dn 8:3,4,6,7	*Son los reyes de Media y de Persia.*	Dn 8:20

SÍMBOLOS, NOMBRES Y PARALELISMOS DE DANIEL Y APOCALIPSIS

Término	Texto bíblico	Significado	Referencia
cebada	Ap 6:6	Símbolo de pobreza, humillación y falta.	Ez 13:19
cena de Dios	Ap 19:17	La última humillación de las fuerzas del anticristo.	Ez 39:4,5
cielo		(VÉASE CUATRO VIENTOS DEL CIELO#, EJERCITO DEL CIELO)	
cielo abierto	Ap 19:11	Condición del cielo para recibir a la Iglesia, y para enviar a Cristo con los ejércitos celestiales.	Ap 4:1
ciento...		(VÉASE SECCIÓN NÚMEROS)	
cilicio	Ap 6:12	Tela barata, fuerte y duradera de color oscuro. Era el textil elegido para ocasiones sombrías, o de peligro. (VÉASE TELA DE CILICIO)	Dn 9:3; Ap 11:3
cinco		(VÉASE SECCIÓN NÚMEROS)	
cinto de oro	Ap 1:13; 15:6	Vestidura real o de gobierno. Su uso en Apocalipsis indica administradores de juicios.	Is 11:5
ciudad amada (santa)	Ap 11:2; 20:9	Jerusalén. (VÉASE GRAN CIUDAD, SANTA CIUDAD)	Ap 21:2
cizaña	Mt 13:25,27,29	Los malos, hijos de Satanás.	Mt 13:37-43
cocido		(VÉASE PIES DE HIERRO Y DE BARRO COCIDO)	
codos		(VÉASE SESENTA POR SEIS CODOS#)	
cola	Ap 9:10,19; 12:4	Dispositivo encontrado en el dragón (Satanás) y los escorpiones infernales. Representa acciones engañosas.	Is 9:15
colirio	Ap 3:18	Receta divina para la ceguera espiritual.	Mt 13:11-13
columna	Ap 3:12	Estructura permanente sobre la cual se apoya un edificio. Al ser hecho *columna en el templo de ... Dios*, Jesús habla de la Iglesia como el fundamento terrenal sobre el cual su obra está construida.	Gá 2:9 ; 1 Ti 3:15
confusión perpetua	Dn 12:2	Resurrección para la eterna condenación en el infierno.	Ap 20:11-15
copas		(VÉASE SIETE COPAS DE IRA#)	
copas de oro (incienso)	Ap 5:8	Recipiente celestial para las oraciones de los santos. Oro es un metal precioso, indica el valor de nuestras oraciones.	1 Co 10:16
copas de oro (juicio)	Ap 15:7; 16:8, 10,12,17; 17:1; 21:9	Recipiente celestial para los juicios venideros que serán derramados sobre la tierra.	Hab 2:16 Jer 51:7
corazas	Ap 9:9,17	Armadura de protección del tronco. Indica que las langostas infernales serán atacadas, pero se podrán defender.	Jer 46:4-5
corazón	Ap 2:23; 17:17; 18:7	Lugar de los sentimientos, afectos y la pureza; como también la falta de éstos.	1 Ti 1:5 -7
Cordero	Ap 5:6,8,12,13; 6:1,16; 14:1,4,10; 15:3; 17:14; 19:7,9; 21:14; 22:3	Se identifica con Jesús. Jesús fue el cumplimiento del cordero pascual. (VÉASE JESÚS, SANGRE DEL CORDERO)	Ex 12:3,4,21

DANIEL Y APOCALIPSIS: Un manual de estudios proféticos

Término	Texto bíblico	Significado	Referencia
cornalina	Ap 4:3; 21:20	Piedra que a simple vista es de color café-naranja, pero al ver la luz transmitida a través de la piedra es de color del vino, rojo oscuro. Puede representar la redención.	Is 1:18
corona	Ap 2:10; 3:11; 4:4,10	Símbolo de la victoria. Victoria sobre la muerte y el pecado. La corona de espinas fue una burla.	1 P 5:4
cosas nuevas y cosas viejas	Mt 13:52	Esto podría aludir a las nuevas verdades del cristianismo agregadas a las enseñanzas del Antiguo Testamento.	[b]
costado		(Véase ALZABA)	
costillas		(Véase TRES COSTILLAS EN SU BOCA#)	
crisólito	Ap 21:20	(SND) Piedra preciosa de color verde o amarillo.	Ez 1:16; 10:9
crisopraso	Ap 21:20	(SND) Piedra preciosa de color oro verde.	
cristal	Ap 4:6; 21:11; 22:1	(SND) Materia sólida, homogénea, transparente con caras, aristas y vértices.	Ez 1:22
Cristo		(Véase JESÚS)	
cuatro		(Véase SECCIÓN NÚMEROS)	
cuarenta		(Véase SECCIÓN NÚMEROS)	
cuerno	Dn 8:8; Ap 17:7,12,16	Representa a reinos y reyes. Habla de poder. Los animales muestran su poder con sus cuernos. (Véase CUATRO CUERNOS#, CUATRO CUERNOS DEL ALTAR#, DIEZ CUERNOS#, DOS CUERNOS#, SIETE CUERNOS#, TRES CUERNOS#)	Dn 8:22
cuerno notable	Dn 8:5	El rey de Grecia, Alejandro Magno.	Dn 8:22
cuerno pequeño	Dn 8:9	Antíoco Epífanes, rey altivo de rostro, tipo del anticristo.	Dn 8:23
cuevas	Ap 6:15	(ILP) Lugar de refugio tenebroso.	Is 2:19
David		(Véase LLAVE DE DAVID, RAÍZ Y EL LINAJE...)	
dedos	Dn 2:41,42	El mismo simbolismo que los diez cuernos, son reinos o reyes del Imperio Romano de los últimos días.	Dn 2:40-44
delante		(Véase OJOS DELANTE Y DETRÁS)	
derecha		(Véase MANO DERECHA)	
descendencia		(Véase RESTO DE LA DESCENDENCIA)	
desierto	Ap 12:6,14; 17:3	(ILP) Lugar no habitado, no necesariamente sin vegetación. Es símbolo de un lugar de prueba. También fue lugar de pecado.	Ex 15:22,25; Ex 32:23-27
desnudo	Ap 3:17; 16:15; 17:16	Desolación espiritual. Condición sin defensa, descubierto. Sin la justicia de Cristo.	He 4:13
desolador	Dn 9:27	La primera bestia, el anticristo.	Mt 24:15
desoladora		(Véase ABOMINACIÓN DESOLADORA)	
despertados	Dn 12:2	Resucitados de la muerte.	Ef 5:14
desposada	Ap 21:9	La Esposa del Cordero, la Iglesia (La Nueva Jerusalén).	Ap 21:9,10
despreciable	Dn 11:21	Anticristo. (Véase ANTICRISTO, HOMBRE DESPRECIABLE)	Is 32:5,6

SÍMBOLOS, NOMBRES Y PARALELISMOS DE DANIEL Y APOCALIPSIS

Término	Texto bíblico	Significado	Referencia
día		(VÉASE DÍA^)	
día del Señor		(VÉASE DÍA DEL SEÑOR^)	
diademas	Ap 12:3; 13:1; 19:12	La diadema era un tocado real. Símbolo de la autoridad real. (VÉASE SIETE DIADEMAS#)	Is 62:3
días		(VÉASE ANCIANO DE DÍAS, DIEZ DÍAS#)	
dientes	Dn 7:5,7,19; Ap 9:8	Aparatos usados para coger, cortar, romper y moler. Instrumentos violentos de destrucción.	Is 5:29
diez		(VÉASE SECCIÓN NÚMEROS)	
Dios		(VÉASE ALTÍSIMO, JUEZ, PARAÍSO DE DIOS, SIETE ESPÍRITUS DE DIOS#, TODOPODEROSO, VERBO DE DIOS)	
dios ajeno	Dn 11:39	El dios de las fortalezas, dios falso, bélico y militar.	Dn 11:39
dios de las fortalezas	Dn 11:38	Un dios ajeno, falso, bélico y militar.	Dn 11:39
dispersión del poder	Dn 12:7	Tiempo de poderío gentil. Todavía no cumplido, sigue corriendo desde la deportación a Babilonia.	1 P 1:1; Lc 21:24
doce		(VÉASE SECCIÓN NÚMEROS)	
doctrina de Balaam	Ap 2:14	Método utilizado astutamente por Satanás para destruir la Iglesia desde adentro para afuera, metiendo la cizaña en medio del trigo. Balaam era el profeta mercenario quien enseñó a Balac que destruyera a Israel, haciendo casar a las hijas de su pueblo con los hijos de Israel para llevarlos a la idolatría.	Nm 31:16
doctrina de los nicolaítas	Ap 2:6,15	Nicolaítas significa conquistadores de pueblos. Posiblemente habla de la exaltación del clero sobre el pueblo. El clero tiene que ser respetado, pero no exaltado.	Lc 11:43
donde sale el sol	Ap 7:2	(ILP) El Oriente o el amanecer.	Stg 1:11
dos		(VÉASE SECCIÓN NÚMEROS)	
dragón	Ap 12:4	Ferocidad. Satanás. (VÉASE SATANÁS)	Ap 12:9
duermen	Dn 12:2	Palabra que describe a los muertos antes de su resurrección.	1 Ts 4:13-15
dulce como la miel	Ap 10:9	Sabor de la Palabra de Dios. (Sal 19:10; 119:103)	Ez. 2:8 - 3:3
Éfeso	Ap 1:11	Primera de las siete iglesias. Para simbolismo ver Lección 15 y Apéndices 1-3.	
Egipto		(VÉASE SODOMA Y EGIPTO)	
ejércitos		(VÉASE PRÍNCIPE DE LOS EJÉRCITOS)	
ejército del cielo	Dn 8:10	Pueblo de Dios. En este caso son sometidos por el cuerno pequeño.	Dn 8:25
enemigo	Mt 13:25	El diablo, Satanás. (VÉASE SATANÁS)	Mt 13:39
entendidos	Dn 12:3,10	Los que son resucitados para vida eterna con Dios.	1 Co 2:14
enrolla		(VÉASE PERGAMINO QUE SE ENROLLA)	

DANIEL Y APOCALIPSIS: Un manual de estudios proféticos

Término	Texto bíblico	Significado	Referencia
era y no es, y será	Ap 17:8	(SND) Palabras descriptivas del estado oculto de la primera bestia.	Is 14:4-27
escarlata	Ap 12:3; 17:3,4; 18:12,16	Indica que el dragón tiene pretensiones reales, pero si es de color escarlata, es por haber sido empapado con la sangre de los mártires, por causa del evangelio.	2 S 1:24; He 9:19
escondido		(Véase maná escondido, tesoro escondido)	
escorpiones	Ap 9:3,5,10	Criaturas que producen gran tormento al picar. Normalmente su picadura no mata. Aparentemente son criaturas infernales demoníacas que tienen el propósito único de atormentar.	1 R 12:11
escriba	Mt 13:52	Ministro del evangelio, con un nuevo mandato: su justicia tiene que ser mayor que la de los escribas antiguos.	Mt 5:20
escrito		(Véase libro escrito...dentro...fuera)	
escrito en la frente	Ap 3:12; 7:3; 13:16; 14:1; 17:5	Forma de identificar propiedad, tanto para bien o para mal; de esta manera serán apartados los buenos y los malos.	Ez 9:4
esmeralda	Ap 4:3; 21:19	(SND) Piedra preciosa de color verde profundo. Posiblemente simboliza la vida. (Véase verde)	Ex 28:17-21
Esmirna	Ap 2:8	Segunda de las siete iglesias. Para simbolismo ver Lección 15 y Apéndices 1-3.	
espada	Ap 1:16; 2:12,16; 6:4,8; 13:10,14; 19:15,21	Instrumento cortante de guerra. En el caso de Satanás representa su agresión. En el caso de Jesús y el creyente es símbolo de la Palabra de Dios, que también debe usarse peleando por la fe.	Ef 6:17
espinos	Mt 13:7	*El afán de este siglo y el engaño de las riquezas.*	Mt 13:22
espíritus		(Véase siete espíritus de Dios#)	
Esposa	Ap 19:7; 21:2,9; 22:17	Espiritualmente habla de la Iglesia y de la Nueva Jerusalén.	Lv 21:12-15
estadios		(Véase doce mil estadios#)	
estatua de oro	Dn 3:1	Representa la abominación desoladora.	Dn 11:31
estrella	Dn 8:10; Ap 6:13; 8:10,12; 9:1; 12:1,4	Hay varias posibilidades como por ejemplo ángeles caídos, creyentes apóstatas, calamidad pública, gobernantes y hombres ilustres. (Véase siete estrellas#, doce estrellas#)	Is 14:12; Jl 2:10
estrella resplandeciente de la mañana	Ap 22:16	Cristo Jesús. (Véase Jesús)	2 P 1:19; Lc 1:78,79
estrellas a perpetua eternidad	Dn 12:3	Habla del maestro de la Palabra de Dios como una fuente de luz.	Mt 5:15,16
estruendo	Ap 1:15; 9:9; 14:2; 19:6	(ILP) Un sonido fuerte.	2 P 3:10
eternidad		(Véase estrellas a perpetua eternidad)	
falso profeta	Ap 16:13; 19:20;	Miembro de la trinidad satánica, su propósito será	Mt 24:11

SÍMBOLOS, NOMBRES Y PARALELISMOS DE DANIEL Y APOCALIPSIS

Término	Texto bíblico	Significado	Referencia
falso profeta (cont.)	20:10	imitar la obra del Espíritu Santo, promoviendo el culto al anticristo. (VÉASE OTRA BESTIA)	
Fiel y Verdadero	Ap 19:11	Título descriptivo de Jesucristo.	Ap 1:11,18; 3:14
Filadelfia	Ap 3:7	Sexta de las siete iglesias. Para significado ver Lección 15 y Apéndices 1-3.	
Fiel		(VÉASE TESTIGO FIEL Y VERDADERO)	
fin		(VÉASE FIN DEL SIGLO^, PRINCIPIO Y EL FIN, SECCIÓN TIEMPO)	
fino		(VÉASE LINO FINO)	
firmamento		(VÉASE RESPLANDOR DEL FIRMAMENTO)	
fortalezas		(VÉASE DIOS DE LAS FORTALEZAS)	
fornicar	Ap 2:20; 17:2; 18:3,9	Habla específicamente de actos sexuales ilícitos. El contexto indica la idolatría y el entregarse totalmente a Satanás. Religión falsa.	Ez 6:9
frente	Ap 7:3; 9:4; 13:16; 14:1,9; 17:5; 20:4; 22:4	Lugar de sellamiento. La actitud determina el sello que recibirá, así como la frente va hacia donde iremos. (VÉASE ESCRITO EN LA FRENTE)	Gn 49:26; Ez 9:4
frío	Ap 3:15,16	No habla de muertos espirituales como dicen algunos, sino de una condición agradable, tal como produce un vaso de agua fría calmando la sed.	Mt 10:42
fruto	Mt 13:26	El producto de la vida del creyente.	Mt 13:18-23
frutos		(VÉASE DOCE FRUTOS#)	
fuego	Ap 1:14; 2:18; 3:18; 15:2	Tiene muchas referencias. Es un instrumento tanto de servicio para el hombre como de destrucción. El fuego es un emblema de la presencia divina y del juicio divino. Es emblema del Espíritu Santo. (VÉASE HORNO...FUEGO, LLAMA ... FUEGO, OJOS ... FUEGO, RÍO ... FUEGO, RUEDAS ... FUEGO ARDIENTE, SIETE LÁMPARAS ... FUEGO#)	Hch 2:3
fuentes	Ap 7:17; 8:10; 14:7; 16:4; 21:6	(ILP) Pozo o cisterna. Manantial de agua dulce, esencial para la vida. Como figura se utiliza al hablar de la sabiduría.	Pr 18:4; Jer 17:13
fuera		(VÉASE LIBRO ESCRITO ... DENTRO ... FUERA)	
fuerte viento		(VÉASE VIENTO)	
Gog y Magog	Ap 20:8	Gog es el soberano de Magog y príncipe demoníaco de Mesec y Tubal. Frecuentemente se relaciona con Rusia.	Ez 38 - 39
gran ciudad	Ap 11:8; 14:8; 16:19; 17:18; 18:10,16,18, 19,21; 21:10	En el capítulo 11 la referencia es a Jerusalén, en los capítulos 14-18 es a Babilonia y en el capítulo 21 a la Nueva Jerusalén. (VÉASE CIUDAD AMADA)	
gran ramera		(VÉASE RAMERA)	
gran tribulación		(VÉASE OTRA (ÚLTIMA) SEMANA^, TRIBULACIÓN^)	

DANIEL Y APOCALIPSIS: Un manual de estudios proféticos

Término	Texto bíblico	Significado	Referencia
gran trono blanco	Ap 20:11	Pureza en juicio. (Véase blanco)	Dn 7:9,10
grandes	Ap 6:15; 11:18; 13:16; 19:18	Puede hablar de ricos, importantes o mayores.	Is 2:8-10
granizo	Ap 8:7; 11:19; 16:21	Agente de juicio divino. Medio de castigar a los malvados.	Ex 9:13-34
grano de mostaza	Mt 13:31	Iglesia primitiva en su inicio. (Véase mostaza)	Lc 13:19
Grecia		(Véase príncipe de Grecia)	
Hades		(Véase llaves de la muerte y del Hades)	
harina		(Véase tres medidas de harina#)	
herida de muerte	Ap 13:3,12,14	(ILP) El anticristo será muerto y resucitado, imitando al verdadero Cristo. (Véase explicación p. 90)	Sal 68:21
hierba	Mt 13:26	Trigo (hijos del bien) antes de madurar.	Mt 13:26
hierba verde	Ap 8:7; 9:4	(ILP) Hierba, a menudo representa lo temporal.	Is 40:6-7
hierro	Dn 2:33-35, 40-45; 4:15,23; 7:7,19; Ap 2:27; 12:5	Un cuarto reino, que es dividido en dos partes y después en diez partes. Eventualmente es mezclado con barro (alianzas). Hierro habla de un estilo de gobierno fuerte, rígido y exigente. (Véase piernas de hierro y de barro cocido, vara de hierro)	Dn 2:40-43; Ap 19:15
higos	Ap 6:13	El fruto de la higuera. Su caída representa juicio. Como también simboliza prosperidad económica, pueden representar juicio sobre la prosperidad.	1 R 4:25; Mi 4:4; Is 34:4
higuera	Ap 6:13	Usado a menudo para representar a Israel. También representa cobertura o protección.	Dt 8:8; 1 R 4:25; Gn 3:7
Hijo del Hombre	Dn 7:13; Ap 1:13; 14:14	Título usado frecuentemente en referencia al Señor Jesús. Resalta su humanidad.	Mr 8:31
hijo varón	Ap 12:4,5,13	Término simbólico del Señor Jesús.	
hojas	Ap 22:2	*Para la sanidad de las naciones.*	Ap 22:2
hombre	Mt 13:44	Habla frecuentemente de la humanidad de Jesús, quien era tanto Dios como también hombre. (Véase hijo de hombre, ojos como de hombre, rostro como de hombre, número de hombre(6)#, siete mil hombres#)	Mt 13:37
hombre despreciable	Dn 11:21	Anticristo. (Véase anticristo)	Abd 2,3,4
hora		(Véase hora^, media hora^)	
horno	Mt 13:42,50; Ap 9:2	Simboliza la obra divina en la vida del creyente, o el juicio de Dios sobre el malvado.	Dt 4:20 Gn 19:28
horno de fuego	Dn 3:6; Dn 3:6,11,15, 17,19,20, 22,26	Condición en la cual vive Israel durante la dispersión. (Véase fuego)	Dt 4:20
hoz aguda	Ap 14:14-19	Instrumento de la ira y juicio divino.	Jl 3:13
humo	Ap 8:4;	Un acompañante visible de la presencia, ira o	Ex 19:18;

SÍMBOLOS, NOMBRES Y PARALELISMOS DE DANIEL Y APOCALIPSIS

Término	Texto bíblico	Significado	Referencia
humo (cont.)	9:2,3,17,18; 14:11; 15:8; 18:9,18; 19:3	juicio de Dios. También representa las oraciones de los santos. Además simboliza cosas temporales.	Is 6:4; Dt 29:20; Sal 102:3
iglesias		(VÉASE ÁNGELES DE LAS SIETE IGLESIAS#, SIETE IGLESIAS#, PERLA PRECIOSA, TRIGO, GRANO DE MOSTAZA)	
imagen	Dn 2:31,32,34,35; 11:8; Ap 9:20; 13:14,15; 14:9,11; 15:2; 16:2; 19:20; 20:4	Figura representativa de algo o un concepto. En el estudio profético la imagen del anticristo será objeto de adoración por todos sus seguidores; esto es idolatría.	Dt 4:23
imperio		(VÉASE ALZABA ... COSTADO MÁS, BABILONIA, BESTIA, CABEZA DE ORO, CARNERO DE DOS CUERNOS, CUERNO NOTABLE, CUERNO, CUERNO PEQUEÑO, LEÓN CON ALAS DE ÁGUILA, LEOPARDO, MACHO CABRÍO, MEDO-PERSA, ORO FINO, OSO, PECHOS Y BRAZOS DE PLATA, PIES DE HIERRO Y BARRO COCIDO, PLATA, PRÍNCIPE DE GRECIA, REYES, VIENTRE Y MUSLOS DE BRONCE)	
incensario de oro	Ap 8:3,5	(SND) Instrumento sobre el cual se tomaron carbones del fuego perpetuo, y después se quemaba el incienso. (VÉASE ORO)	Ex 30:1,7,10
incienso	Ap 5:8; 8:3,4; 18:13	Oraciones de los santos.	Sal 141:2
jacinto	Ap 21:20	(SND) Piedra preciosa de color rojo transparente.	Ex 28:19; 39:12
jaspe	Ap 4:3; 21:11,18,19	(SND)Piedra preciosa de color rojo, café, o amarillo. No es transparente aquí en la tierra.	Ex 28:20; 39:13
Jerusalén		(VÉASE ANCHURA DE LA TIERRA, CIUDAD AMADA (SANTA), DESPOSADA, ESPOSA, MONTE DE SION (SANTO), NUEVA JERUSALÉN, SION, SODOMA Y EGIPTO)	
Jesús		(VÉASE ALFA Y LA OMEGA, AMÉN, CORDERO, ESTRELLA RESPLANDECIENTE DE LA MAÑANA, FIEL Y VERDADERO, HIJO VARÓN, HIJO DEL HOMBRE, LEÓN DE LA TRIBU DE JUDÁ, MARIDO, MERCADER, PIEDRA, PRIMERO Y EL ÚLTIMO, PRÍNCIPE DE LOS PRÍNCIPES, PRINCIPIO Y EL FIN, RAÍZ Y EL LINAJE DE DAVID, REY DE REYES Y SEÑOR DE SEÑORES, TESTIGO FIEL Y VERDADERO, TESTIMONIO DE JESÚS, VARÓN, VERBO DE DIOS, VERDADERO)	
Jezabel	Ap 2:20	Mujer del rey Acab. Altamente malvada. Tipifica la Iglesia apóstata. Se relaciona con la parábola de la levadura y con la gran ramera.	1 R 21:23; Mt 13:33; Ap 17:5
jinetes	Ap 9:16,17; 19:18	El que es apto para cabalgar. Agentes del malvado.	Job 39:17,18

DANIEL Y APOCALIPSIS: Un manual de estudios proféticos

Término	Texto bíblico	Significado	Referencia
Judá		(Véase León de la tribu de Judá)	
Juez	Dn 7:10,26	Dios. (Véase Dios)	He 12:23
juicio		(Véase copas de oro, día del juicio^, sellos, trompetas)	
junto al camino	Mt 13:4	Representa al malo, Satanás, que arrebata lo que fue sembrado en el corazón.	Mt 13:19
ladrón	Ap 3:3; 16:15	Oficio que tiene como objeto el apoderarse de lo ajeno. Jesús utiliza la comparación con un ladrón en el sentido de que su venida será repentina e improvista.	Mt 24:43
lagar	Ap 14:19,20; 19:15	Instrumento simbólico de juicio.	Lm 1:15
lámparas		(Véase siete lámparas de fuego#)	
lana	Dn 7:9; Ap 1:14	Pureza.	Sal 147:16
langostas	Ap 9:3,7	Sinónimo de destrucción y plaga. (Véase cabellos de mujer)	Am 4:9
Laodicea	Ap 3:14	Séptima iglesia. Para simbolismo ver Lección 15 y Apéndices 1-3.	
león	Ap 4:7; 9:17; 13:2	Animal de gran potencia. Es el rey de la selva, impone majestad. Primer Ser Viviente.	Am 3:4
león con alas de águila	Dn 7:4	Nabucodonosor y el Imperio de Babilonia.	Dn 2:39a
León ... tribu ... Judá	Ap 5:5	Jesucristo. (Véase león)	Gn 49:9,10
leopardo	Dn 7:6; Ap 13:2	En Daniel es el Imperio Romano; en Apocalipsis es el anticristo que sale del último imperio, siendo la personificación del mismo.	Hab 1:8
levadura	Mt 13:33	Influencia corruptiva. Organismo que promueve la putrefacción.	Gá 5:7-9
libre	Ap 6:15; 13:16; 19:18	(ILP)(SND) Personas no esclavas. Algunos comentaristas dicen que es simbólico, como en ciertos textos bíblicos.	Gá 4:31
librito	Ap 10:2,8,10	Posiblemente simboliza a la Biblia. (Véase Lección 18, sección 5.1)	
libro	Dn 12:1,4; Ap 5:1-9	Textos que contienen la Palabra de Dios o sus juicios. (Véase libro de la vida, otro libro)	Dt. 17:18; Jos 1:8
libro de la vida	Ap 3:5; 13:8; 17:8; 20:12,15; 21:27; 22:19	Texto celestial que contiene la lista de los redimidos.	Fil 4:3
libro escrito ... dentro ... fuera	Ap 5:1	Indica totalidad y juicio.	Ez 2:9 - 3:3
linaje		(Véase raíz y el linaje de David)	
lino fino	Dn 10:5; 12:6,7; Ap 15:6; 18:12,16; 19:14	*Las acciones justas de los santos*. Símbolo de pureza. Es la tela de las vestiduras celestiales.	Ap 19:8
luna	Ap 6:12; 8:12; Ap 12:1	A veces símbolo de Israel por Raquel, madre de José. Raquel quiere decir "cordero". Ella dio a luz en muer-	Gn 37:9,10

Apéndice 6

SÍMBOLOS, NOMBRES Y PARALELISMOS DE DANIEL Y APOCALIPSIS

Término	Texto bíblico	Significado	Referencia
luna (cont.)		te. Cristo, el Cordero, en su muerte, dio a luz (alumbró) en la cruz.	
luz	Dn 2:22; 5:11,14; Ap 8:12; 18:23; 21:24; 22:5	Esencial para la vida. Símbolo de entendimiento espiritual revelado por medio del Espíritu Santo. Habla de santidad, pureza, gozo, la Palabra de Dios, creyentes y el cielo.	2 Co 4:6
llama de fuego	Dn 7:9; Ap 1:14; 2:18; 19:12	Elemento de los juicios y castigos finales. El fuego es representativo de la santidad de Dios. Purifica. (VÉASE FUEGO)	2 Ts 1:7-8
llave de David	Ap 3:7	Llave de la ciudad de David, la Nueva Jerusalén. El tener una llave da potestad al que la posee.	Is 22:22
llave del abismo	Ap 9:1; 20:1	Lo mismo que las llaves de la muerte y del Hades. (VÉASE ABISMO)	Ap 1:18
llaves ... muerte ... Hades	Ap 1:18	Potestad sobre el reino espiritual de las tinieblas.	Mt 16:16-19
macho cabrío	Dn 8:5	Es el rey de Grecia.	Dn 8:21
madera	Ap 9:20;18:12	Idolatría y juicio.	Is 40:19,20
Magog		(VÉASE GOG Y MAGOG)	
maldición	Dn 9:11;Ap 22:3	Antónimo de bendición, el resultado de juicio.	Gn 3:17
maligna		(VÉASE ÚLCERA MALIGNA Y PESTILENTE)	
malo	Mt 13:48	Hijos de las tinieblas.	Ap 2:2
maná escondido	Ap 2:17	Alimento celestial.	Jn 6:31,49,58
mano derecha	Ap 5:1,7	Representa poder y autoridad.	Ex 15:6
manos		(VÉASE PALMAS EN LAS MANOS)	
mañana		(VÉASE DOS MIL TRESCIENTAS TARDES Y MAÑANAS^, ESTRELLA RESPLANDECIENTE DE LA MAÑANA)	
mar	Dn 7:2,3; Mt 13:47; Ap 8:8; 13:1;20:8	Los pueblos, inquietud, inestabilidad y pecado. (En algunas citas el mar queda con la contaminación del pecado.)	Is 57:20 Ap 17:15
mar de vidrio	Ap 4:6;15:2	Mar (pecado) en el cielo es de vidrio (pureza). Pureza y santidad. (VÉASE VIDRIO)	Ex 24:10; Ez 1:22-28
maravillas	Dn 11:36	Acontecimientos o palabras extraordinarias.	Ap 13:3
marca o el nombre de la bestia	Ap 13:16;14:9, 11;15:2; 16:2; 19:20; 20:4	Relacionado con el número 666. Identificación visible de los que pertenecen a la bestia.	
marido	Ap 21:2	Cristo.	Is 54:5
medidas		(VÉASE TRES MEDIDAS DE HARINA#)	
Medo-Persa		(VÉASE SEGUNDA BESTIA#)	
MENE, MENE, TEKEL, UPARSIN	Dn 5:25	Anuncio de la terminación, por orden divino, del reinado de Belsasar y Babilonia.	Dn 4:26-28
mercader	Mt 13:45	Jesús.	
mercader	Ap 18:3,11,15,23	(ILP) Los que tienen interés en las cosas del mundo.	Zac 14:21
mes		(VÉASE MES(ES)^)	
miel		(VÉASE DULCE COMO LA MIEL)	

DANIEL Y APOCALIPSIS: Un manual de estudios proféticos

Término	Texto bíblico	Significado	Referencia
mies	Ap 14:15	Producto listo para la cosecha. Tiempo de juicio.	Jl 3:13
mil		(Véase sección números)	
mitad ... semana	Dn 9:27	(Véase sección tiempo)	
monte	Ap 6:14-16; 16:20	Resultado y medio de juicio. Obstáculo. (Véase siete montes#)	Is 49:11
monte de Sion (Santo)	Dn 9:16,20; Ap 14:1; 21:10	Jerusalén y Jerusalén la celestial.	Jl 2:1
mostaza	Mt 13:31	Demuestra algo que es más de lo que aparece al ojo. (Véase grano de mostaza)	Lc 13:19
muerte	Ap 1:18	No es término simbólico. Es la separación física de la vida presente y el traslado a la vida eterna. (Véase herida de muerte, llaves de la muerte y del Hades, segunda muerte#)	Sal 116:15
mujer	Mt 13:33; Ap 2:20; 12:1; 14:4; 17:3,4,6,7,9,18	Agente satánico que destruye la obra de Dios. Símbolo también de la ciudad apóstata.	Pr 6:24
mujer vestida del sol	Ap 12:1	Israel. (Véase luna, sol, vestida del sol)	Gn 37:9,10
mujeres		(Véase amor de las mujeres)	
muslos		(Véase vientre y muslos de bronce)	
naves	Ap 8:9;18:17,19	(ILP) Embarcaciones para transporte marítimo.	
negro	Ap 6:5,12	Muerte y hambruna.	Zac 6:2,6
nicolaítas		(Véase doctrina de los nicolaítas)	
nidos	Mt 13:32	Refugios de los malvados dentro de la Iglesia profesante. (Véase aves, ramas)	
nieve	Ap 1:14	Pureza.	Is 1:18
noche	Ap 8:12	(ILP)Tiempo de incertidumbre, cuando no hay revelación.	Mi 3:6,7
nombre nuevo	Ap 3:12	Nueva manera de ser.	Gn 32:27,28
notable		(Véase cuerno notable)	
nube	Dn 7:13; Ap 10:1	Lo que oculta o acompaña a Cristo. Se relaciona con la Gloria.	Lc 21:27; Sal 104:3
Nueva Jerusalén	Ap 3:12;21:2,10	La desposada, la Esposa del Cordero. La ciudad de Dios. El sitio donde Dios va a morar en medio de su pueblo para la eternidad.	Ap 21:9-11
nuevo		(Véase nombre nuevo, cosas nuevas y cosas viejas)	
nuevo cántico	Ap 5:9;14:3	El canto de los redimidos, distinto a todo cántico anterior.	Sal 98:1
número de hombre		(Véase sección números, seis)	
octavo		(Véase sección números)	
ojos		(Véase siete ojos#)	
ojos como de hombre	Dn 7:8	El anticristo no alcanzará una humanidad total. Será "como" hombre, pero sí será todo demonio.	Ap 13:4,5
ojos de fuego	Dn 10:6; Ap 1:14; 2:18	Discernimiento espiritual, ojos que ven lo más recóndito. (Véase fuego)	Mr 5:31-33

Símbolos, nombres y paralelismos de Daniel y Apocalipsis

Término	Texto bíblico	Significado	Referencia
ojos delante y detrás	Ap 4:6	Que lo ve todo "omnividente", en el mismo sentido que omnipotente u omnisciente.	2 Cr 16:9
olivos		(Véase DOS OLIVOS#)	
Omega		(Véase ALFA Y LA OMEGA)	
ónice	Ap 21:20	(SND) De colores azul-blanco o café-rojo.	
oro	Ap 1:12,13;3:18; 21:18,21	Representativo de lo que más vale de las posesiones humanas. También se usa en referencia a la vida justa y conducta santa. En el cielo habrá abundancia de oro que muestra lo real; también usa Jesús en sus apariencias reales. (Véase COPAS DE ORO, INCENSARIO DE ORO, SIETE CANDELEROS DE ORO#)	1 Co 3:12
oro de Ufaz	Dn 10:5	(SND)Ufaz, localidad no identificada de donde procedía oro refinado.	Jer 10:9
oro fino	Dn 2:32	El Imperio Babilónico.	Dn 2:38
oso	Dn 7:5	Segunda bestia de la visión de Daniel, representa al Imperio Medo-Persa. En tiempos modernos el oso es símbolo de Rusia. (Véase PECHOS Y BRAZOS DE PLATA, PIES COMO DE OSO)	Dn 7:17; 5:30,31
otra bestia	Ap 13:11	Se identifica con el falso profeta. El que *infunde aliento* a la primera bestia o anticristo. (Véase PRIMERA BESTIA#)	Ap 13:15
otra semana		(Véase OTRA (ÚLTIMA) SEMANA^, SEMANAS^, SETENTA SEMANAS^)	
otro libro	Ap 20:12	*El cual es el libro de la vida.* (Véase LIBRO DE LA VIDA)	Ap 20:12
palmas en las manos	Ap 7:9	Símbolo de victoria y éxito.	Jn 12:13
paraíso de Dios	Ap 2:7	Hoy, en nuestra época, es sinónimo del cielo. Antes de la obra redentora de Cristo era el lugar donde moraban los espíritus de los santos.	Lc 23:43; 2 Co 12:4; Ap 2:7
peces	Mt 13:47	Personas. (Malos y justos.)	Mt 13:49
pecho y brazos de plata	Dn 2:32	Imperio de Media y de Persia. (Véase OSO)	Dn 2:39
pedregales	Mt 13:5	Lugar donde cae la semilla que no tiene raíz, *es de corta duración, pues al venir la aflicción o la persecución por causa de la palabra, luego tropieza.*	Mt 13:21
pequeño		(Véase CUERNO PEQUEÑO)	
pequeños	Ap 11:18;13:16; 19:5,18	Se usa siempre junto a la palabra "grandes". Habla de los miembros del orden social.	Lc 7:28; 9:48
pergamino que se enrolla	Ap 6:14	Acción asociada con lo que tiene que suceder al cielo visible en los últimos días. Indica una acción cataclísmica relacionada con el sexto sello.	2 P 3:10

DANIEL Y APOCALIPSIS: Un manual de estudios proféticos

Término	Texto bíblico	Significado	Referencia
Pérgamo	Ap 2:12	Tercera iglesia. (Para simbolismo ver Lección 15 y Apéndices 1-3.)	
perla preciosa	Mt 13:46	La Iglesia.	
perlas	Ap 21:21	Son preciosas. Puertas enormes de perlas muestran que la entrada a la ciudad de Dios es costosísima. Somos comprados por la sangre preciosa de Jesús. (Véase doce perlas#)	1 Co 6:19,20
perpetua	Ap 22:15	(Véase estrellas a perpetua eternidad)	
perros		Lo inmundo. Prostituto religioso masculino.[c]	Dt 23:18
Persia		(Véase príncipe de Persia)	
pestilente		(Véase úlcera maligna y pestilente)	
piedra	Dn 2:34,35	Jesús en su segunda venida.	Dn 2:44,45
piedrecita blanca	Ap 2:17	Libertad. Dada a los que se dictaba veredicto de inocencia. (Véase blanco)	
piernas de hierro	Dn 2:33	Imperio Romano. (Véase cuatro bestias#)	Dn 2:40
pies como de oso	Ap 13:2	Relacionado con el Imperio Romano y el anticristo. (Véase Lección 20, sección 1) (Véase oso)	
pies de hierro y de barro cocido	Dn 2:33	Reino mezclado por alianzas humanas, será el Nuevo Imperio Romano de los últimos días.	Dn 2:41-43
plata	Dn 2:32,35	Segundo imperio de la visión del rey. Corresponde también a la segunda bestia. Es el Imperio Medo-Persa. (Véase oso, pecho y brazos de plata)	Dn 2:39,45
poder		(Véase dispersión del poder)	
poderosos	Ap 6:15	Personas que controlan el sistema político, económico y social.	Gn 6:4,5
pozo del abismo	Ap 9:1	Morada de los demonios. Infierno, Seol, Hades. (Véase abismo)	Lc 8:30,31
primer(o)a...		(Véase sección números)	
primogénito de los muertos	Ap 1:5	¡Jesucristo! El primero que resucitó en cuerpo incorruptible.	1 Co 15:20-23
Príncipe de los príncipes	Dn 8:25	¡Jesucristo! Habla de su eminencia sin igual.	Is 9:6
principales príncipes	Dn 10:13	Miguel, el arcángel; también se le llama el gran príncipe.	Dn 12:1; Jud 9
príncipe de Grecia	Dn 10:20	Demonio, príncipe en el imperio espiritual correspondiente a Grecia.	Ef 6:12
príncipe de los ejércitos	Dn 8:11	Potencia angelical que fue enfrentada por la potencia satánica en el tiempo del cuerno pequeño (Antíoco Epífanes). Dn. 8:9-14 habla de los eventos que toman lugar tanto en las esferas naturales, como también en las regiones celestes y esto al mismo tiempo.	Jos 5:14
príncipe de Persia	Dn 10:13,20	Demonio, príncipe en el imperio espiritual correspondiente a Persia.	1 Co 2:7,8

SÍMBOLOS, NOMBRES Y PARALELISMOS DE DANIEL Y APOCALIPSIS

Término	Texto bíblico	Significado	Referencia
príncipe que ha de venir	Dn. 9:26	El anticristo.	
principio y el fin	Ap 1:8, 21:6	Jesucristo. Habla de totalidad.	Hch 17:28
profeta (falso)		(VÉASE SEGUNDA BESTIA#, FALSO PROFETA)	
profundidades de Satanás	Ap 2:24	(SND) Tipo de práctica oculta o culto satánico.	Ez 8:12
prueba		(VÉASE HORA DE PRUEBA^)	
puerta	Ap 3:8,20; 4:1	Elemento arquitectónico que permite o impide el paso. Representa lugar de gobierno, potestad o juicio. (VÉASE DOCE PUERTAS#)	Dt 22:15; Lm 5:14
púrpura	Ap 17:4; 18:12,16	Señal de alto rango y nobleza. Productos de púrpura eran de alto precio. Usado también en las vestiduras sacerdotales.	Ex. 26:1; 39:3
racimos	Ap 14:18	Los pueblos reunidos en Armagedón para hacer guerra contra Jesús en su venida.	Dt 32:32
raíz y el linaje de David	Ap 22:16	Jesucristo.	Lc. 3:23,32
ramas	Mt 13:32	El apoyo débil sobre el cual la Iglesia profesante se establece en su mala doctrina. (VÉASE AVES, NIDO)	Jn 15:6
ramera, gran	Ap 17:1,5,15,16; 19:2	Iglesia apóstata de los últimos días. La iglesia representada por Laodicea.	Ap 3:16,17
ranas	Ap 16:13	Espíritus de demonios.	Ap 16:14
red	Mt 13:47	Instrumento de juicio.	Is 24:17,18
reina	Ap 18:7	Descripción propia de la Babilonia, sistema de poderío mundial.	Jer 44:25-27
relámpago	Dn 10:6; Ap 4:5; 8:5; 11:19; 16:18	Símbolo de la presencia temible y gloriosa de Dios. Además se usa como preludio de juicio.	Is 30:30; Sal 77:18
remanente resplandeciente		(VÉASE RESTO DE LA DESCENDENCIA) (VÉASE ESTRELLA RESPLANDECIENTE DE LA MAÑANA)	
resplandor del firmamento	Dn 12:3; Mt 13:43;	Fenómeno de gloria espiritual relacionado a la condición glorificada de los seres espirituales.	Mt 17:2
resto de la descendencia	Ap 1:16 Ap 12:17	Remanente. Los fieles que siempre han permanecido durante todas las edades a pesar de la adversidad.	1 R 19:18
resurrección	Dn 12:2; Ap 20:5,6	(ILP) No es término simbólico. Palabra descriptiva de varios eventos que tienen el propósito de restaurar a los espíritus muertos en cuerpo glorificado, en el caso de los justos; y un cuerpo que resistirá el fuego eterno del infierno, en el caso de los injustos. (VÉASE PRIMERA RESURRECCIÓN#)	Jn 5:29
REY DE REYES ... DE SEÑORES	Ap 19:16	Jesucristo. (VÉASE JESÚS)	1 Ti 6:15
rey soberbio		Anticristo.	Ap 13:6,7
reyes	Dn 11:36-39	(VÉASE DIEZ REYES#)	

DANIEL Y APOCALIPSIS: Un manual de estudios proféticos

Término	Texto bíblico	Significado	Referencia
río	Ap 12:15,16	Torrente de fuerza satánica.	Is 43:2
río	Ap 22:1,2	(Véase agua de vida)	Ez 47:9
río de fuego	Dn 7:10	Torrente de santidad. (Véase fuego, río)	Is 10:17
rojo		(Véase escarlata)	
ropas blancas	Ap 7:9,13,14; 16:15	Pureza e inocencia. Vestidura celestial de los santos.	Mt 17:2
ropa que llegaba hasta los pies	Ap 1:13	Sumo sacerdocio de Cristo. Realeza.	Ez 1:4-28; 1 Ti 2:5
rostro como de hombre	Ap 4:7	Tercer ser viviente, su rostro como de hombre es símbolo de inteligencia y compasión.	Ez 1:18-20
ruedas de fuego ardiente	Dn 7:9	Fuerza y movimiento rápido. (Véase fuego)	Ez 10:2,6
sangre	Ap 6:12; 8:7,8; 11:6	Ira de Dios manifestada en juicio.	Jn 6:54 Lv 17:11
sangre del Cordero	Ap 7:14;12:11	Sustancia redentora. La Biblia enseña que la vida está en la sangre; siendo la sangre del Cordero la misma sangre del Dios Hijo, hace que esta sangre sea la VIDA de Dios. Ser lavado en esta sangre es ser bañado en la misma VIDA de Dios. Los que han sido lavados en la sangre de Jesús son partícipes de la VIDA de Dios, que es la vida eterna.	Ro 5:9,10
santa ciudad	Ap 21:2	Jerusalén la celeste. Conocida generalmente como "el cielo". (Véase Nueva Jerusalén)	Ap 21:9-11
Satanás		(Véase abadón, acusador, ángel del abismo, apolión, dragón, enemigo, profundidades de Satanás, serpiente antigua, sinagoga de Satanás, trono de Satanás)	
Sardis	Ap 3:1	Quinta de las siete iglesias. (Para simbolismo ver Lección 15 y Apéndices 1-3.)	
segadores	Mt 13:30	Los ángeles.	Mt 13:39
segunda...		(Véase sección números)	
seis...		(Véase sección números)	
sellados	Ap 7:4	Judíos redimidos quienes constituyen el remanente judío durante la tribulación.	Ef 1:13
sellos	Ap 6:1	Juicios de Dios. (Véase siete sellos#)	Job 38:14
semana		(Véase sección tiempo) (Véase mitad de la semana^, otra (última) semana, setenta semanas^)	
sembrador	Mt 13:3	Predicador de la Palabra de Dios.	Mt 13:18-23
semilla	Mt 13:4	La Palabra de Dios.	Mt 13:18-23
sentados	Mt 13:48	Firmeza, tranquilidad. En referencia al Señor, muestra que Él está en control total.	Mt 15:29
Señor		(Véase día del Señor^, Jesús, REY DE REYES Y SEÑOR DE SEÑORES)	

Símbolos, nombres y paralelismos de Daniel y Apocalipsis

Término	Texto bíblico	Significado	Referencia
seres vivientes	Ap 4:6-9; 5:6-14; 6:1-7; 7:11; 8:9; 14:3; 15:7; 19:4	(Véase cuatro seres vivientes#)	Ez 3:13
serpiente antigua	Ap 12:9;20:2	El diablo y Satanás.	Ap 12:9; 20:2
serpiente(s)	Ap 9:19;12:14,15	Habla de Satanás y los demonios.	Ap 12:9
sesenta...		(Véase sección números)	
setenta...		(Véase sección números)	
siega	Mt 13:30	El fin del siglo, el juicio de Dios.	Mt 13:39
siete...		(Véase sección números)	
siete iglesias		(Véase ángeles de las siete iglesias#)	
siglo		(Véase sección tiempo, fin del siglo^, siglo^)	
sinagoga de Satanás	Ap 2:9;3:9	Judíos que rechazaron el evangelio. (Véase Satanás)	Jn 8:31,40
Sion	Ap 14:1	La morada del Cordero, la Nueva Jerusalén. (Véase monte de Sion)	Is 24:23
Sodoma y Egipto	Ap 11:8	Jerusalén.	Ap 11:8
sol	Ap 8:12	Sustentador de vida en la tierra. Oscurecimiento del sol es señal del juicio de Dios. (A veces habla de Israel.) (Véase donde sale el sol, luna, mujer vestida del sol, vestido del sol)	Lc 23:45 Mr 13:24
tabernáculo	Ap 7:15	Griego: pabellón. Estar eternamente en la casa del Señor.	Sal 23:6
Tekel		(Véase MENE ... UPARSIN)	
tela de cilicio	Ap 6:12	Condición del sol como resultado del juicio de Dios sobre la tierra. (Véase cilicio)	Is 50:3
terremoto	Ap 8:5	Producto del juicio de Dios. Infunde temor.	Is 29:6
tesoro escondido	Mt 13:44	Israel, el pueblo de Dios.	Ex 19:5
testigo fiel y verdadero	Ap 3:14	Jesucristo.	Ap 1:8,11
testigos		(Véase dos testigos#)	
testimonio de Jesús	Ap 19:10	*El Espíritu de la profecía.*	Ap 19:10
Tiatira	Ap 2:18-29	Cuarta iglesia de las siete iglesias. (Para simbolismo ver lección 15 y Apéndices 1-3.)	
tibio	Ap 3:16	Condición espiritual no agradable que provoca vómito.	Mt 26:41
tiempo		(Véase sección tiempo, poco tiempo^, postreros días^, tiempos finales^, tiempo(s)^)	
tierra	Mt 13:5	El corazón del oyente del evangelio. (Véase anchura de la tierra)	Mt 13:18-23
Todopoderoso	Ap 1:8; 4:8; 15:3; 16:7,14; 19:6,15; 21:22	Jehová, Dios del cielo y la tierra, es el Dios del universo que tiene poder para hacerlo todo. (Véase Dios)	Ap 11:17
topacio	Ap 21:20	(SND) Piedra preciosa transparente o translúcida.	Job 28:19
tribu		(Véase león de la tribu..., doce tribus#)	
tribulación	Ap 1:19;	Período del juicio que tiene que venir sobre la tierra.	Mt 24:21

DANIEL Y APOCALIPSIS: Un manual de estudios proféticos

Término	Texto bíblico	Significado	Referencia
tribulación (cont.)	Ap 2:9,10,22; 7:14	El uso de la palabra en las citas de Apocalipsis ha de tener otras referencias literales. (Véase HORA DE PRUEBA^, OTRA (ÚLTIMA) SEMANA^)	
trigo	Mt 13:25,29	Los buenos, hijos de Dios.	Mt 13:37-43
trompeta	Ap 1:10; 4:1; 8:2,6-13; 9:1,13, 14; 10:7; 11:15	Instrumento usado para sonar alarma. (Véase SIETE TROMPETAS#)	Jl 2:1
trono	Dn 7:9; Ap 3:21; 4:2-10; 5:6-13; 6:16; 7:9-17etc.	Simboliza a la autoridad y poder. A veces se usa la palabra "trono" para hablar del cielo.	Is 66:1; Sal 45:6
trono blanco	Ap 20:11	El juicio final. (Véase BLANCO)	
trono de Satanás	Ap 2:13	El lugar terrenal desde donde Satanás reina sobre sus numerosas legiones de demonios. Siendo que él no es omnipresente, como Dios, aparentemente escoge un sitio terrenal para servir como asiento de su gobierno. Sabemos que Satanás tiene príncipes bajo su mando con autoridad en diferentes lugares; es lógico entonces, que Pérgamo haya sido la sede del gobierno satánico en los tiempos históricos de las siete iglesias. (Véase SATANÁS)	Dn 10:13
truenos	Ap 10:3,4; 16:18	Acompañante del relámpago. (Véase SIETE TRUENOS#, RELÁMPAGO)	Ex 9:23
Ufaz		(Véase ORO DE UFAZ)	
úlcera maligna y pestilente	Ap 16:2,11	Juicio de Dios sobre los hombres que tienen la marca de la bestia. Parecido al juicio de Dios sobre los egipcios.	Ex 9:9,10; Dt 28:27
último		(Véase PRIMERO Y EL ÚLTIMO#)	
UPARSIN		(Véase MENE ... UPARSIN)	
uvas	Ap 14:18,19	Ejércitos del anticristo.	Gn 49:11
vara de hierro	Ap 2:27; 12:5; 19:15	Símbolo de autoridad.	Sal 2:9
varón		(Véase HIJO VARÓN, CUARTO VARÓN#)	
vaso de alfarero	Ap 2:27	Algo muy delicado.	2 Co 4:7
veinte....		(Véase SECCIÓN NÚMEROS)	
VERBO DE DIOS	Ap 19:13	Jesucristo.	Jn 1:1
Verdadero	Ap 3:7; 19:11	Jesucristo. (Véase FIEL Y VERDADERO, TESTIGO FIEL Y VERDADERO)	Ap 3:14
verde	Ap 8:7; 9:4	Vida, especialmente vida vegetal. (Véase ESMERALDA, HIERBA VERDE)	Gn 1:11
vergüenza	Ap 3:18;16:15	Desnudez, espiritual o física.	Is 20:4;47:3; Fil 3:19
vestida		(Véase MUJER VESTIDA DEL SOL)	
vestiduras blancas	Ap 3:4,5,18; 6:11	Traje celestial, símbolo de pureza.	Hch 1:10
vestida del sol	Ap 12:1	Gloria resplandeciente. (Habla de Israel.) (Véase MUJER VESTIDA DEL SOL)	Sal 89:36-38

Símbolos, nombres y paralelismos de Daniel y Apocalipsis

Término	Texto bíblico	Significado	Referencia
vida		(Véase AGUA DE LA VIDA, ÁRBOL ... VIDA, LIBRO ... VIDA, SANGRE DEL CORDERO)	
vidrio	Ap 4:6; 15:2; 21:18; 21:21	Pureza, virtud y santidad. (Véase MAR DE VIDRIO)	Ex 24:10
viejas		(Véase COSAS NUEVAS Y COSAS VIEJAS)	
viento	Dn 2:35; 7:2;8:8; 11:4; Ap 6:13; 7:1	(ILP) A veces habla de los cuatro puntos cardinales. Se usa en referencia a la violencia de los juicios de Dios. (Véase CUATRO VIENTOS DEL CIELO#)	Ez 17:21; Sal 55:8
vientre y muslos de bronce	Dn 2:32	Tercer reino; Imperio Griego.	Dn 2:39
vigilantes	Dn 4:13,17,23	Ángeles.	He 1:14
viña	Ap 14:19	Las masas restantes de la Iglesia apóstata.	Jer 2:21
vino (no dañes el aceite ni el...)	Ap. 6:6	Artículo de lujo. Los ricos todavía tendrán poder adquisitivo, aún cuando el resto de la gente será progresivamente más pobre.	Ec 10:19
vírgenes	Ap 14:4	Pureza.	Dt 22:23,24
viuda	Ap 18:7	Figura de la ciudad desamparada.	Is 47:7-11
vivientes		(Véase CUATRO SERES VIVIENTES#)	
zafiro	Ap 9:17; Ap 21:19	(SND) El fuego más caliente, de color azulado. Piedra preciosa de color azul oscuro.	Is 54:11

Término	Texto bíblico	Significado	Referencia

Términos numéricos
(Se recomienda consultar la introducción de esta tabla en la página 140 antes de utilizarla.)

1 (uno, primero, etc.) Número de principios, unidad.

Término	Texto bíblico	Significado	Referencia
primera bestia (Babilonia)	Dn 7:4	Nabucodonosor y el Imperio de Babilonia.	Dn 7:17
primera bestia (Anticristo)	Ap 13:12	Hijo de perdición. El anticristo. Ejecutor de la voluntad satánica sobre la tierra durante el período conocido como la gran tribulación. (Véase bestia)	Ap 13:15; 2 Ts 2:3
primera resurrección	Ap 20:6	El arrebatamiento. El rapto. Uno de los misterios revelados a la Iglesia. (Véase resurrección) (Véase Lección 24, sección 3)	1 Co 15:51-55; 1 Ts 4:13-18
primero y el último	Ap 1:11	¡Jesucristo! (Principio y fin.) (Véase Alfa y la Omega)	Ap 1:11-13

2 (dos, segundo, etc.) Número de testimonio.

Término	Texto bíblico	Significado	Referencia
dos bestias	Ap 13	El anticristo (poder político) y el falso profeta (poder religioso). (Véase bestia, otra bestia, primer bestia anticristo)	
dos candeleros	Ap 11:4	Los dos testigos, resplandecen en medio de las tinieblas de la tribulación. (Véase candeleros)	
dos cuernos	Dn 8:3	Son los reyes de Media y de Persia. (Véase cuerno)	Dn 8:20
dos olivos	Ap 11:4	Los dos testigos; "olivo" indica su procedencia del pueblo de Dios.	Jer 11:16
dos testigos	Ap 11:4	Dos personajes desconocidos que profetizarán durante la primera mitad de la tribulación. Posiblemente son Moisés y Elías.	Ap 11:6
segunda bestia (Imperio Medo-Persa)	Dn 7:5	Imperio Medo-Persa.	Dn 7:16,17
segunda bestia (falso profeta)	Ap 13:11	Falso profeta. (Véase otra bestia)	
segunda muerte	Ap 2:11	Juicio eterno de permanencia en el lago de fuego, es la muerte que no tiene remedio. Es la separación eterna de Dios.	Ap 20:14,15

SÍMBOLOS, NOMBRES Y PARALELISMOS DE DANIEL Y APOCALIPSIS

Término	Texto bíblico	Significado	Referencia

3 (tres, etc.) Número de divinidad o de intervención divina.

tres ayes	Ap. 8:13	Las tres últimas trompetas del juicio. (VÉASE TROMPETA)	Is 3:9,11; Am 5:18
tres costillas en su boca	Dn 7:5	Reinos de Lidia, Egipto y Babilonia.	
tres cuernos	Dn 7:8	Tres de los diez reinos de los últimos días. Estos tres reinos serán destituidos por el anticristo cuando éste toma por fuerza el reinado. (VÉASE CUERNO)	Dn. 7:8
tres medidas de harina	Mt 13:33	Doctrina del Padre, Hijo y Espíritu Santo. Harina habla de la esencia, lo que es más refinado.	

3¹/₂ (tres y medio) La mitad de siete. Tiempo, tiempos, y la mitad de un tiempo.
(VÉASE SECCIÓN TIEMPO, MITAD DE UNA SEMANA^, 1260 DÍAS^, TIEMPO, TIEMPOS, Y ...)

4 (cuatro, cuarto, etc.) Número de la tierra.

cuarta bestia	Dn 7:7,19,23	El Imperio Romano. (VÉASE BESTIA)	Dn 7:23
cuarto varón	Dn 3:25	Jesús, presente en las tormentas, para ayudar al creyente.	Is 43:2
cuatro alas de ave	Dn 7:6	Velocidad para llegar a los cuatro puntos cardinales, descriptivo de la conquista griega del mundo conocido, bajo el mando de Alejandro Magno.	
cuatro ángulos	Ap 20:8	Los extremos de la tierra. La totalidad de la tierra.	Is 11:12; Hch 10:11; Ap 7:1
cuatro bestias	Dn 7:3	Imperios gentiles, los tiempos de los gentiles. La totalidad de los imperios gentiles proféticos.	Dn 7:17,18
cuatro cabezas	Dn 7:6	Autoridad para reinar sobre la totalidad de la tierra.	
cuatro cuernos	Dn 8:8	División de Grecia con la muerte de Alejandro por parte de sus generales.	Dn 8:22
cuatro cuernos del altar	Ap 9:13	La universalidad de la gracia de Dios para la tierra. Juicio viene a los que han rechazado la gracia.	Ex 25:12
cuatro jinetes		Término no bíblico, usado frecuentemente con referencia a los cuatro primeros sellos de juicio.	
cuatro seres vivientes	Ap 4:6	Querubines que representan a la tierra delante de Dios. Seres angelicales de alto rango.	Ez 1:4-28; Ez 10:1-22
cuatro vientos de la tierra	Ap 7:1	Los extremos de la tierra.	Jer 49:36
cuatro vientos del cielo	Dn 8:8	División de Grecia con la muerte de Alejandro por parte de sus generales.	Dn 8:8

Término	Texto bíblico	Significado	Referencia

5 (cinco) (SND) La mitad de diez. Número de dedos en la mano. Su uso es frecuente en la Biblia. (VÉASE SECCIÓN TIEMPO, MESES)

6 (seis) Número del hombre (el hombre fue creado el sexto día).

número de hombre	Ap 13:18	Seis es el número del hombre.	Gn 1:26-31
seis alas	Ap 4:8	Muestra una relación estrecha entre los cuatro seres vivientes y los asuntos humanos. Denota eficiencia.	

7 (siete, séptimo) Número de lo completo, de la santificación, a veces habla de perfección. Muestra procedencia divina.

ángeles de las siete iglesias	Ap 2:1,8,12,18; 3:1,7,14	Mensajero, pastor de la iglesia. *Las siete estrellas son los ángeles de las siete iglesias.*	Ap 1:20
siete cabezas	Ap 12:3;17:7	*Son siete reyes.* También habla de la plenitud de conocimiento que tuvo Satanás. *Son siete montes.* (VÉASE CABEZAS)	Ap. 17:9,10; Ez 28:12
siete candeleros de oro	Ap 1:12	Son las siete iglesias. (VÉASE SIETE IGLESIAS)	Ap 1:20
siete copas de ira	Ap 16:1	Muestra la procedencia divina de los juicios.	
siete cuernos	Ap 5:6	Plenitud de poder. (VÉASE CUERNO)	Mi 4:13
siete diademas	Ap 12:3	Prenda real. Satanás era *acabado de hermosura*, el querubín real. (VÉASE DIADEMAS)	Ez 28:12-19
siete espíritus de Dios	Ap 1:4;3:1;4:5; 5:6	Sinónimo de la plenitud y perfección del Espíritu Santo.	Is 11:2
siete estrellas	Ap 1:16	Son los ángeles (mensajeros) de las siete iglesias.	Ap 1:20
siete iglesias	Ap 1:11	Además de ser las siete iglesias que existieron en Asia Menor, también son símbolos de todas las iglesias de todo tiempo.	
siete lámparas de fuego	Ap 4:5	*Las cuales son los siete espíritus de Dios.* En este caso habla de ira. (VÉASE FUEGO)	Ap 4:5
siete montes	Ap 17:9	Asiento del gobierno del reino de la mujer, la ciudad de Roma. (VÉASE MONTE)	
siete ojos	Ap 5:6	"Omnividente". (VÉASE OJOS DELANTE Y DETRÁS)	Zac 3:9;4:10
siete sellos	Ap 5:1	Procedencia divina de los sellos (juicios). (VÉASE SELLOS)	
siete tiempos		(VÉASE SECCIÓN TIEMPO)	
siete trompetas	Ap 8:2	Muestra la procedencia divina de las trompetas (juicios). (VÉASE TROMPETAS)	
siete truenos	Ap 10:3	Muestra la procedencia divina de los mensajes o juicios. (VÉASE TRUENO, RELÁMPAGO)	

SÍMBOLOS, NOMBRES Y PARALELISMOS DE DANIEL Y APOCALIPSIS

Término	Texto bíblico	Significado	Referencia

8 (octavo) Sobreabundancia.

octavo	Ap 17:11	De entre los siete y va a la perdición. Es el mismo anticristo que se levanta sobre los siete.	Ap 17:11

10 (diez, décima, etc.) Medida de nuestra responsabilidad ante Dios (Diez Mandamientos).

décima parte	Ap 11:13	Dios cobra lo que le pertenece. El hombre anda irresponsablemente ignorando a Dios hasta que el Todopoderoso tomará cuentas.	Mal 3:8
diez cuernos	Dn 7:7; Ap 17:7	Podría ser la Unión Europea en su forma final. Habla de la Nueva Roma, está representada por *diez dedos* de la imagen vista por Nabucodonosor. Nos dice que *Son diez reyes*. (VÉASE CUERNO)	Dn 7:24; Ap 17:12
diez días		(VÉASE SECCIÓN TIEMPO)	
diez diademas	Ap 13:1	Representan la realeza que debe reinar sobre las diez naciones de la Nueva Roma. (Véase DIADEMAS.)	
diez reyes	Ap 17:12	Son los *diez cuernos* y las *diez diademas*. Los reyes de las naciones de la Nueva Roma.	

12 (doce, etc.) Número gubernamental.

doce estrellas	Ap 12:1	Los doce patriarcas.	Gn 37:9
doce frutos	Ap 22:2	La provisión afable del gobierno celestial.	Pr 8:19
doce meses		(VÉASE SECCIÓN TIEMPO)	
doce perlas	Ap 21:21	Puertas. Las perlas se forman por un proceso biológico. Hablan de la vida pura formada bajo el gobierno de Cristo. Solamente el creyente que se ha dejado gobernar por Jesús, y su vida es pura, podrá pasar por estas puertas de perla. (VÉASE PERLAS)	Mt 13:45,46
doce puertas	Ap 21:12	Perlas. (VÉASE DOCE PERLAS) Vías de acceso, abiertas solamente al de corazón puro.	Sal 24:4; Mt 5:8
doce tribus	Ap 21:12	(ILP)Las tribus del pueblo de Dios, Israel.	Gn 49:28

21 (veintiuno) 21=3 x 7 Intervención divina para lograr totalidad. (VÉASE SECCIÓN TIEMPO, DÍAS)

DANIEL Y APOCALIPSIS: Un manual de estudios proféticos

Término	Texto bíblico	Significado	Referencia

24 (veinticuatro) 24 = 2 x 12 Testimonio gubernamental.

veinticuatro ancianos	Ap 4:4	Posiblemente son los doce patriarcas y los doce apóstoles.	Sal 67:4

40 (cuarenta) 40 = 4 x 10 Responsabilidad de la tierra.

cuarenta		Este número no se utiliza en Daniel y Apocalipsis, pero lo mencionamos por ser significativo en su relación con la profecía. Fueron cuarenta años que los hijos de Israel anduvieron por el desierto. Siendo que Dios no dejó entrar a la tierra prometida a la *generación* que salió de Egipto, aparentemente se relaciona este valor con el número de años de una generación profética.	Ex 16:35; Nm 14:34,35

42 (cuarenta y dos) 42 = 21 x 2 Constancia y testimonio de la intervención divina para lograr totalidad. (Véase sección Tiempo, meses)

62 (sesenta y dos) (SND) (Véase sección tiempo, semanas) (Dn 9:25,26)

70 (setenta) 70 = 7 x 10 Plenitud de responsabilidad.

setenta semanas	Dn 9:2,24	(Véase setenta semanas^. Sección Tiempo)	

144 (ciento cuarenta y cuatro) 144 = 12 x 12 Número gubernamental x número gubernamental.

ciento cuarenta y cuatro	Ap. 21:17	Se relaciona con el gobierno de Dios desde su santa ciudad.	

60 x 6 (sesenta por seis) 360 = 60 x 6. Número de días en el año profético.

sesenta por seis codos	Dn 3:1	60 x 6 (sesenta por seis) 360, número de días en el año profético. Posiblemente la medida de la imagen puede relacionarse con un período profético. Además, puede existir una relación con el número 666.	Ap 13:18

360 (tres cientos sesenta) Número de días en el año profético. (Véase 60 x 6, Sección Tiempo, año)

666 (seiscientos sesenta y seis) Número del anticristo que es número de hombre.

seiscientos sesenta y seis	Ap 13:18	Trinidad del número humano. Se relaciona con el anticristo. Han sido muchos los intentos de identificar este número con distintos personajes. Solamente el tiempo aclarará quién será el señalado por este número.	

Apéndice 6

SÍMBOLOS, NOMBRES Y PARALELISMOS DE DANIEL Y APOCALIPSIS

Término	Texto bíblico	Significado	Referencia

1.000 (mil) Multitudes. Reino terrenal de Cristo. (VÉASE SECCIÓN TIEMPO, AÑOS)

1.260 (mil doscientos sesenta) 1.260 = 360 x $3^{1}/_{2}$ **La mitad de la gran tribulación.**
(VÉASE SECCIÓN TIEMPO, DÍAS)

1.290 (mil doscientos noventa) (SND) (ILP). (VÉASE SECCIÓN TIEMPO, DÍAS)

1.335 (mil trescientos treinta cinco) (SND) (ILP). (VÉASE SECCIÓN TIEMPO, DÍAS)

1.600 (mil seiscientos) 1.600 = 2 x 8 x 10 x 10 (VÉASE DOS#, OCHO#, DIEZ#)
mil seiscientos   Ap 14:20   Cifra que representa una distancia de 288 kilómetros.
estadios   En sentido figurado puede indicar que este juicio será
                                             sobreabundante, cobrando así las cuentas de respon-
                                             sabilidad del hombre ante Dios.

2.300 (dos mil trescientos) (SND) (VÉASE SECCIÓN TIEMPO, DÍAS^)

7.000 (siete mil) 7.000 = 7 x 1.000 **Procedencia divina sobre las masas.** (VÉASE SIETE#, MIL#)
siete mil hombres   Ap 11:13   Número que indica la fuente del juicio, es de proce-
                                             dencia divina.

12.000 (doce mil estadios) 12.000 = 12 x 1.000 (VÉASE DOCE#, MIL#)
doce mil estadios   Ap 21:16   (ILP) Medida de la ciudad gubernamental de Dios.

144.000 (ciento cuarenta y cuatro mil) 144.000 = 12 x 12 x 1000 (VÉASE DOCE#, MIL#)
ciento cuarenta y   Ap 7:1-8;   Posiblemente son dos los grupos representados por
cuatro mil   14:1-5   el número 144.000 (ver página 93). Por la relación
                                             del número 144.000 con el número de gobierno,
                                             pueda que los 144.000 judíos serán represen-
                                             tantes del gobierno de Dios en la tierra durante la
                                             tribulación, y la Iglesia reinará con Cristo durante
                                             el milenio.

200'000.000 (doscientos millones) (SND)
doscientos millones   Ap 9:16   (ILP) Este número es tan grande, que en el tiempo
                                             de Juan no existían suficientes habitantes en toda
                                             la tierra conocida para establecer un ejercito de ese
                                             tamaño. (Pues la población del mundo entero, en
                                             el primer siglo, era apenas 250 millones.) Solamen-
                                             te en los tiempos modernos es posible imaginar un
                                             ejército tan inmenso.

Término	Texto bíblico	Significado	Referencia

Términos de períodos o tiempo
(Se recomienda consultar la introducción de esta tabla en la página 140 antes de utilizarla.)

Poco tiempo

poco tiempo	Ap 12:12	(ILP) El tiempo de Dios no se mide como el tiempo humano. En este caso, *poco tiempo* ya va casi 2.000 años.	2 P 3:8

Hora(s)

hora	Ap 3:3,10; 14:7; 17:12	Símbolo de "período".	
hora de prueba	Ap 3:10	La gran tribulación. (VÉASE OTRA SEMANA^)	
media hora	Ap 8:1	(SND)	
una hora		(VÉASE HORA^)	

Día(s)

día	Ap 1:10; 2:10; 6:17; 8:12	Período de prueba.	Dn 10:2,13
días	Ap 9:6; 10:7; 11:6	Símbolo de "período".	
día del juicio		(VÉASE DÍA DEL SEÑOR^, JUICIO)	
día del Señor	Ap 1:10	La manifestación del Señor Jesús en su gran gloria. Día del juicio final. También primer día de la semana, domingo.	Ap 19:11-21; Ez 30:1-3; Sof 1:7,8
diez días	Ap 2:10	Diez períodos. Posiblemente habla del reinado de los diez emperadores romanos, quienes fueron los que más persiguieron a la primera Iglesia.	
dos mil trescientas tardes y mañanas	Dn 8:14	Período del reinado de Antíoco Epífanes. Literalmente, dos mil trescientas tardes y mañanas son mil ciento cincuenta días.	
mil doscientos noventa días	Dn 12:11	Un período con treinta días más largo que el tiempo relacionado con la época de la mitad de la tribulación. Los treinta días que sobran (30 = 1.290 - 1.260) pueden relacionarse con eventos que tendrán lugar entre el fin de la tribulación y el inicio del milenio.	
mil doscientos sesenta días	Ap 11:3;12:6	Equivalente a la mitad de siete años, período de la duración de la mitad de la tribulación.	Mt 24:15
mil trescientos treinta y cinco días	Dn 12:12	Un período de setenta y cinco días más largo que el tiempo relacionado con la época de la mitad de la tribulación. (VÉASE 1.290 DÍAS)	
tres días y medio	Ap 11:11	(ILP)(VÉASE SECCIÓN NÚMEROS)	
veintiún días	Dn 10:13	(ILP) 21=3 x 7.(VÉASE SECCIÓN NÚMEROS, TRES#, SIETE#, VEINTIUNO#)	

SÍMBOLOS, NOMBRES Y PARALELISMOS DE DANIEL Y APOCALIPSIS

Término	Texto bíblico	Significado	Referencia
Mitad de una semana			
mitad de la semana	Dn 9:27	Semana, período de siete, en este caso el período de la tribulación. La mitad de éste período señala el momento del cambio de énfasis de acción en la tribulación. Tiempo que corresponde a la abominación desoladora.	Mt 24:15
Semana(s)			
semana	Dn 9:27	Período de siete, en la profecía, habla de períodos de siete años.	
tres semanas	Dn 10:2	(VÉASE VEINTIUN DÍAS^)	
otra (última) semana	Dn 9:27	Período de siete años que corresponde a la época del reinado del anticristo. Tiempo conocido como la gran tribulación.	
sesenta y dos semanas	Dn 9:25	Período desde la salida de la orden para reconstruir a Jerusalén hasta la venida del Mesías Príncipe. (434 años). Esto se cumplió literalmente.	
setenta semanas	Dn 9:24	Período profético que corresponde a los tiempos antes de cada una de las venidas del Mesías. Habla de un tiempo de 490 años de 360 días cada año. Ya se han cumplido 69 semanas de años desde la salida de la orden para reconstruir a Jerusalén hasta el tiempo del Mesías. Más precisamente, desde 444 a.C. hasta la entrada triunfal de Jesús a la ciudad de Jerusalén. Solamente falta el cumplimiento de una semana de años más. Éste será el período de la gran tribulación de siete años de duración antes de la segunda venida.	
Mes(es)			
cinco meses	Ap 9:5,10	(ILP) Tiempo que perdura el juicio de las langostas.	
cuarenta y dos meses	Ap 11:2;13:5	Período equivalente al lapso de mil doscientos sesenta días. Esto corresponde a la mitad de siete años, período de duración de la mitad de la tribulación.	
doce meses	Dn 4:29	(ILP) Período de gracia dado por Dios a Nabucodonosor para que se arrepintiera de su soberbia.	
Año(s)			
mil años	Ap 20:2-7	Período conocido como el milenio, tiempo del reinado de Cristo.	
Tiempo(s)			
siete tiempos	Dn 4:16	Posiblemente siete años. "Siete" indica procedencia divina.	
tiempo, tiempos, y la mitad de un tiempo	Ap 12:14 Ap 9:15	Tres años y medio, corresponde a la mitad de la tribulación.	

DANIEL Y APOCALIPSIS: Un manual de estudios proféticos

Término	Texto bíblico	Significado	Referencia
Períodos varios			
hora, día, mes y año	Ap 9:15	(ILP)	
siglo	Mt 13:49	Período o época, no solamente cien años. (Véase fin del siglo^)	
tiempo de angustia	Dn 12:1-2	Período de la gran tribulación.	Jer 30:7
tiempo no sería más	Ap 10:6	Hora de juicio para el hombre. No significa que el tiempo deje de ser.	Gn 6:3

Tiempos finales

fin del siglo	Mt 13:49	Terminación de la edad de gracia. (Véase siglo^)	
postreros días	Dn 2:28;10:14	Período de dominio gentil. Ya está en acción por casi 2.500 años.	

Apéndice 7

Estudio cronológico de Apocalipsis

1. Introducción

El estudio cronológico es algo difícil por su complejidad. Los libros proféticos se caracterizan por tener generalmente tres tipos de secuencia, que muchas veces confunden al estudiante. Se pueden ordenar de las siguientes maneras:
- ❏ El orden en que el libro fue escrito
- ❏ El orden en que los eventos fueron recibidos o vistos
- ❏ El orden en que realmente sucederán los eventos profetizados

Es a veces frustrante que estos órdenes no sean iguales. Sin embargo, es necesario adoptarlo para llevar adelante el estudio. Nosotros preferimos el tercero para este apéndice, esto es, el orden en que sucederán los eventos proféticos.

En el estudio que sigue, nuestra intención es hacer lo más claro posible el orden de eventos del libro de Apocalipsis, siguiendo las reglas de estudio que hemos usado a lo largo de esta obra. Para este propósito presentamos a continuación el libro de Apocalipsis en orden cronológico, es decir, en el orden en que creemos que sucederán los eventos. La regla principal que nos ha guiado es de considerar como eventos consecutivos aquellos que contienen la frase *"Después de esto..."* o similares. No hay nada que indique que este método sea mejor que otro, pero nos era necesario encontrar alguna guía para desarrollar nuestro trabajo, en la convicción de que esta regla es efectiva y sencilla. Otra regla sencilla que hemos empleado, es el de no cambiar el orden de eventos enumerados. Es decir, el primer sello viene antes que el segundo, y así sucesivamente.

El lector tendrá que analizar para aprobar o rechazar lo que aquí se presenta. Alguien ha dicho que la media hora de silencio en el cielo será para que los escatólogos cambien sus "dibujos" de la secuencia de los sucesos finales. Si el "dibujo" textual presentado en el presente Apéndice conmueve al lector para hacer un profundo estudio de Apocalipsis, el autor tendrá la satisfacción de saber que esta obra ha servido de motivación para animar a otros al estudio profundo de la Palabra de Dios.

El texto de Apocalipsis es de la versión Reina-Valera, revisión de 1960. Los comentarios y el orden de los textos Bíblicos presentados aquí son del autor.

El bosquejo general se basa en Apocalipsis 1:19. El libro de Apocalipsis está presentado en forma total. Sin embargo, es importante que entendamos que lo siguiente **no es una Biblia**. Debe clasificarse como un comentario que puede estar sujeto a errores de entendimiento, ya que, los temas que se tratan son de mucha profundidad. Es nuestra oración, que el lector nos tolere en este intento de traer más luz al estudio de Apocalipsis.

En la primera columna se nombra el escenario de los sucesos que están tratándose. En la segunda está el texto bíblico. La tercera contiene el comentario del autor.

En la segunda columna los textos unidos dentro de bloques son ampliaciones del texto al cual están vinculados. Por ejemplo, Apocalipsis 13:1 es una ampliación de Apocalipsis 6:2. Hay dos niveles de acción, la primera es la línea de acción que corre a través del libro de Apocalipsis y la segunda son ampliaciones de porciones dentro de la línea principal de acción. El lector puede darse cuenta en qué nivel está, por la intensidad del color gris en que está escrito el texto del libro de Apocalipsis. Note la ilustración que sigue:

escenario	**Capítulo 6**	COMENTARIO
	Los sellos	
cielo	1 Vi cuando el Cordero abrió uno de los sellos, y oí a uno de los cuatro seres vivientes decir como con voz de trueno: Ven y mira.	**En esta tercera columna está el comentario del autor.**
tierra	2 Y miré, y he aquí un caballo blanco y el que lo montaba tenía un arco; y le fue dada una corona, y salió venciendo, y para vencer.	En la segunda, el texto de Apocalipsis. El gris oscuro indica el versículo que se amplía por el texto que está con fondo gris más claro. Este fondo indica que la acción de los versículos están contenidos dentro de la acción descrita en el versículo que se ha indicado por el color más oscuro. Todos los versículos que están sin fondo forman parte de la línea principal de acción.
	Capítulo 13	
	Las dos bestias	
tierra tinieblas	1 Me paré sobre la arena del mar, y vi subir del mar una bestia que tenía siete cabezas...	

ESTUDIO CRONOLÓGICO DE APOCALIPSIS

2. Índice del estudio cronológico de Apocalipsis

	texto	página
Las cosas que has visto	**1:1-1:20**	**177-179**
❏ La revelación de Jesucristo	1:1-3	177
❏ Salutación a las siete iglesias	1:4-8	177
❏ Una visión del Hijo del Hombre	1:9-20	177-179
Las cosas que son	**2:1-3:22**	**179-184**
❏ Mensajes a las siete iglesias:		179-184
➡ Éfeso	2:1-7	179
➡ Esmirna	2:8-11	179-180
➡ Pérgamo	2:12-17	180
➡ Tiatira	2:18-29	180-181
➡ Sardis	3:1-6	181-182
➡ Filadelfia	3:7-13	182-183
➡ Laodicea	3:14-22	183-184
❏ Terminación de la edad de la Iglesia		184
Las que han de ser después de éstas	**4:1-22:21**	**184-220**
❏ Arrebatamiento		184
➡ La adoración celestial	4:1-11	184-185
➡ El rollo y el Cordero	5:1-14	185-186
❏ Inicio de la tribulación		186
➡ Los 144.000 (Iglesia)	14:1-5	186-187
➡ El mensaje de los tres ángeles	14:6-13	187-188
➡ Los dos testigos (inicio)	11:3-6	188
➡ Los sellos	6:1-17	188-190
➡ Presentación de las dos bestias	13:1	189
❏ Eventos relacionados con la mitad de la tribulación		190-194
➡ Los 144.000 sellados (Israel)	7:1-8	190-191
➡ La multitud vestida de ropas blancas	7:9-17	191-192
➡ La mujer y el dragón	12:1-17	192-194
❏ La mitad de la tribulación		194
➡ Las dos bestias (abominación desoladora)	13:2-18	194-196
➡ Los dos testigos (terminan su obra)	11:7-13	196
❏ Inicio de la última parte de la tribulación		197
➡ El séptimo sello	8:1-5	197
➡ Las trompetas	8:6 - 9:21	197-200
➡ El ángel con el librito	10:1-11	200-201
➡ Medición del templo	11:1-2	201
➡ La séptima trompeta (tercer Ay)	11:14-19	201-202

➡ Los ángeles con las siete plagas postreras	15:1-8	202-203
➡ Las copas de ira	16:1-16	203-204
➡ La tierra es segada	14:14-20	204-205
➡ El jinete del caballo blanco (Jesús)	19:11-21	205-207
➡ La séptima copa	16:17-19	207
➡ Condenación de la gran ramera	17:1-18	207-209
➡ La caída de Babilonia	18:1-24	209-212
❏ Las bodas del Cordero		212-213
➡ Fin de la gran tribulación	16:20-21	212
➡ Alabanzas en el cielo	19:1-8	212-213
➡ La cena de las bodas del Cordero	19:9-10	213
❏ Inicio del milenio		214
➡ Los mil años	20:1-6	214
➡ Fin del milenio	20:7-10	214-215
❏ El último juicio		215
➡ El juicio ante el gran trono blanco	20:11-15	215
❏ La eternidad		215-220
➡ Cielo nuevo y tierra nueva	21:1-8	215-216
➡ La Nueva Jerusalén	21:9 - 22:5	216-218
❏ Epílogo (amonestaciones para la actualidad)		218-220
➡ La venida de Cristo está cerca	22:6-21	218-220

3. Ubicación de los capítulos de Apocalipsis

En el cuadro siguiente, el lector podrá hallar una guía para ubicar los lugares dentro del estudio cronológico donde se han tratado los diferentes capítulos del libro de Apocalipsis.

capítulo	página	capítulo	página
1	177-179	12	192-194
2	179-181	13	189, 194-196
3	181-184	14	186-188, 204-205
4	184-185	15	202-203
5	185-186	16	203-204, 207, 213
6	188-190	17	207-209
7	190-192	18	209-212
8	197-198	19	205-207, 212
9	198-200	20	214-215
10	200-201	21	215-218
11	188, 196, 201-202	22	218-220

El Apocalipsis de San Juan

Escenario

(En orden cronológico conforme al sistema utilizado en este libro.)

Capítulo 1

LA REVELACIÓN DE JESUCRISTO

tierra

1 La revelación de Jesucristo, que Dios le dio, para manifestar a sus siervos las cosas que deben suceder pronto; y la declaró enviándola por medio de su ángel a su siervo Juan, 2 que ha dado testimonio de la Palabra de Dios, y del testimonio de Jesucristo, y de todas las cosas que ha visto.

3 Bienaventurado el que lee, y los que oyen las palabras de esta profecía, y guardan las cosas en ella escritas; porque el tiempo está cerca.

SALUTACIONES A LAS SIETE IGLESIAS

4 Juan, a las **siete iglesias** que están en Asia: Gracia y paz a vosotros, del que es y que era y que ha de venir, y de los **siete espíritus** que están delante de su **trono**;

Asia

5 y de Jesucristo el testigo fiel, el **primogénito de los muertos**, y el soberano de los reyes de la tierra. Al que nos amó, y nos lavó de nuestros pecados con su sangre,

6 y nos hizo reyes y sacerdotes para Dios, su Padre; a Él sea gloria e imperio por los siglos de los siglos. Amén.

7 He aquí que viene con las nubes, y todo ojo le verá, y los que le traspasaron; y todos los linajes de la tierra harán lamentación por Él. Sí, amén.

8 Yo soy el **Alfa y la Omega**, principio y fin, dice el Señor, el que es y que era y que ha de venir, el **Todopoderoso**.

UNA VISIÓN DEL HIJO DEL HOMBRE

9 Yo Juan, vuestro hermano, y copartícipe vuestro en la **tribulación**,

Comentario de Apocalipsis

Nota importante:
Sobre el uso de la letra ne**grita** y *cursiva* en el texto bíblico de Apocalipsis ubicado en la columna adjunta izquierda:

❏ La letra **negrita** se usa para palabras cuyos significados pueden encontrarse en el Apéndice 6. Una palabra en letra **negrita** no indica que siempre sea simbólica.

❏ Letra *cursiva* se emplea para resaltar palabras que se tratan en esta misma columna de comentario.

❏ Letra ***negrita y cursiva*** muestra que la palabra o frase se trata, tanto en el Apéndice 6, como también en este comentario.

> *Las cosas que has visto*
> **Apocalipsis 1:1-20**

Este primer capítulo presenta las cosas que, para Juan, ya eran pasadas y conocidas.

Las cartas de Jesús van dirigidas a *siete iglesias* que existían en Asia Menor en los últimos años del primer siglo.

Primogénito (compare Col. 1:15) es una palabra clave al describir la humanidad de Jesús. No se aplica a su divinidad y es contrario a lo que dicen ciertas sectas: que *primogénito* indica que Jesús es creado y en un cierto momento comenzó a existir. Si fuese verdad, el nacimiento de Jesús descrito en Mateo 1:25 sería su "segundo nacimiento". Esto se puede desmentir con Salmo 89:27 y Hebreos 1:5-7. Pues, Jesús nació y murió siendo hombre, pero como Dios no tiene principio ni fin.

Capítulo 1
Patmos

en el reino y en la paciencia de Jesucristo, estaba en la isla llamada Patmos, por causa de la Palabra de Dios y el testimonio de Jesucristo.

10 Yo estaba en el Espíritu en el *día del Señor*, y oí detrás de mí una gran voz como de **trompeta**,

cielo

11 que decía: Yo soy el **Alfa y la Omega**, el **primero y el último**. Escribe en un libro lo que ves, y envíalo a las **siete iglesias** que están en Asia: a *Éfeso, Esmirna, Pérgamo, Tiatira, Sardis, Filadelfia* y *Laodicea*.

12 Y me volví para ver la voz que hablaba conmigo; y vuelto, vi **siete candeleros de oro**,

13 y en medio de los siete candeleros, a uno semejante al Hijo del **Hombre**, vestido de una **ropa que llegaba hasta los pies**, y ceñido por el pecho con un *cinto de oro*.

14 Su cabeza y sus cabellos eran blancos como blanca **lana**, como **nieve**; sus ojos como **llama de fuego**;

15 y sus pies semejantes al **bronce bruñido**, refulgente como en un **horno**; y su voz como **estruendo** de muchas aguas.

16 Tenía en su diestra **siete estrellas**; de su boca salía una *espada aguda* de dos filos; y su rostro era como el **sol** cuando *resplandece* en su fuerza.

17 Cuando le vi, caí como muerto a sus pies. Y Él puso su diestra sobre mí, diciéndome: *No temas*; yo soy el **primero y el último**;

18 y el que vivo, y estuve muerto; más he aquí que vivo por los siglos de los siglos, amén. Y *tengo las llaves de la muerte y del Hades*.

19 Escribe las cosas que has visto, y las que son, y las que han de ser después de éstas.

Tribulación. ¡Qué privilegio el poder sufrir por causa del evangelio!

Día del Señor. Aquí, aparentemente, Juan fue llevado por el Señor, en el Espíritu, al día de su venida en gloria.

El Señor conocía a las iglesias por su nombre (*Éfeso,* etc.). El también nos conoce por el nombre.

El cuadro presentado es de Jesús. Así como Aarón anduvo en medio de los *candeleros*, Jesús anda en medio de las iglesias. El tiene el control y sabe lo más íntimo.

Cinto de oro. Nuestro Salvador glorioso, ahora se presenta con vestidura real.

¡Qué riqueza de simbolismo! Para mayor beneficio, véase la tabla de simbolismos, Apéndice 6.

La *espada aguda* de dos filos es la misma Palabra de Dios que creó el universo (Ef. 6:17).

Resplandece, ver *resplandor del firmamento* en la tabla de simbolismos.

No temas. Jesús no tiene principio, ni fin; sino Él *es* el primero, el principio. ¡Qué diferencia que hay entre tener y ser!

Tengo las llaves. ¡Él tiene totalmente el control! El versículo 19 es un bosquejo del libro de Apocalipsis (véase Lección 13).

Capítulo 1 20 El misterio de las **siete estrellas** que has visto en mi diestra, y de los **siete candeleros de oro**: las **siete estrellas** son los **ángeles de las siete iglesias**, y los siete candeleros que has visto, son las **siete iglesias**.

Jesús anda en medio de las iglesias, cuidando así a s pueblo.

Capítulo 2

Palabras celestiales para iglesias terrenales

MENSAJES A LAS SIETE IGLESIAS:
EL MENSAJE A ÉFESO

1 Escribe al ángel de la iglesia en **Éfeso**: El que tiene las **siete estrellas** en su diestra, el que anda en medio de los **siete candeleros de oro**, dice esto:

2 Yo conozco tus obras, y tu arduo trabajo y paciencia; y que no puedes soportar a los malos, y has probado a los que se dicen ser apóstoles, y no lo son, y los has hallado mentirosos;

3 y has sufrido, y has tenido paciencia, y has trabajado arduamente por amor de mi nombre, y no has desmayado.

4 Pero tengo contra ti, que has dejado tu *primer amor.*

5 Recuerda, por tanto, de dónde has caído, y arrepiéntete, y haz las primeras obras; pues si no, vendré pronto a ti, y quitaré tu **candelero** de su lugar, si no te hubieres arrepentido.

6 Pero tienes esto, que aborreces las obras de los **nicolaítas**, las cuales yo también aborrezco.

7 El que tiene oído, oiga lo que el Espíritu dice a las iglesias. *Al que venciere*, le daré a comer del **árbol de la vida**, el cual está en medio del **paraíso de Dios**.

EL MENSAJE A ESMIRNA

8 Y escribe al ángel de la iglesia en **Esmirna**: El primero y el postrero, el que estuvo muerto y vivió, dice esto:

Las que son
Las siete edades de la Iglesia
Apocalipsis 2:1 - 3:22

Como observamos en la lección 15, hay muchas maneras de entender las cartas. Aquí notaremos su relación con la edad en la cual estamos viviendo actualmente, destacando su contenido desde un punto de vista profético. (Esta no es la única manera de interpretar las cartas.)

ÉFESO

Han dejado su *primer amor*, tienen muchas cosas buenas, pero andan mal. Hacen buenas obras, pero no aman como amaban.

Éfeso representa a la Iglesia durante el primer siglo. Llevaron el evangelio por todo el mundo conocido, pero perdieron el amor que tuvieron en el principio.

Al que venciere. Siete veces se repite esta frase. Una característica sobresaliente del creyente debe ser la de vencer al diablo y al mundo.

ESMIRNA

No hay queja contra ellos, es una iglesia sufriente.

Esmirna representa la Iglesia en la época entre los años 100 a 312 d.C. aproximadamente. En este período la Iglesia sufrió mucho bajo

Capítulo 2 — 9 Yo conozco tus obras, y tu tribulación, y tu pobreza (pero tú eres rico), y la blasfemia de los que se dicen ser judíos, y no lo son, sino **sinagoga de Satanás**.

10 No temas en nada lo que vas a padecer. He aquí, el diablo echará a algunos de vosotros en la **cárcel**, para que seáis probados, y tendréis **tribulación** por **diez días**. Sé fiel *hasta la* **muerte**, y yo te daré la **corona** de la vida.

Palabras celestiales para iglesias terrenales

11 El que tiene oído, oiga lo que el Espíritu dice a las iglesias. El que venciere, no sufrirá daño de la **segunda muerte**.

El Mensaje a Pérgamo

12 Y escribe al ángel de la iglesia en **Pérgamo**: El que tiene la **espada** aguda de dos filos dice esto:

13 Yo conozco tus obras, y dónde moras, donde está el **trono de Satanás**; pero retienes mi nombre, y no has negado mi fe, ni aun en los días en que Antipas mi testigo fiel fue muerto entre vosotros, donde mora Satanás.

14 Pero tengo unas pocas cosas contra ti: que tienes ahí a *los que retienen la* **doctrina de Balaam**, que enseñaba a Balac a poner tropiezo ante los hijos de Israel, a comer de cosas sacrificadas a los ídolos, y a cometer fornicación.

15 Y también tienes a los que retienen la **doctrina de los nicolaítas**, la que yo aborrezco.

16 Por tanto, arrepiéntete; pues si no, vendré a ti pronto, y pelearé contra ellos con la **espada** de mi boca.

17 *El que tiene oído, oiga* lo que el Espíritu dice a las iglesias. Al que venciere, daré a comer del **maná escondido**, y le daré una **piedrecita blanca**, y en la piedrecita escrito un **nombre nuevo**, el cual ninguno conoce sino aquel que lo recibe.

El mensaje a Tiatira

18 Y escribe al ángel de la iglesia en **Tiatira**: El Hijo de Dios, el que

diez emperadores romanos, que desplegaron una persecución sin igual contra los santos durante el período descrito por la profecía con las palabras: *"tendréis tribulación por diez días".*

Hasta la muerte. ¿Quién ha dicho que el ser creyente es fácil? ¡Pero qué galardón! La *corona de la vida.*

PÉRGAMO

Los que retienen la doctrina de Balaam. Son tolerantes con las doctrinas falsas. Balaam enseñó a Balac a dar las mujeres de su pueblo pagano a Israel. Después las mujeres extranjeras, casadas con los israelitas, les llevaban ídolos. Así les metieron dioses falsos entre ellos.

Constantino, con el edicto de Milán en 312 introdujo tolerancia al cristianismo y luego sujetó la Iglesia al estado pagano introduciendo personas (obispos) no comprometidos con Cristo, sino con sus dioses y sus idolatrías. La Iglesia fue corrompida en todo su ámbito. Teodosio, en el año 380, proclamó que la única religión admitida en el estado era el cristianismo. En 450 se reconoció la supremacía del obispo de Roma sobre los demás. El período representado por Pérgamo va desde 312 hasta 540, aproximadamente.

El que tiene oído, oiga. La amonestación repetida se dirige al *que tiene oído.* Sin embargo, el oído no es suficiente. Hay que saber oír. ¿Están abiertos nuestros oídos espirituales para oír la voz del Salvador?

TIATIRA

Toleras ... esa mujer. Ahora la falsa doctrina ya está dentro de la Iglesia, y *Jezabel* hace

Capítulo 2 tiene ojos como **llama de fuego**, y pies semejantes al **bronce bruñido**, dice esto:

19 Yo conozco tus obras, y amor, y fe, y servicio, y tu paciencia, y que tus obras postreras son más que las primeras.

20 Pero tengo unas pocas cosas contra ti: que *toleras* que *esa mujer* **Jezabel**, que se dice profetisa, enseñe y seduzca a mis siervos a **fornicar** y a comer cosas sacrificadas a los ídolos.

21 Y le he dado tiempo para que se arrepienta, pero no quiere arrepentirse de su fornicación.

22 He aquí, yo la **arrojo en cama**, y en gran **tribulación** a los que con ella adulteran, si no se arrepienten de las obras de ella.

23 Y a sus hijos heriré de muerte, y todas las iglesias sabrán que yo soy el que escudriña la mente y el **corazón**; y os daré a cada uno según vuestras obras.

24 Pero a vosotros y a los demás que están en **Tiatira**, *a cuantos no tienen esa doctrina*, y no han conocido lo que ellos llaman las **profundidades de Satanás**, yo os digo: No os impondré otra carga;

25 pero lo que tenéis, retenedlo hasta que yo venga.

26 Al que venciere y guardare mis obras hasta el fin, *yo le daré autoridad sobre las naciones*,

27 y las regirá con **vara de hierro**, y serán quebradas como **vaso de alfarero**; como yo también la he recibido de mi Padre;

28 y le daré la **estrella de la mañana**.

29 El que tiene oído, oiga lo que el Espíritu dice a las iglesias.

Capítulo 3

EL MENSAJE A SARDIS

1 Escribe al ángel de la iglesia en

Palabras celestiales para iglesias terrenales

que se institucionalice, infiltrando el error en el servicio a Dios y por ende, contaminando a los siervos de Dios.

El papado llega a ser una institución de la Iglesia. Los papas se alían para la guerra, humillan a reyes y se apropian de territorios con atributos de soberanía. La "autoridad temporal y espiritual" nace con el título de Pontífice Máximo. Siendo ya los sumo sacerdotes de la apostasía babilónica, incorporan su error — con obediencia incondicional a Roma — y la *masa* queda bien *leudada*.

Serían los extremos de depravación humana y moral a la cual llegó la Iglesia entre los años 540 y 1514. Esto provocó las noventa y cinco tesis de Lutero opuestas a las corruptas indulgencias, iniciándose la edad de Sardis.

A cuantos no tienen esa doctrina. El Señor siempre tiene un pueblo, un remanente para sí. *Pero lo que tenéis, retenedlo hasta que yo venga.* Jesús vendrá a pedir cuentas, hay que mantenernos prestos a rendirlas. *Guárdate, y guarda tu alma con diligencia, para que no te olvides de las cosas que tus ojos han visto, ni se aparten de tu corazón todos los días de tu vida.* (Dt. 4:8-9)

Le daré autoridad sobre las naciones. Cuán grande la obra para la cual nos está preparando el Señor. *Autoridad sobre... naciones*, indica que seremos gobernantes juntamente con Cristo.

SARDIS

Tienes nombre de que vives, y estás muerto. La iglesia que tiene *nombre* de que

Capítulo 3 — **Sardis**: El que tiene los **siete espíritus de Dios**, y las **siete estrellas**, dice esto: Yo conozco tus obras, que *tienes nombre de que vives, y estás muerto.*

2 Sé vigilante, y afirma las otras cosas que están para morir; porque no he hallado tus obras perfectas delante de Dios.

Palabras celestiales para iglesias terrenales

3 Acuérdate, pues, de lo que has recibido y oído; y guárdalo, y arrepiéntete. Pues si no velas, vendré sobre ti como **ladrón**, y no sabrás a qué **hora** vendré sobre ti.

4 Pero tienes unas pocas personas en **Sardis** que no han manchado sus **vestiduras**; y andarán conmigo en **vestiduras blancas**, porque son dignas.

5 El que venciere será vestido de **vestiduras blancas**; y *no borraré* su nombre del **libro de la vida**, y confesaré su nombre delante de mi Padre, y delante de sus ángeles.

6 El que tiene oído, oiga lo que el Espíritu dice a las iglesias.

El mensaje a Filadelfia

7 Escribe al ángel de la iglesia en **Filadelfia**: Esto dice el Santo, el **Verdadero**, el que tiene la **llave de David**, el que abre y ninguno cierra, y cierra y ninguno abre:

8 Yo conozco tus obras; he aquí, he puesto delante de ti una **puerta** abierta, la cual nadie puede cerrar; porque aunque tienes poca fuerza, has guardado mi palabra, y no has negado mi nombre.

9 He aquí, yo entrego de la **sinagoga de Satanás** a los que se dicen ser judíos y no lo son, sino que mienten; he aquí, yo haré que vengan y se postren a tus pies, y reconozcan que yo te he amado.

10 Por cuanto has guardado la palabra de mi paciencia, yo también te

vive, pero está muerta. Esta condición de "vida muerta" es una característica sobresaliente de la Iglesia tradicional protestante de hoy. Tienen la buena doctrina, pero han perdido el Espíritu.

Sardis representa a la Iglesia de la Reforma. Lutero comenzó un movimiento que no era posible parar, pero Satanás logró destruir la Reforma; cambiando el fuego de sus inicios en vanas tradiciones. Sardis cubre el período desde 1517 hasta la epoca actual, en paralelo con las otras tres iglesias: Tiatira, Filadelfia y Laodicea.

No borraré. La palabra profética nos llama constantemente a la consagración. Debemos vivir una vida de santidad delante del Señor para que Él no borre nuestro nombre del libro de la vida.

FILADELFIA

No hay queja contra Filadelfia. El Señor promete guardarles de *la hora de la prueba que ha de venir sobre el mundo entero.*

Filadelfia representa a la Iglesia verdadera, la que participará de la primera resurrección, en el suceso del arrebatamiento de la Iglesia con Cristo en las nubes.

Nuestra meta como cristianos tiene que ser la de formar parte de Filadelfia. Si otra Iglesia descrita por Jesús se parece más a nuestra vida, tenemos que pedir que Dios nos de el poder del Espíritu Santo para ser

Capítulo 3 guardaré de la **hora de la prueba** que ha de venir sobre el mundo entero, para probar a los que moran sobre la tierra.

11 He aquí, yo vengo pronto; retén lo que tienes, para que ninguno tome tu **corona**.

Palabras celestiales para iglesias terrenales

12 Al que venciere, yo lo haré **columna** en el templo de mi Dios, y nunca más saldrá de allí; y *escribiré sobre él el nombre de mi Dios*, y el nombre de la ciudad de mi Dios, la Nueva Jerusalén, la cual desciende del cielo, de mi Dios, y mi **nombre nuevo**.

13 El que tiene oído, oiga lo que el Espíritu dice a las iglesias.

El mensaje a Laodicea

14 Y escribe al ángel de la iglesia en **Laodicea**: He aquí el **Amén**, el **testigo fiel y verdadero**, el principio de la creación de Dios, dice esto:

15 Yo conozco tus obras, que ni eres **frío** ni **caliente**. ¡Ojalá fueses **frío** o **caliente**!

16 Pero por cuanto eres **tibio**, y no **frío** ni **caliente**, *te vomitaré de mi boca*.

17 Porque tú dices: Yo soy rico, y me he enriquecido, y de ninguna cosa tengo necesidad; y no sabes que tú eres un desventurado, miserable, pobre, ciego y **desnudo**.

18 Por tanto, yo te aconsejo que de mí compres **oro** refinado en **fuego**, para que seas rico, y **vestiduras blancas** para vestirte, y que no se descubra la **vergüenza** de tu desnudez; y unge tus ojos con **colirio**, para que veas.

19 *Yo reprendo y castigo a todos los que amo*; sé, pues, celoso, y arrepiéntete.

20 He aquí, yo estoy a la **puerta** y llamo; si alguno oye mi voz y abre la **puerta**, entraré a él, y cenaré con él, y él conmigo.

vencedores y salir de en medio de ella. Si somos el mensajero" (*ángel*) de aquella Iglesia debemos declarar y perseverar por el camino que el Señor pide a su pueblo.

Escribiré sobre él el nombre de mi Dios. Cuando uno escribe su nombre sobre algo, lo está declarando como pertenencia propia. El corazón de Dios se demuestra en su deseo de hacernos y reclamarnos como su propiedad personal.

LAODICEA

Esta Iglesia no tiene ninguna característica deseable. Todo está mal. Son tibios. Jesús declara: *Te vomitaré de mi boca.*

Representa a la Iglesia del falso profeta, apóstata. Una Iglesia tibia, desagradable. Lo peor para el Señor. Con todo el Señor Jesús reconoce su amor: *"Yo reprendo y castigo a todos los que amo".*

La realidad espiritual de esta Iglesia era totalmente distinta a la que ellos creían. Pensaban ser ricos, pero eran pobres, y no solamente pobres, sino también miserables, ciegos y desnudos. Estaban descubiertos delante del Rey. Su vergüenza se dejaba ver claramente. ¡No se deje engañar! Antes que sea tarde, examinemos nuestra realidad espiritual. No sería grato estar *desnudo* delante del Rey.

Capítulo 3
Palabras celestiales para iglesias terrenales

21 Al que venciere, *le daré que se siente conmigo en mi* **trono**, así como yo he vencido, y me he sentado con mi Padre en su **trono**.
22 El que tiene oído, oiga lo que el Espíritu dice a las iglesias.

Capítulo 4

tierra

LA ADORACIÓN CELESTIAL
1 *Después de esto* miré, y he aquí una **puerta** abierta en el cielo; y la primera voz que oí, como de **trompeta**, hablando conmigo, dijo: Sube acá, y yo te mostraré las cosas que sucederán después de éstas.

cielo

2 Y al instante yo estaba en el Espíritu; y he aquí, un **trono** establecido en el cielo, y en el **trono**, uno sentado.
3 Y el aspecto del que estaba sentado era semejante a piedra de **jaspe** y de **cornalina**; y había alrededor del **trono** un **arco iris**, semejante en aspecto a la **esmeralda**.
4 Y alrededor del **trono** había veinticuatro tronos; y vi sentados en los tronos a **veinticuatro ancianos**, vestidos de **ropas blancas**, con coronas de **oro** en sus **cabezas**.
5 Y del **trono** salían **relámpagos** y **truenos** y voces; y delante del **trono** ardían **siete lámparas de fuego**, las cuales son los **siete espíritus de Dios**.
6 Y delante del **trono** había como un **mar de vidrio** semejante al **cristal**; y junto al **trono**, y alrededor del **trono**, **cuatro seres vivientes** llenos de **ojos delante y detrás**.
7 El primer ser viviente era semejante a un **león**; el segundo era semejante a un **becerro**; el tercero tenía **rostro como de hombre**; y el cuarto era semejante a un **águila volando**.
8 Y los **cuatro seres vivientes** tenían cada uno **seis alas**, y alre-

Le daré que se siente conmigo en mi trono. Aun a la iglesia que no tiene nada favorable, el Señor les otorga una esperanza. Si arreglan cuentas espirituales, no importa cán bajo hayan llegado, pues habrá un trono para cada cual.

[Termina la edad de la Iglesia]
A R R E B A T A M I E N T O
Las que han de ser después de éstas
Apocalipsis 4:1 - 22:21

Aquí iniciamos la última sección y la más larga de Apocalipsis. Es también la más compleja. El plan que presentamos para esta sección podrá sufrir muchas revisiones a medida que nos acercamos al *gran día*.

En el versículo 1, Juan dice, *después de esto*. Estas palabras son claves para todo el estudio y no aceptamos desubicarlas, separando las porciones que se inician con esta frase. No separamos a estos textos de los textos precedentes. Hay comentarios que reubican los textos del libro de Apocalipsis sin respetar este sistema. En nuestro caso hemos tomado las palabras *después de esto* en sentido cronológico. Hay intérpretes que entienden que estas palabras indican solamente el orden en que Juan vio las visiones, y no en el orden que sucederán. Para este estudio hemos tomado el significado literal de esta frase para ubicar el orden de los eventos en el libro de Apocalipsis.

Es claro que el capítulo 4 sigue al 3, y de la manera que Juan fue arrebatado después de haber visto las siete iglesias que representan a las siete edades de la Iglesia, nosotros seremos arreba-

Capítulo 4

cielo

dedor y por dentro estaban llenos de ojos; y no cesaban día y noche de decir: Santo, santo, santo es el Señor Dios **Todopoderoso**, el que era, el que es, y el que ha de venir.

9 Y siempre que aquellos **seres vivientes** dan gloria y honra y acción de gracias al que está sentado en el **trono**, al que vive por los siglos de los siglos,

10 los **veinticuatro ancianos** se postran delante del que está sentado en el **trono**, y adoran al que vive por los siglos de los siglos, y *echan sus coronas delante del trono*, diciendo:

11 Señor, digno eres de recibir la gloria y la honra y el poder; porque tú creaste todas las cosas, y por tu voluntad existen y fueron creadas.

Capítulo 5

El rollo y el Cordero

1 Y vi en la **mano derecha** del que estaba sentado en el **trono** un **libro escrito por dentro y por fuera**, sellado con **siete sellos**.

2 Y vi a un ángel fuerte que pregonaba a gran voz: ¿Quién es digno de abrir el **libro** y desatar sus **sellos**?

3 Y ninguno, ni en el cielo ni en la tierra ni debajo de la tierra, podía abrir el **libro**, ni aun mirarlo.

4 Y lloraba yo mucho, porque no se había hallado a *ninguno digno* de abrir el **libro**, ni de leerlo, ni de mirarlo.

5 Y uno de los ancianos me dijo: No llores. He aquí que el **León de la tribu de Judá**, la raíz de David, ha vencido para abrir el **libro** y desatar sus **siete sellos**.

6 Y miré, y vi que en medio del **trono** y de los **cuatro seres vivientes**, y en medio de los ancianos, estaba en pie un *Cordero* como inmolado, que tenía **siete cuernos**, y **siete ojos**, los cuales son los **siete espíritus de Dios** enviados por toda la tierra.

tados como cuerpo de Cristo al terminar la edad de la Iglesia (gracia), antes de entrar en el evento de la gran tribulación.

Echan sus coronas delante del trono. ¿Para qué son las coronas? Cualquier corona que ganamos, no nos pertenece. *Así también vosotros, cuando hayáis hecho todo lo que os ha sido ordenado, decid: Siervos inútiles somos, pues lo que debíamos hacer, hicimos* (Lc. 17:10).

Los eventos celestiales descritos en los capítulos 4 y 5 son sucesos que tomarán lugar en el cielo al inicio de la gran tribulación y después del arrebatamiento de la Iglesia.

El Cordero es digno para volver a tomar posesión de la tierra, a favor del hombre, como *hermano mayor*.

El rollo (*libro*) podría ser el título de propiedad de *la posesión adquirida* (Ef. 1:14); los *sellos* serán los juicios.

Ninguno digno. Jesús con su sacrificio en la cruz y habiendo vivido en santidad como hombre, es el único digno de abrir los sellos del juicio. El hombre no podrá quejarse que su Juez no lo entiende, pues Cristo experimentó la tentación en carne propia.

Antes de poder ser *León*, tuvo que ser el *Cordero*. Como un cordero inocente Jesús dio su vida. Venció por la cruz. Solamente por el doloroso camino de la muerte pudo llegar a ser REY (Fil. 2:7-11).

Capítulo 5
cielo

7 Y vino, y tomó el **libro** de la **mano derecha** del que estaba sentado en el **trono**.

8 Y cuando hubo tomado el **libro**, los **cuatro seres vivientes** y los **veinticuatro ancianos** se postraron delante del **Cordero**; todos tenían *arpas*, y **copas de oro** llenas de **incienso**, que *son las oraciones de los santos*;

9 y cantaban un **nuevo cántico**, diciendo: Digno eres de tomar el **libro** y de abrir sus **sellos**; porque tú fuiste inmolado, y *con tu sangre* nos has redimido para Dios, de todo **linaje** y lengua y pueblo y nación;

10 y nos has hecho para nuestro Dios reyes y sacerdotes, y reinaremos sobre la tierra.

11 Y miré, y oí la voz de muchos ángeles alrededor del **trono**, y de los **seres vivientes**, y de los ancianos; y su número era millones de millones,

12 que decían a gran voz: El **Cordero** que fue inmolado es digno de tomar el poder, las riquezas, la sabiduría, la fortaleza, la honra, la gloria y la alabanza.

13 Y a *todo lo creado* que está en el cielo, y sobre la tierra, y debajo de la tierra, y en el mar, y a todas las cosas que en ellos hay, oí decir: Al que está sentado en el **trono**, y al **Cordero**, sea la alabanza, la honra, la gloria y el poder, por los siglos de los siglos.

14 Los **cuatro seres vivientes** decían: **Amén**; y los **veinticuatro ancianos** se postraron sobre sus rostros y adoraron al que vive por los siglos de los siglos.

Capítulo 14

El cántico de los **144.000**

1 Después miré, y he aquí el **Cordero** estaba en pie sobre el **monte de Sion**, y con Él **ciento cuarenta**

Arpas. Instrumentos musicales más mencionados en el texto bíblico. David la tocó para traer apacibilidad en las recaídas del rey Saúl. El arpa se consideraba como un instrumento de realeza.

Son las oraciones de los santos. Pocos creyentes se dan cuenta de lo preciosas que son sus oraciones.

Con tu sangre. No han faltado los que quieren quitar la sangre del cristianismo. Actualmente hay personas que consideran que la sangre es solamente una "invención grotesca" del pensamiento masculino (véase Lección 23, sección 10.4). Sin embargo, la sangre de Jesús es la vida de Él. Siendo Jesús Dios, al recibirle, participamos de esta "sangre" que nos da la misma vida de Dios. ¡Qué privilegio el nuestro de ser llenos de la vida misma de Dios, gracias al sacrificio de Jesús!

Todo lo creado. Se divide en cuatro grupos:
- ❒ En el cielo
- ❒ Sobre la tierra
- ❒ Debajo de la tierra
- ❒ En el mar

Las frases: *"sobre la tierra"* y *"en el mar"* incluyen el medio físico en que vivimos. (Aunque, en la mente de los primeros lectores del Apocalipsis, es posible que la frase, *en el mar* tenía relación con el mundo spiritual.) Estas cuatro expresiones son universales y hablan de *todos*.

Inicio de la tribulación

Son 144.000 que *siguen al Cordero* los que ya se encuentran con Cristo en el cielo. Han sido

Capítulo 14
cielo

y cuatro mil, que tenían el nombre de Él y el *de su Padre* **escrito en** *la frente*.
2 Y oí una voz del cielo como **estruendo** de muchas **aguas**, y como sonido de un gran trueno; y la voz que oí era como de arpistas que tocaban sus arpas.
3 Y cantaban un cántico nuevo delante del **trono**, y delante de los **cuatro seres vivientes**, y de los ancianos; y nadie podía aprender el cántico sino aquellos **ciento cuarenta y cuatro mil** que fueron *redimidos* de *entre los de la tierra*.
4 Estos son los que no se contaminaron con mujeres, pues son **vírgenes**. Estos son los que *siguen al* **Cordero** por dondequiera que va. Estos fueron redimidos de entre los hombres como *primicias* para Dios y para el **Cordero**;
5 y en sus bocas no fue hallada mentira, pues son sin mancha delante del **trono** de Dios.

EL MENSAJE DE LOS TRES ÁNGELES

cielo/
tierra

6 Vi volar por en medio del cielo a otro ángel, que tenía el *evangelio eterno* para predicarlo a los moradores de la tierra, a toda nación, tribu, lengua y pueblo,
7 diciendo a gran voz: Temed a Dios, y dadle gloria, la **hora** de su juicio ha llegado; y adorad a aquel que hizo las aguas.
8 Otro ángel le siguió, diciendo: Ha caído, *ha caído* **Babilonia**, la **gran ciudad**, porque vino del furor de su fornicación.
9 Y el tercer ángel los siguió, diciendo a gran voz: Si alguno adora a la **bestia** y a su **imagen**, y reciba la marca en su **frente** o en su mano,
10 él también beberá del vino de

arrebatados con la Iglesia en la primera resurrección como *primicias*. Los 144.000 del capítulo 7 se encuentran en la tierra para pasar a través de la tribulación. Pensamos que son dos grupos distintos (véase página 93).

A los de la Iglesia de Filadelfia el Señor prometió escribir sobre ellos su nombre. Estos 144.000 tienen el nombre **de su Padre en la frente**.

Son *redimidos*, indicando que habían sido pecadores. Si no hubieran sido pecadores, no habrían tenido necesidad de ser *redimidos*.

Proceden de **entre los de la tierra**. Son gentiles y posiblemente judíos también. Llevan una relación especial con el Señor, así como Juan y Daniel que eran *amados*. Todos somos amados por el Señor, pero hay un lugar especial para los que le buscan, entregándose en sus brazos. Juan pudo haberse puesto con los otros apóstoles, lejos del Señor, pero Él se puso en los brazos del Salvador.

Los tres ángeles predican el **evangelio eterno** advirtiendo a los moradores de la tierra que no tomen la marca de la bestia. Si los hombres no creen a los simples hombres, Dios en su misericordia les enviará predicadores celestiales.

Ha caído Babilonia. Palabras proféticas, hablando de las cosas que pronto vendrán y serán.

Los cuatro primeros sellos, que también se les conoce como los cuatro jinetes, son comparables con el *principio de dolores* que habló Jesús (Mt. 24:8).

Capítulo 14 la ira de Dios, que ha sido vaciado puro en el **cáliz** de su ira; y será atormentado con **fuego** y **azufre** delante de los santos ángeles y del **Cordero**;

tierra

11 y el **humo** de su tormento sube por los siglos de los siglos. Y no tienen reposo de día ni de noche los que adoran a la **bestia** y a su **imagen**, ni nadie que reciba la **marca de su nombre**.

12 Aquí está la paciencia de los santos, los que guardan los mandamientos de Dios y la fe de Jesús.

13 Oí una voz que desde el cielo me decía: Escribe: Bienaventurados de aquí en adelante los muertos que mueren en el Señor. Sí, dice el Espíritu, descansarán de sus trabajos, porque sus obras con ellos siguen.

Capítulo 11

LOS DOS TESTIGOS

3 Y daré a mis **dos testigos** que profeticen por **mil doscientos sesenta días**, vestidos de **cilicio**.

4 Estos testigos son los **dos olivos**, y los **dos candeleros** que están en pie delante del Dios de la tierra.

5 Si alguno quiere dañarlos, sale **fuego** de la boca de ellos, y devora a sus enemigos; y si alguno quiere hacerles daño, debe morir él de la misma manera.

6 Estos tienen poder para cerrar el cielo, a fin de que no llueva en los días de su profecía; y tienen poder sobre las **aguas** para convertirlas en **sangre**, y para herir la tierra con toda plaga, cuantas veces quieran.

Capítulo 6

LOS SELLOS

cielo

1 Vi cuando el **Cordero** abrió uno de los **sellos**, y oí a uno de los **cuatro seres vivientes** decir como con voz de trueno: Ven y mira.

Los eventos que toman lugar hasta el inicio de la tribulación serán *principio de dolores*, y entonces como dice Jesús en Mateo 24:9, comenzará la tribulación. Luego, durante la segunda mitad de la tribulación de siete años, *habrá... gran tribulación, cual no la ha habido desde el principio del mundo hasta ahora, ni la habrá*. Es entonces incorrecto pensar que *el principio de dolores*, habla de la tribulación en sí. El *principio de dolores* será el período que vivirá el mundo antes del rapto y la tribulación.

Los dos testigos

Los dos testigos profetizan durante la primera mitad de la tribulación. En cambio, ciertos comentarios dicen que la obra de ellos es para la segunda mitad, tomando los eventos del capítulo 11 como sucesivos, y no en sentido parentético. El propósito de la última parte de la tribulación es el derramamiento de la ira de Dios, un período de pleno juicio. El ministerio de los testigos no correspondería a este período de ira. La Biblia explica que la bestia los matará y será de gran gozo para los moradores de la tierra, tanto que intercambiarán regalos. Esto sería difícil si la tierra estuviera bajo los juicios descritos para el final de la tribulación. Con la matanza de los testigos, a la mitad de la tribulación, la bestia podrá ganar la confianza de los moradores de la tierra y consolidar su poder (véase Lección 18, sección 5.2). Con todo, no podemos ser dogmáticos, y el lector deberá ubicar el texto en base a su propio estudio.

Los seis primeros sellos se extienden a través de la primera mitad de la tribulación. El séptimo sello es en sí la segunda mitad.

Capítulo 6 tierra	2 Y miré, y he aquí un **caballo blanco**; y el que lo montaba tenía un **arco**; y le fue dada una **corona**, y salió venciendo, y para vencer.

Capítulo 13
LAS DOS BESTIAS

tierra tinieblas	1 Me paré sobre la **arena** del **mar**, y vi subir del **mar** *una bestia* que tenía **siete cabezas** y **diez cuernos**; y en sus cuernos **diez diademas**; y sobre sus **cabezas**, un nombre blasfemo.

Capítulo 6
LOS SELLOS (CONT.)

tierra	3 Cuando abrió el segundo sello, oí al segundo ser viviente, que decía: Ven y mira.

4 Y salió otro **caballo**, **bermejo**; y al que lo montaba le fue dado poder de quitar de la tierra la paz, y que se matasen unos a otros; y se le dio una gran **espada**.

5 Cuando abrió el tercer **sello**, oí al tercer ser viviente, que decía: Ven y mira. Y miré, y he aquí un **caballo negro**; y el que lo montaba tenía una **balanza** en la mano.

6 Y oí una voz de en medio de los **cuatro seres vivientes**, que decía: Dos libras de trigo por un denario, y seis libras de **cebada** *por un denario*; pero **no dañes el aceite ni el vino**.

7 Cuando abrió el cuarto **sello**, oí la voz del cuarto ser viviente , que decía: Ven y mira.

8 Miré, y he aquí un **caballo amarillo**, y el que lo montaba tenía por nombre **Muerte**, *y el Hades le seguía*; y le fue dada potestad sobre la cuarta parte de la tierra, para matar con **espada**, con hambre, con mortandad, y con las fieras de la tierra.

Una bestia. Esta primera bestia se identifica con el personaje que generalmente se le conoce como el anticristo.

El anticristo se manifiesta en la tierra al inicio de la tribulación. Pero el tiempo de su reinado universal sobre la tierra será en los últimos tres años y medio de la tribulación. Durante estos primeros años sólo va consolidando su poder y estableciéndose como el *príncipe que ha de venir* (Dn. 9:26).

Los demás juicios, tanto de trompetas como de copas, están incluidos dentro del séptimo sello.

Los juicios celestiales durante los primeros tres años y medio son sólo seis sellos, el testimonio de los dos testigos y los primeros estragos relacionados con el aparecimiento del anticristo; pero con todo no son tan terribles como los juicios de los últimos tres años y medio.

Por un denario. Todo el sueldo que gana un obrero en un día laborable. El cuadro pintado por esta porción está evidente en el mundo actual. Es un panorama de inflación y ruina económica.

Este caballo tiene "buenos" amigos. *Muerte, y el Hades le seguían* con poder sobre la cuarta parte de la tierra.

Capítulo 6
tierra

9 Cuando abrió el quinto **sello**, vi **bajo el altar** las almas de los que habían sido muertos por causa de la Palabra de Dios y *por el testimonio que tenían*.

10 *Y clamaban* a gran voz, diciendo: ¿Hasta cuándo, Señor, santo y **verdadero**, no juzgas y vengas nuestra sangre en los que moran en la tierra?

11 Y se les dieron **vestiduras blancas**, y se les dijo que descansasen todavía un poco de tiempo, *hasta que se completara el número* de sus consiervos y sus hermanos, que también habían de ser muertos como ellos.

12 Miré cuando abrió el sexto sello, y he aquí hubo un gran **terremoto**; y el **sol** se puso **negro** como **tela de cilicio**, y *la luna se volvió toda como sangre*;

13 y las estrellas del cielo cayeron sobre la tierra, como la **higuera** deja caer sus **higos** cuando es sacudida por un fuerte **viento**.

14 Y el cielo se desvaneció como un **pergamino que se enrolla**; y todo **monte** y toda isla se removió de su lugar.

15 Y *los reyes de la tierra, y los **grandes**, los ricos, los **capitanes**, los **poderosos**, y todo siervo y todo **libre***, se escondieron en las **cuevas** y entre las peñas de los montes;

16 y decían a los montes y a las peñas: Caed sobre nosotros, y escondednos del rostro de aquel que está sentado sobre el **trono**, y *de la ira del **Cordero***;

17 porque el gran día de su ira ha llegado; ¿y quién podrá sostenerse en pie?

Capítulo 7

Los 144.000 sellados

1 Después de esto vi a cuatro ángeles en pie sobre los **cuatro ángulos**

Por el testimonio que tenían. ¿Si buscaban un creyente para hacerle mártir, sería suficiente el testimonio de su vida, amado lector, para condenarle a usted por el "crimen" de ser cristiano?

Y clamaban. Son los mártires que van saliendo de la primera parte de la tribulación. Pronto será completado el número de los santos pertenecientes de esta parte de la tribulación.

Hasta que se completara el número. Ser mártir es un destino y es un llamamiento especial de Dios. Él, desde ya tiene contado *el número*.

Para mayor estudio de estos versículos llenos de términos simbólicos, véase Apéndice 6.

La luna se volvió toda como sangre. Se ha dicho sobre la llegada del hombre a la luna. Es más acertado decir que señala la condición atmosférica, resultante de los juicios que se vendrán derramando.

Los reyes de la tierra, y los grandes, los... Estas palabras describen el sistema político del mundo, indicando que los juicios mencionados se derraman sobre la esfera de las relaciones humanas.

La procedencia de estos juicios no es un misterio ara los moradores de la tierra. Saben que provienen *de la ira del Cordero*. La mano de Dios se ha extendido contra ellos.

Eventos relacionados con la mitad de la tribulación

Dios, ahora, para entrar en los últimos tres años y medio de la tribulación sella 144.000 judíos, 12.000 de cada tribu, para presenciar la tribulación. Es popular decir que corresponde

ESTUDIO CRONOLÓGICO DE APOCALIPSIS

Capítulo 7
tierra

de la tierra, que detenían los **cuatro vientos de la tierra**, para que no soplase **viento** alguno sobre la tierra, ni sobre el mar, ni sobre ningún **árbol**.
2 Vi también a otro ángel que subía de **donde sale el sol**, y tenía el sello del Dios vivo; y clamó a gran voz a los cuatro ángeles, a quienes se les había dado el poder de hacer daño a la tierra y al mar,
3 diciendo : No hagáis daño a la tierra, ni al mar, ni a los árboles, hasta que hayamos **sellado** en sus **frentes** a los siervos de nuestro Dios.
4 Y oí el número de los **sellados**: **ciento cuarenta y cuatro mil sellados** de todas las tribus de los hijos de Israel.
5 De la tribu de Judá, doce mil sellados. De la tribu de Rubén, doce mil sellados. De la tribu de Gad, doce mil sellados.
6 De la tribu de Aser, doce mil sellados. De la tribu de Neftalí, doce mil sellados. De la tribu de Manasés, doce mil sellados.
7 De la tribu de Simeón, doce mil scllados. De la tribu de Leví, doce mil sellados. De la tribu de Isacar, doce mil sellados.
8 De la tribu de Zabulón, doce mil sellados. De la tribu de José, doce mil sellados. De la tribu de Benjamín, doce mil sellados.

LA MULTITUD VESTIDA DE
ROPAS BLANCAS

cielo

9 Después de esto miré, y he aquí *una gran multitud*, la cual nadie podía contar, de todas naciones y tribus y pueblos y lenguas, que estaban delante del **trono** y en la presencia del **Cordero**, vestidos de **ropas blancas**, y con **palmas en las manos**;
10 y clamaban a gran voz, diciendo: La salvación pertenece a nuestro Dios que está sentado en el **trono**, y al **Cordero**.

al inicio de la tribulación; pero las palabras *después de esto* en Apocalipsis 7:1 aseguran que es un evento que sigue a los seis primeros sellos del juicio.

¿Cuál será el mensaje que los 144.000 judíos predican? Es tema de discusión, pero nos parece que declararán la procedencia celestial de los juicios que atormentan a los hombres.

Es importante darse cuenta, que varios de los acontecimientos presentados en esta sección relacionados con la mitad de la tribulación, tienen efectos perdurables a través de todo el resto de la tribulación.

Para mayor información acerca del sellamiento del remanente de Israel descrito en esta porción, véase Lección 17, sección 3.1.

Una gran multitud. Este pasaje comprueba que por causa de Cristo, muchos de los sacrificados y decapitados durante los primeros tres años y medio de la tribulación, serán salvos.

Los que reciben a Cristo durante la segunda mitad de la tribulación no serán resucitados, sino hasta el fin del milenio. Éstos serán salvos en la segunda mitad de la tribulación por rechazar la marca de la

Capítulo 7
cielo

11 Y todos los ángeles estaban en pie alrededor del **trono**, y de los ancianos y de los **cuatro seres vivientes**; y se postraron sobre sus rostros delante del **trono**, y adoraron a Dios,

12 diciendo: Amén. La bendición y la gloria y la sabiduría y la acción de gracias y la honra y el poder y la fortaleza, sean a nuestro Dios por los siglos de los siglos. Amén.

13 Entonces uno de los ancianos habló, diciéndome: Estos que están vestidos de **ropas blancas**, ¿quiénes son, y de dónde han venido?

14 Yo le dije: Señor, tú lo sabes. Y él me dijo: Estos son los que *han salido de la gran **tribulación**, y han lavado sus ropas, y las han emblanquecido en la **sangre del Cordero**.*

15 Por esto están delante del **trono** de Dios, y le sirven día y noche en su templo; y el que está sentado sobre el **trono** extenderá su **tabernáculo** sobre ellos.

16 Ya no tendrán hambre ni sed, y el **sol** no caerá más sobre ellos, ni calor alguno;

17 porque el **Cordero** que está en medio del **trono** los pastoreará, y los guiará a **fuentes** de **aguas de vida**; y Dios enjugará toda lágrima de los ojos de ellos.

bestia. Se reconoce que muchos de ellos serán exterminados por este motivo, mas una gran cantidad sobrevivirá para poder ser parte de los que van a repoblar la tierra durante el milenio.

Han salido de la gran tribulación. Tan grande es la misericordia del Señor, que aún en medio del juicio, busca salvarle al hombre.

Han lavado sus ropas, y las han emblanquecido en la sangre del Cordero. La sangre parece no ser una sustancia con poderes para emblanquecer. Se brega con el lavado para quitar las manchas de sangre y a veces resulta imposible tal afán. En cambio, la sangre del Cordero puede emblanquecer al corazón más negro y sucio. No hay otro elemento que puede hacer esta transformación.

Capítulo 12

tierra

LA MUJER Y EL DRAGÓN

1 Apareció en el cielo una gran señal: una **mujer vestida del sol**, con la **luna** debajo de sus pies, y sobre su cabeza una **corona** de **doce estrellas**.

2 Y estando encinta, clamaba con dolores de parto, en la angustia del alumbramiento.

3 También apareció otra señal en tinieblas el cielo: he aquí un gran **dragón**

En sentido cronológico, una mejor ubicación para los primeros cinco versículos del capítulo 12 sería al inicio de Apocalipsis. Se relacionan con eventos en el mundo espiritual antes y hasta el nacimiento de Cristo. Hemos dejado a estos versículos en su ubicación normal para nuestro estudio cronológico dada su relación con el texto que se presenta en el capítulo 12.

Capítulo 12	**escarlata**, que tenía **siete cabezas** y **diez cuernos**, y en sus cabezas **siete diademas**;	***La tercera parte de las estrellas del cielo.*** Son los ángeles caídos, demonios.
tinieblas		
cielo	4 y su **cola** arrastraba *la tercera parte de las **estrellas** del cielo*, y las arrojó sobre la tierra. Y el **dragón** se paró frente a la **mujer** que estaba para dar a luz, a fin de devorar a su hijo tan pronto como naciese.	El ***dragón*** es Satanás. La ***mujer*** es Israel.
tierra		
	5 Y ella dio a luz un **hijo varón**, que regirá con **vara de hierro** a todas las naciones; y su hijo fue arrebatado para Dios y para su **trono**.	El ***hijo varón*** es Jesús.
	6 Y la **mujer** huyó al **desierto**, donde tiene lugar preparado por Dios, para que allí la sustenten por **mil doscientos sesenta días**.	***Desierto.*** Muchos estudiosos relacionan este lugar con el sitio conocido como Petra, en lo que actualmente es el país de Jordania (véase Lección 19, sección 4).
cielo	7 Después hubo una gran batalla en el cielo: *Miguel* y sus ángeles luchaban contra el **dragón**; y luchaban el **dragón** y sus ángeles;	
		Miguel es el arcángel que está de parte del pueblo de Israel. (Dn. 12:1)
tinieblas	8 pero no prevalecieron, ni se halló ya lugar para ellos en el cielo.	
tierra	9 Y fue lanzado fuera el gran **dragón**, la **serpiente antigua**, que se llama diablo y Satanás, el cual engaña al mundo entero; fue arrojado a la tierra, y sus ángeles fueron arrojados con él.	El ***dragón*** (Satanás) es lanzado fuera de las esferas celestiales, para nunca más volver allá.
	10 Entonces oí una gran voz en el cielo, que decía: Ahora ha venido la salvación, el poder, y el reino de nuestro Dios, y la autoridad de su Cristo; porque ha sido lanzado fuera el **acusador** de nuestros hermanos, *el que los acusaba delante de nuestro Dios día y noche*.	***El que los acusaba delante de nuestro Dios día y noche.*** ¡Qué trabajo más odioso! Imagínese, estar acusando día y noche. Tiene que ser una obra laboriosa. Seguramente el diablo se esfuerza en extremo presentando "evidencias" contra los santos. Gracias a Dios por nuestro defensor y abogado, Jesús. (1 Jn. 2:1).
	11 Y ellos le han vencido por medio de la **sangre del Cordero** y de la palabra del testimonio de ellos, y menospreciaron sus vidas hasta la **muerte**.	
	12 Por lo cual alegraos, cielos, y los que moráis en ellos. ¡Ay de los moradores de la tierra y del mar! porque el diablo ha descendido a vosotros con gran ira, sabiendo que tiene ***poco tiempo***.	A Satanás le queda ***poco tiempo***. Vendrá entonces a la tierra con gran ira. Su única "esperanza" es organizar un ejército para hacer la guerra contra Jesús en su segunda venida. Aquella batalla será la del Armagedón.

Capítulo 12
tinieblas
tierra

13 Y cuando vio el **dragón** que había sido arrojado a la tierra, persiguió a la **mujer** que había dado a luz al **hijo varón**.

14 Y se le dieron a la **mujer** las dos **alas** *de la gran* ***águila***, para que volase de delante de la serpiente al **desierto**, a su lugar, donde es sustentada por un **tiempo, y tiempos, y la mitad de un tiempo**.

15 Y la serpiente arrojó de su boca, tras la **mujer**, **agua** como un *río*, para que fuese arrastrada por el **río**.

16 Pero la tierra ayudó a la **mujer**, pues la tierra abrió su boca y tragó el **río** que el **dragón** había echado de su boca.

17 Entonces el **dragón** se llenó de ira contra la **mujer**; y se fue a hacer guerra contra el ***resto* de la descendencia** de ella, los que guardan los mandamientos de Dios y tienen el testimonio de Jesucristo.

Dios arrebata a Israel con **alas de gran águila** al desierto. El plan de Dios para Israel y para los gentiles es similar en muchas maneras. Así como Dios saca a la Iglesia de la tierra, sacará un remanente de Israel a un lugar donde será protegido del dragón.

El *río* mencionado, posiblemente será un ejército enviado por el anticristo, el mismo que será tragado por la tierra. La escena es parecida al éxodo de Israel desde Egipto.

El resto. Aparentemene queda un grupo de judíos salvos, creyentes, dispersos en el mundo, que no son arrebatados al desierto de Petra. A éstos, el dragón les hace *la guerra*.

Capítulo 13

LAS DOS BESTIAS (CONT.)

tinieblas
tierra

2 Y la **bestia** que vi era semejante a un **leopardo**, y sus **pies como de oso**, y su boca como boca de **león**. Y el **dragón** le dio su poder y su **trono**, y grande autoridad.

3 Vi *una de sus* **cabezas** como **herida de muerte**, pero su herida mortal fue sanada; y se maravilló toda la tierra en pos de la **bestia**,

4 y adoraron al **dragón** que había dado autoridad a la **bestia**, y adoraron a la **bestia**, diciendo: ¿Quién como la **bestia**, y quién podrá luchar contra ella?

5 También se le dio boca que hablaba grandes cosas y blasfemias; y se le dio autoridad para actuar **cuarenta y dos meses**.

6 Y abrió su boca en blasfemias con-

| La mitad de la tribulación |

Ahora sobrevendrá la abominación desoladora que habló el profeta Daniel y que citó el Señor Jesucristo (Mt. 24:15).

De esta manera el anticristo imitará burdamente la muerte y resurrección del Señor Jesucristo. La frase, *una de sus cabezas,* se relaciona estrechamente con Apocalipsis 17:9-10. Las siete cabezas de la primera bestia han de ser los siete Imperios: Babilonia, Media, Persia, Grecia, Roma antigua, Roma presente, Roma nueva. La primera bestia es el anticristo, jefe de la última cabeza, Roma nueva. La herida de muerte es, entonces, una herida mortal al mismo anticristo.

Capítulo 13
tinieblas
tierra

tra Dios, para *blasfemar de su nombre*, de su **tabernáculo**, y de los que moran en el cielo.

7 Y *se le permitió hacer guerra contra los santos, y vencerlos*. También se le dio autoridad sobre toda tribu, pueblo, lengua y nación.

8 Y la adoraron todos los moradores de la tierra cuyos nombres no estaban escritos en el **libro de la vida** del **Cordero** que fue inmolado desde el principio del mundo.

9 Si alguno tiene oído, oiga.

10 Si alguno lleva en cautividad, va en cautividad; si alguno mata a **espada**, a **espada** debe ser muerto. Aquí está la paciencia y la fe de los santos.

11 Después vi *otra bestia* que subía de la tierra; y tenía **dos cuernos** semejantes a los de un cordero, pero hablaba como **dragón**.

12 Y ejerce toda la autoridad de la **primera bestia** en presencia de ella, y hace que la tierra y los moradores de ella adoren a la **primera bestia**, cuya herida mortal fue sanada.

13 También hace grandes señales, de tal manera que aun hace descender **fuego** del cielo a la tierra delante de los hombres.

14 Y engaña a los moradores de la tierra con las señales que se le ha permitido hacer en presencia de la **bestia**, mandando a los moradores de la tierra que le hagan **imagen** a la **bestia** que tiene la herida de **espada**, y vivió.

tierra

15 Y se le permitió infundir aliento a la **imagen** de la **bestia**, para que la **imagen** hablase e hiciese matar a todo el que no la adorase.

16 Y hacía que a todos, **pequeños** y **grandes**, ricos y pobres, libres y esclavos, se les pusiese una marca en la mano derecha, o en la **frente**;

Blasfemar de su nombre. El anticristo hablará *de la abundancia del corazón.* (Mt. 12:34)

Millones de creyentes muertos ya están en el cielo con los redimidos. Aquellos que quedan en la tierra son pocos en realidad.

Se le permitió hacer guerra contra los santos, y vencerlos, son palabras que indica que el anticristo va a tener éxito contra los santos de la tribulación. Sin embargo, algunos creyentes de la tribulación habrán sobrevivido a la primera parte de la tribulación y entrarán en la segunda mitad. Si logran sobrevivir toda la tribulación, sin sufrir muerte de parte del anticristo o por efecto de los mismos juicios, podrán disfrutar de la vida milenial. No tendrán las ventajas de los creyentes de hoy. No serán resucitados en incorrupción, pues todavía sufrirán de la muerte durante el milenio, y no reinarán con Cristo. Con todo muy pequeño el precio que pagar. Habiendo tenido la oportunidad de conocer a Jesús durante la edad de gracia, no lo apreciaron; mas ahora tienen la oportunidad de vivir con Jesús durante la eternidad.

La *otra bestia* es un líder "espiritual", que hace a las personas adorar la imagen de la primera bestia. Mucho se ha especulado, si este liderazgo le corresponderá al papa. No podemos afirmar esta teoría, pero creemos que la Iglesia apóstata de los últimos tiempos recibirá adeptos de otros grupos religiosos, tanto evangélicos como católicos. El papa ha de ser un personaje importante entre ellos. Lo que afirmamos es que el papado ha venido acaparando sobre

Capítulo 13
tierra

17 y que ninguno pudiese comprar ni vender, sino el que tuviese la **marca o el nombre de la bestia**, o el número de su nombre.

18 Aquí hay sabiduría. El que tiene entendimiento, cuente el número de la **bestia**, pues es **número de hombre**. Y su número es **seiscientos sesenta y seis**.

Capítulo 11

Los dos testigos (cont.)

tinieblas
abismo

7 Cuando hayan acabado su testimonio, la **bestia** que sube del **abismo** hará guerra contra ellos, y los vencerá y los matará.

8 Y sus cadáveres estarán en la plaza de la grande ciudad que en sentido espiritual se llama **Sodoma y Egipto**, donde también nuestro Señor fue crucificado.

Jerusalén

9 Y los de los pueblos, tribus, lenguas y naciones verán sus cadáveres por **tres días y medio**, y no permitirán que sean sepultados.

tierra

10 Y los moradores de la tierra se regocijarán sobre ellos y se alegrarán, y se enviarán regalos unos a otros; porque estos dos profetas habían atormentado a los moradores de la tierra.

11 Pero después de **tres días y medio** *entró en ellos el espíritu de vida* enviado por Dios, y se levantaron sobre sus pies, y cayó gran temor sobre los que los vieron.

12 Y oyeron una gran voz del cielo, que les decía: Subid acá. Y subieron al cielo en una **nube**; y sus enemigos los vieron.

13 En aquella hora hubo un gran **terremoto**, y la **décima parte** de la ciudad se derrumbó, y por el **terremoto** murieron en número de **siete mil hombres**; y los demás se aterrorizaron, y *dieron gloria al Dios del cielo.*

sí los títulos y honores acartonados del antiguo culto apóstata babilónico. En la actualidad el papa, quizás sin saberlo, actúa como el sumo pontífice del culto babilónico y sus seguidores están inmersos en tan repudiable adoración. El catolicismo es la ramera de hoy y se unirá con otros grupos religiosos — aun protestantes — quienes como Sardis, tienen nombre de que viven pero están espiritualmente muertos.

El tormento infligido a los dos testigos habrá durado durante toda la parte inicial de la tribulación. Como un pseudo-salvador (falso) para las masas desorientadas, la bestia que sube del abismo vencerá a los testigos. Esto sucederá en el mismo tiempo que esta bestia rompa el pacto con Israel y cometa la abominación desoladora (véase Lección 11, sección 5).

Entró en ellos el espíritu de vida. ¡Qué sorpresa para la bestia! Su esfuerzo, ha logrado cierto éxito, n obstante son arrebatados para el cielo. Por lo menos ya no van a atormentar a los moradores de la tierra.

Dieron gloria al Dios del cielo, sería de la misma manera que lo hizo Acán. (Josué 7:19)

Capítulo 8

Capítulo 8

cielo

EL SÉPTIMO SELLO

1 Cuando abrió el séptimo sello, se hizo silencio en el cielo como por **media hora**.
2 Y vi a los siete ángeles que estaban en pie ante Dios; y se les dieron **siete trompetas**.
3 Otro ángel vino entonces y se paró ante el **altar**, con un **incensario de oro**; y se le dio mucho **incienso** para añadirlo a las oraciones de todos los santos, sobre el **altar** de **oro** que estaba delante del **trono**.
4 Y de la mano del ángel subió a la presencia de Dios el **humo** del **incienso** con las oraciones de los santos.
5 Y el ángel tomó el incensario, y lo llenó del **fuego** del **altar**, y lo arrojó a la tierra; y hubo **truenos**, y voces, y **relámpagos**, y un **terremoto**.

LAS TROMPETAS

6 Y los siete ángeles que tenían las **siete trompetas** se dispusieron a tocarlas.
7 El primer ángel tocó la **trompeta**, y hubo **granizo** y **fuego** mezclados con **sangre**, que fueron lanzados sobre la tierra; y la tercera parte de los árboles se quemó, y se quemó toda la **hierba verde**.
8 El segundo ángel tocó la **trompeta**, y como una gran montaña ardiendo en **fuego** fue precipitada en el **mar**; y la tercera parte del **mar** se convirtió en **sangre**.
9 Y murió la tercera parte de los **seres vivientes** que estaban en el **mar**, y la tercera parte de las **naves** fue destruida.
10 El tercer ángel tocó la **trompeta**, y cayó del cielo una gran **estrella**, ardiendo como una **antorcha**, y cayó

tierra

Inicio de la última parte de la tribulación

Este sello, en sí, es la segunda mitad de la tribulación.

La escena al entrar en esta última parte de la tribulación es así:

❏ La Iglesia está en el cielo con Cristo.
❏ Los 144.000 judíos están distribuidos sobre la tierra dando testimonio de que los juicios que sufre la tierra provienen del cielo.
❏ La mujer, Israel, ha sido arrebatada al desierto.
❏ Hay guerra contra los santos que aún siguen convirtiéndose.
❏ Los malvados rehusan arrepentirse, blasfeman el nombre de Dios. Sufren los terribles juicios de Dios.

En nuestro estudio hemos optado por el plan de acción que ubica a las siete trompetas dentro del séptimo sello y las siete copas dentro de la séptima trompeta. Las evidencias para adoptar este punto de vista son:

❏ Apocalipsis 8:1-2; las siete trompetas son dadas a los siete ángeles como parte del séptimo sello.
❏ Apocalipsis 11:19; como resultado de la séptima trompeta el templo celestial es abierto, lugar desde donde son derramadas las siete copas de ira, Apocalipsis 16:1.

Capítulo 8
tierra

sobre la tercera parte de los ríos, y sobre las **fuentes** de las aguas.

11 Y el nombre de la **estrella** es **Ajenjo**. Y la tercera parte de las aguas se convirtió en **ajenjo**; y muchos hombres murieron a causa de esas aguas, porque se hicieron **amargas**.

12 El cuarto ángel tocó la **trompeta**, y fue herida la tercera parte del sol, y la tercera parte de la luna, y la tercera parte de las estrellas, para que se oscureciese la tercera parte de ellos, y no hubiese luz en la tercera parte del día, y asimismo de la noche.

13 Y miré, y oí a un ángel volar por en medio del cielo, diciendo a gran voz: ¡**Ay, ay, ay**, de los que moran en la tierra, a causa de los otros toques de **trompeta** que están para sonar los tres ángeles!

Hay muchos comentarios sobre los varios juicios. El estudiante puede notar los comentarios en las lecciones. Los eventos relacionados con los juicios están expuestos en las Lecciones 16-22.

Ay, ay, ay. Las tres últimas trompetas son los tres ayes.

Capítulo 9

1 El quinto ángel tocó la **trompeta**, y vi una **estrella** que cayó del cielo a la tierra; y se le dio la llave del **pozo del abismo**.

tinieblas
abismo

2 Y abrió el **pozo del abismo**, y subió **humo** del pozo como **humo** de un gran **horno**; y se oscureció el sol y el aire por el **humo** del pozo.

3 Y del **humo** salieron **langostas** sobre la tierra; y se les dio poder, como tienen poder los **escorpiones** de la tierra.

tierra

4 Y se les mandó que no dañasen a la hierba de la tierra, ni a cosa **verde** alguna, ni a ningún árbol, sino solamente a los hombres que no tuviesen el sello de Dios en sus frentes.

5 Y les fue dado, no que los matasen, sino que los atormentasen **cinco meses**; y su tormento era como tormento de escorpión cuando hiere al hombre.

6 Y en aquellos días los hombres buscarán la muerte, pero no la ha-

¡Qué terrible juicio! Queriendo morir, sin poder hacerlo. Pero la muerte para los malvados resultará un mayor tormento.

Capítulo 9
tierra

llarán; y ansiarán morir, pero la muerte huirá de ellos.

7 El aspecto de las **langostas** era semejante a caballos preparados para la guerra; en las cabezas tenían como coronas de oro; sus caras eran como **caras humanas**;

8 tenían cabello como **cabello de mujer**; sus **dientes** eran como de leones;

9 tenían **corazas** como **corazas de hierro**; el ruido de sus **alas** era como el **estruendo** de muchos carros de caballos corriendo a la batalla;

10 tenían colas como de **escorpiones**, y también **aguijones**; y en sus colas tenían poder para dañar a los hombres durante **cinco meses**.

abismo

11 Y tienen por rey sobre ellos al **ángel del abismo**, cuyo nombre en hebreo es **Abadón**, y en griego, **Apolión**.

12 El primer ay pasó; he aquí, vienen aún dos ayes después de esto.

cielo

13 El sexto ángel tocó la **trompeta**, y oí una voz de entre los **cuatro cuernos del altar** de **oro** que estaba delante de Dios,

14 diciendo al sexto ángel que tenía la **trompeta**: Desata a los cuatro ángeles que están atados junto al gran **río** Eufrates.

tierra

15 Y fueron desatados los cuatro ángeles que estaban preparados *para la **hora, día, mes y año***, a fin de matar a la tercera parte de los hombres.

16 Y *el número de los ejércitos de los jinetes* era **doscientos millones**. Yo oí su número.

17 Así vi en visión los **caballos** y a sus **jinetes**, los cuales tenían **corazas** de **fuego**, de **zafiro** y de **azufre**. Y las cabezas de los caballos eran como **cabezas de leones**; y de su boca salían **fuego**, **humo** y **azufre**.

Algunos han pensado que los versículos 7-10 hacen una descripción del helicóptero moderno. El autor no está de acuerdo, no obstante representa un punto de vista interesante.

Apolión no es necesariamente el mismo Satanás. Puede ser un espíritu malvado de alto rango.

Para la hora, día, mes y año. Está determinado hasta el número de días. Dios tiene todo contado.

El número de los ejércitos de los jinetes era doscientos millones. Cuando Juan escribió estas palabras no era posible tener un ejército tan grande.

Si nosotros solamente pudiéramos ver con ojos espirituales, cuán feos serán estos seres demoníacos.

Capítulo 9
tierra

18 Por estas tres plagas fue muerta *la tercera parte de los hombres*; por el **fuego**, el **humo** y el **azufre** que salían de su boca.

19 Pues el poder de los caballos estaba en su boca y en sus colas; porque sus colas, semejantes a **serpientes**, tenían cabezas, y con ellas dañaban.

20 Y los otros hombres que no fueron muertos con estas plagas, *ni aun así se arrepintieron de las obras de sus manos*, ni dejaron de adorar a los demonios, y a las imágenes de **oro**, de **plata**, de **bronce**, de **piedra** y de **madera**, las cuales no pueden ver, ni oir, ni andar;

21 y no se arrepintieron de sus homicidios, ni de sus hechicerías, ni de su fornicación, ni de sus hurtos.

La tercera parte de los hombres. Es masiva la mortandad. El holocausto de Hitler es tan insignificante al compararse con el exterminio originado por los juicios. Ni siquiera podemos calificar de ensayo, a las matanzas de la Segunda Guerra Mundial comparadas con la aniquilación masiva provocada por los juicios.

Ni aun así se arrepintieron de las obras de sus manos. Un tema sobresaliente del libro de Apocalipsis es la obstinación de los hombres malvados, duros de corazon y mente entenebrecida, quienes palpando claramente los juicios de Dios, rehusan arrepentirse. En esto Dios comprueba su paciencia y justicia.

Capítulo 10

El ángel con el librito

cielo
tierra

1 Vi descender del cielo a *otro ángel fuerte*, envuelto en una **nube**, con el **arco iris** sobre su cabeza; y su rostro era como el **sol**, y sus pies como columnas de **fuego**.

2 Tenía en su mano un **librito** abierto; y puso su pie derecho sobre el **mar**, y el izquierdo sobre la tierra;

tierra

3 y clamó a gran voz, como ruge un **león**; y cuando hubo clamado, *siete truenos emitieron sus voces*.

4 Cuando los **siete truenos** hubieron emitido sus voces, yo iba a escribir; pero oí una voz del cielo que me decía: Sella las cosas que los **siete truenos** han dicho, y no las escribas.

5 Y el ángel que vi en pie sobre el **mar** y sobre la tierra, levantó su mano al cielo,

6 y juró por el que vive por los siglos de los siglos, que creó el cielo y las cosas que están en él, y la tierra y las cosas que están en ella, y el mar

Otro ángel fuerte. Este ángel puede ser el mismo Señor Jesús.

Siete truenos emitieron sus voces. El misterio de los truenos. *Sella las cosas que los siete truenos han dicho, y no las escribas.* Dios no ha querido revelarnos todo. Ni podemos especular sobre el contenido de los truenos. ¿Son más juicios? ¿Representan un giro total en la tribulación? No sabemos, Dios no ha visto conveniente decirnos.

Estudio Cronológico de Apocalipsis

Capítulo 10 y las cosas que están en él, que *el*
tierra *tiempo no sería más*,
7 sino que en los días de la voz del séptimo ángel, cuando él comience a tocar la **trompeta**, el misterio de Dios se consumará, como Él lo anunció a sus siervos los profetas.
8 La voz que oí del cielo habló otra vez conmigo, y dijo: Vé y toma el **librito** que está abierto en la mano del ángel que está en pie sobre el **mar** y sobre la tierra.
9 Y fui al ángel, diciéndole que me diese el **librito**. Y él me dijo: Toma, y cómelo; y te amargará el vientre, pero en tu boca será **dulce como la miel**.
10 Entonces tomé el **librito** de la mano del ángel, y lo comí; y era dulce en mi boca como la miel, pero cuando lo hube comido, amargó mi vientre.
11 Y él me dijo: Es necesario que profetices otra vez *sobre muchos pueblos, naciones, lenguas y reyes*.

El tiempo no sería más. El tiempo llega a su término para todo. Cuando llegó el *cumplimiento del tiempo, Dios envió a su Hijo.* (Gá. 4:4) Los días que ahora vivimos también llegan a su término, Cristo viene pronto.

La séptima trompeta contiene los juicios de las copas. Todo se desvanece. La intensidad de los juicios se incrementa con el tiempo. Mientras más cerca está el día de la gran manifestación del Cordero, más vehemente es el juicio.

Sobre muchos pueblos, naciones, lenguas y reyes. Los que dicen que los eventos del Apocalipsis son aislados y no tendrán efecto sobre el mundo en general, ignoran varios versículos que hablan de la universalidad del juicio.

Capítulo 11

Medición del Templo

Jerusalén 1 Entonces me fue dada una **caña** semejante a una vara de medir, y se me dijo: Levántate, y *mide el templo* de Dios, y el **altar**, y a los que adoran en él.
2 Pero el patio que está fuera del templo déjalo aparte, y no lo midas, porque *ha sido entregado a los gentiles*; y ellos hollarán la ciudad santa **cuarenta y dos meses**.

Mide el templo. Indicando literalmente que habrá un templo.

Ha sido entregado a los gentiles. Señalando que representa el tiempo de la segunda mitad de la tribulación.

Capítulo 11

cielo 14 El segundo ay pasó; he aquí, *el tercer ay viene pronto*.
La séptima trompeta
15 El séptimo ángel tocó la **trom-**

El tercer ay viene pronto. La séptima trompeta es el tercer Ay.

La séptima trompeta contiene los juicios que restan: las siete copas de la ira de Dios.

Capítulo 11 cielo peta, y hubo grandes voces en el cielo, que decían: Los reinos del mundo han venido a ser de nuestro Señor y de su Cristo; y Él reinará por los siglos de los siglos.

16 Y los **veinticuatro ancianos** que estaban sentados delante de Dios en sus tronos, se postraron sobre sus rostros, y adoraron a Dios,

17 diciendo: Te damos gracias, Señor Dios **Todopoderoso**, el que eres y que eras y que has de venir, porque *has tomado tu gran poder, y has reinado*.

18 Y se airaron las naciones, y tu ira ha venido, y el tiempo de juzgar a los muertos, y de dar el galardón a tus siervos los profetas, a los santos, y a los que temen tu nombre, a los **pequeños** y a los **grandes**, y de destruir a los que *destruyen la tierra*.

19 Y el templo de Dios fue abierto en el cielo, y el arca de su pacto se veía en el templo. Y hubo **relámpagos**, voces, **truenos**, un **terremoto** y grande **granizo**.

En Apocalipsis 4:10-11 los ancianos se postraron y adoraron a Dios por la obra de su creación porque: *"Has tomado tu gran poder, y has reinado"*.

¡El galardón que nos espera es seguro! Será para *pequeños* y *grandes*. La estatura física de nuestro cuerpo mortal no tiene nada que ver con nuestra estatura espiritual.

A Dios no le agradan aquellos que *destruyen la tierra*. El cristiano debe ser un buen mayordomo de lo que Dios le ha dado.

Capítulo 15

LOS ÁNGELES CON LAS SIETE PLAGAS POSTRERAS

1 Vi en el cielo otra señal, grande y admirable: siete ángeles que tenían las siete plagas postreras; porque en ellas se consumaba la ira de Dios.

2 Vi también como un **mar de vidrio** mezclado con **fuego**; y *a los que habían alcanzado la victoria sobre la **bestia** y su **imagen**, y su marca y el número de su nombre, en pie sobre el **mar de vidrio**, con las arpas de Dios*.

3 Y cantan *el cántico de Moisés* siervo de Dios, y el cántico del **Cordero**, diciendo: Grandes y maravillosas son tus obras, Señor Dios **Todopoderoso**; justos y verdaderos son tus caminos, Rey de los santos.

4 ¿Quién no te temerá, oh Señor, y

Estas copas de ira se derraman desde el mismo templo de Dios. Están contenidas dentro de la séptima trompeta.

A los que habían alcanzado la victoria sobre la bestia. Es muy grande el grupo de los santos quienes alcanzarán victoria sobre la bestia.

Con las arpas de Dios. ¡Vamos a tener arpas en el cielo!

Ellos, los que han salido de la tribulación, cantan *el cántico de Moisés*, así como los hijos de Israel entonaron este cántico al haber sido sacados de Egipto (Ex. 15).

Capítulo 15
cielo

glorificará tu nombre? pues sólo tú eres santo; por lo cual *todas las naciones vendrán y te adorarán*, porque tus juicios se han manifestado.

5 Después de éstas cosas miré, y he aquí fue abierto en el cielo el templo del **tabernáculo** del testimonio;

6 y del templo salieron los siete ángeles que tenían las siete plagas, vestidos de lino limpio y resplandeciente, y ceñidos alrededor del pecho con cintos de **oro**.

7 Y uno de los **cuatro seres vivientes** dio a los siete ángeles siete **copas de oro**, llenas de la ira de Dios, que vive por los siglos de los siglos.

8 Y el templo se llenó de **humo** por la gloria de Dios, y por su poder; y nadie podía entrar en el templo hasta que se hubiesen cumplido las siete plagas de los siete ángeles.

Capítulo 16

Las copas de ira

tierra

1 Oí una gran voz que decía desde el templo a los siete ángeles: Id y derramad sobre la tierra las *siete copas de la ira de Dios*.

2 Fue el primero, y derramó su copa sobre la tierra, y vino una **úlcera maligna y pestilente** sobre los *hombres que tenían la marca de la bestia*, y que adoraban su **imagen**.

3 El segundo ángel derramó su copa sobre el mar, y éste se convirtió en **sangre** como de muerto; y murió todo ser vivo que había en el mar.

4 El tercer ángel derramó su copa sobre los ríos, y sobre las **fuentes** de las **aguas**, y se convirtieron en **sangre**.

5 Y oí al ángel de las **aguas**, que decía: *Justo eres tú*, oh Señor, el que eres y que eras, el Santo, porque has juzgado estas cosas.

Todas las naciones vendrán y te adorarán. No serán pocas, sino *todas las naciones*. En el mundo tan dañado y con la corrupción a nuestro alrededor, es muy difícil imaginar el día en que *todas las naciones* de la tierra estén abiertamente dispuestas para servir a Dios. Más la palabra profética nos garantiza y sabemos que aquel día viene acercándose inevitablemente. Hay personas con su conciencia cauterizada y tan llenas de odio contra los caminos de Dios, que dicen preferir estar en el infierno antes que vivir para el Señor. ¡Pues, tendrán su oportunidad! ¿Qué dirán después de pasar un día en el suplicio de las llamas eternas? Será tarde, pues ya no podrán cambiar de parecer.

Humo es una palabra que se relaciona con las "oraciones" y con "la gloria". ¿Será entonces que nuestras oraciones están también relacionadas con la gloria? Pensamos que sí.

Siete copas de la ira de Dios. Con las copas de ira, sigue incrementándose la intensidad de los juicios.

El hecho de que el profeta nos dice específicamente, que la *úlcera maligna* vino sobre los *hombres que tenían la marca de la bestia,* indica que todavía hay personas quienes no han tomado la marca y tampoco han sido muertos o decapitados por causa de Cristo. Serán muchos los que sobrevivan a la tribulación.

Justo eres tú. Parte de la santidad del Señor es su justo juicio.

DANIEL Y APOCALIPSIS: Un manual de estudios proféticos

Capítulo 16
tierra

6 Por cuanto derramaron la **sangre** de los santos y de los profetas, también tú les has dado a beber **sangre**; pues lo merecen.

7 También oí a otro, que desde el **altar** decía: Ciertamente, Señor Dios **Todopoderoso**, tus juicios son verdaderos y justos.

8 El cuarto ángel derramó su copa sobre el **sol**, al cual fue dado quemar a los hombres con **fuego**.

9 Y los hombres se quemaron con el gran calor, y blasfemaron el nombre de Dios, que tiene poder sobre estas plagas, y no se arrepintieron para darle gloria.

10 El quinto ángel derramó su copa sobre el **trono** de la **bestia**; *y su reino se cubrió de tinieblas, y mordían de dolor sus lenguas,*

11 *y blasfemaron contra el Dios del cielo por sus dolores y por sus úlceras, y no se arrepintieron de sus obras.*

12 El sexto ángel derramó su copa sobre el gran **río** Eufrates; y el **agua** de éste se secó, para que estuviese preparado el camino a los reyes del oriente.

tinieblas

13 Y vi salir de la boca del **dragón**, y de la boca de la **bestia**, y de la boca del **falso profeta**, *tres espíritus inmundos a manera de ranas*;

14 pues son espíritus de demonios, que hacen señales, y van a los reyes de la tierra en todo el mundo, para reunirlos a la batalla de aquel gran día del Dios **Todopoderoso**.

cielo

15 He aquí, yo vengo como **ladrón**. *Bienaventurado el que vela*, y guarda sus ropas, para que no ande **desnudo**, y vean su **vergüenza**.

tierra
Armagedón

16 Y los reunió en el lugar que en hebreo se llama ***Armagedón***.

Capítulo 14
La tierra es segada

cielo

14 Miré, y he aquí una **nube** blanca; y sobre la **nube** uno

Y su reino se cubrió de tinieblas, y mordían de dolor sus lenguas. ¿Tinieblas que causan dolor? Nos cuesta imaginar esas terribles tinieblas que provoquen dolor tan fuerte para que las personas muerdan sus lenguas. Esta ilustración nos hace pensar que puede ser en sentido figurado, mas nosotros estamos inclinados a creer que es literal. Las situaciones que vendrán sobre la tierra en la época de juicio, serán como ninguna otra perturbación experimentada por el hombre en toda su existencia.

Nuevamente se enfatiza el tema de la obstinación del hombre. **Blasfemaron contra el Dios del cielo.** Claramente, Dios comprueba que estos malvados son merecedores de su ira.

Tres espíritus inmundos a manera de ranas. De la gloria en el cual Dios los creó, su aspecto ahora parece de lo más repulsivo. El camino de la rebelión de Satanás siempre lleva a la ruina.

Bienaventurado el que vela. ¡Está listo! Jesús anuncia su venida. Ahora no vendrá a nacer como un niño o solamente llegará hasta las nubes, sino que ¡vendrá con gran poder y gloria!

Vamos acercándonos al fin de todo. Cristo viene con gran gloria. El juicio del Armagedón en el valle de Meguido está por ocurrirr.

Estudio Cronológico de Apocalipsis

Capítulo 14 cielo	sentado semejante al Hijo del Hombre, que tenía en la cabeza una **corona** de **oro**, y en la mano una **hoz aguda**.	***Armagedón*** es un suceso espantoso y el evento más temido por el hombre que no conoce a Cristo. Para la Iglesia será un momento glorioso.
	15 Y del templo salió otro ángel, clamando a gran voz al que estaba sentado sobre la **nube**: Mete tu hoz, y siega; porque la **hora** de segar ha llegado, pues *la mies de la tierra está madura*.	Dios ha procurado en toda la historia proveer al hombre un camino de salvación. Con ese fin vino Cristo. En la época que todavía estamos viviendo, hay una siega para la salvación (Jn. 4:35-36). Armagedón es el día en que esta "siega para salvación" se convertirá en una siega para juicio.
tierra	16 Y el que estaba sentado sobre la **nube** metió su hoz en la tierra, y la tierra fue segada.	
cielo	17 Salió otro ángel del templo que está en el cielo, teniendo también una **hoz aguda**.	***La mies de la tierra está madura.*** Posiblemente la *mies* representa a los gentiles, y las *uvas* a la Israel apóstata.
	18 Y salió del **altar** otro ángel, que tenía poder sobre el **fuego**, y llamó a gran voz al que tenía la **hoz aguda**, diciendo: Mete tu **hoz aguda**, y vendimia los **racimos** de la tierra, *porque sus uvas están maduras*.	***Sus uvas están maduras***, da a entender que el juicio no vendrá antes del momento señalado por Dios, pues tiene que llegar al punto mismo de la maduración.
tierra	19 Y el ángel arrojó su hoz en la tierra, y vendimió la **viña** de la tierra, y echó las **uvas** en el gran **lagar** de la ira de Dios.	
Armagedón	20 Y fue pisado el **lagar** fuera de la ciudad, y del **lagar** *salió sangre hasta los frenos de los caballos*, por **mil seiscientos estadios**.	***Salió sangre hata los frenos de los caballos.*** Un río de sangre que subirá a casi dos metros. Considerando la inmensidad del valle de Meguido, sería más correcto decir que se formará un lago de sangre, con una superficie superior a los veinticinco kilómetros cuadrados.
	Capítulo 19	
	El jinete del caballo blanco	
tierra	11 Entonces vi el **cielo abierto**; y he aquí un **caballo blanco**, y el que lo montaba se llamaba **Fiel y Verdadero**, y con justicia juzga y pelea.	**La segunda venida de Cristo**
		¡Cristo vendrá con sus santos para establecer su reinado milenial!
	12 Sus ojos eran como **llama de fuego**, y *había en su cabeza muchas **diademas***; y tenía un nombre escrito que ninguno conocía sino Él mismo.	***Había en su cabeza muchas diademas.*** Le pertenecen. Nadie tenía que entregarle estas diademas. En cambio, en Apocalipsis 6:2, al anticristo le es *dada una corona*.

DANIEL Y APOCALIPSIS: Un manual de estudios proféticos

Capítulo 19
tierra

13 Estaba vestido de una ropa teñida en **sangre**; y su nombre es: EL **VERBO DE DIOS**.
14 Y los ejércitos celestiales, vestidos de lino finísimo, **blanco** y limpio, le seguían en caballos blancos.
15 De su boca sale *una espada aguda*, para herir con ella a las naciones, y Él las regirá con **vara de hierro**; y Él pisa el **lagar** del vino del furor y de la ira del Dios **Todopoderoso**.
16 Y en su vestidura y en su muslo tiene escrito este nombre: **REY DE REYES Y SEÑOR DE SEÑORES**.
17 Y vi a un ángel que *estaba en pie en el sol*, y clamó a gran voz, diciendo a todas las **aves** que vuelan en medio del cielo: Venid, y congregaos a la gran **cena de Dios**,

Armagedón

18 para que comáis carnes de reyes y de **capitanes**, y carnes de fuertes, carnes de caballos y de sus **jinetes**, y carnes de todos, libres y esclavos, **pequeños** y **grandes**.

tierra

19 Y vi a la **bestia**, a los reyes de la tierra y a sus ejércitos, *reunidos para guerrear* contra el que montaba el caballo, y contra su ejército.
20 Y la **bestia** fue apresada, y con ella el **falso profeta** que había hecho delante de ella las señales con las cuales había engañado a los que recibieron la marca de la **bestia**, y habían adorado su **imagen**. *Estos dos fueron lanzados vivos dentro de un lago de* **fuego** *que arde con* **azufre**.

Armagedón

21 Y los demás fueron muer-

VERBO. Esta palabra expresa el ser absoluto, eterno y fundamental de Jesucristo (Jn. 1:1-14; 1 Jn. 1:1). El *VERBO* fue el agente que efectuó a la creación (Sal. 33:6). En el Nuevo Testamento, el término es traducido de la palabra griega "logos".

Una espada aguda. Debe ser la misma *espada del Espíritu* (Ef. 6:17).

Estaba en pie en el sol. Es difícil imaginar la gloria del Señor en su venida. Las descripciones presentadas van más allá de nuestra experiencia sensorial y esto nos hace sentir incapaces de relacionarnos con sucesos tan extraordinarios y de magnitud gigantesca.

Reunidos para guerrear. ¿Cómo será el engaño demoníaco sobre estas personas que les llevan a creer que podrían pelear contra Jesús y ganar? ¿Será que todavía le miran como a un niño indefenso, o al que fue crucificado en manos de hombres malvados? No tenemos la explicación, pero lo que se ve claramente es que los hombres que se reunirán en Meguido, están totalmente sometidos bajo el engaño de las potencias infernales.

Estos dos fueron lanzados vivos... Recibirán lo merecido. ¡Nosotros ganamos!

ESTUDIO CRONOLÓGICO DE APOCALIPSIS

Capítulo 19
Armagedón

tos con la **espada** que salía de la boca del que montaba el caballo, y todas *las **aves*** se saciaron de las carnes de ellos.

Capítulo 16

LA SÉPTIMA COPA

cielo

17 El séptimo ángel derramó su copa por el **aire**; y salió una gran voz del templo del cielo, del **trono**, diciendo: *Hecho está.*

tierra

18 Entonces hubo **relámpagos** y voces y **truenos**, y un gran temblor de tierra, un **terremoto** tan grande, cual no lo hubo jamás desde que los hombres han estado sobre la tierra.

Babilonia
(ROMA)

19 Y la **gran ciudad** fue dividida en tres partes, y las ciudades de las naciones cayeron; y la gran **Babilonia** vino en memoria delante de Dios, para darle el **cáliz** del vino del ardor de su ira.

Capítulo 17

CONDENACIÓN DE LA
GRAN RAMERA

cielo

1 Vino entonces uno de los siete ángeles que tenían las siete copas, y habló conmigo diciéndome: Ven acá, y te mostraré la sentencia contra *la **gran ramera***, la que está sentada sobre muchas **aguas**;
2 con la cual han fornicado los reyes de la tierra, y los moradores de la tierra se han embriagado con el vino de su fornicación.
3 Y me llevó en el Espíritu al **desierto**; y vi a una **mujer** sentada sobre una **bestia escarlata** llena de nombres de blasfemia, que tenía **siete cabezas** y **diez cuernos**.
4 Y la **mujer** estaba vestida de **púrpura** y **escarlata**, y

tinieblas
tierra

Las aves que representaban lo malo para la Palabra de Dios citadas en las parábolas del Señor (Mt. 13:4b), ahora vienen para hacer la limpieza después de la gran batalla, en sujeción al cumplimiento de la Palabra de Dios.

Hecho está

Es la primera de dos ocasiones que se utiliza esta frase en Apocalipsis. Esta vez, para finalizar la ira de Dios sobre la tierra.

Jesús ya ha venido. La séptima copa, que incluye el juicio de la gran Babilonia, llega a ser un preámbulo para instalar el reino de Cristo en la tierra.

Babilonia es mucho más que una ciudad (véase Lección 3, sección 5 y Lección 22, sección 10).

La mujer (*la gran ramera*) es la Iglesia apóstata. Aquí se presenta en franca alianza con las bestias y el dragón. Se ha hecho rica haciendo favores para su amo protector, quien la lleva cargada sobre sus lomos.

El capítulo 17 es parentético y abarca un período que se relaciona con la historia del concepto de Babilonia. Los versículos 1-6 hablan de Babilonia en la actualidad. La Babilonia que mata los siervos de Dios y ha venido actuando desde Babel, se hace más fuerte y más terrible cuando está más cerca el final.

Los versículos 7-18 describen a Babilonia durante la tribulación. Es la Babilonia representando un sistema político-religioso.

Capítulo 17
tinieblas
tierra

Babilonia (ROMA)

Babilonia (ROMA)

adornada de **oro**, de piedras preciosas y de **perlas**, y tenía en la mano un **cáliz** de **oro** lleno de abominaciones y de la inmundicia de su fornicación;

5 y en su **frente** un nombre escrito, un misterio: **BABILONIA LA GRANDE, LA MADRE DE LAS RAMERAS Y DE LAS ABOMINACIONES DE LA TIERRA.**

6 Vi a la **mujer** ebria de la **sangre** de los santos, y de la **sangre** de los mártires de Jesús; y cuando la vi, quedé asombrado con gran asombro.

7 Y el ángel me dijo: ¿Por qué te asombras? Yo te diré el misterio de la **mujer**, y de la **bestia** que la trae, la cual tiene las **siete cabezas** y los **diez cuernos**.

8 La **bestia** que has visto, era, y no es; y está para subir del **abismo** e ir a perdición; y los moradores de la tierra, aquellos cuyos nombres no están escritos desde la fundación del mundo en el **libro de la vida**, se asombrarán viendo la **bestia** que **era y no es, y será**.

9 Esto, para la mente que tenga sabiduría: Las **siete cabezas** son **siete montes**, sobre los cuales se sienta la **mujer**,

10 y son siete reyes. Cinco de ellos han caído; uno es, y el otro aún no ha venido; y cuando venga, es necesario que dure breve tiempo.

11 La **bestia** que era, y no es, es también el **octavo**; y es de entre los siete, y va a la perdición.

12 Y los **diez cuernos** que has visto, son **diez reyes**, que aún no han recibido

El versículo 14 describe el esfuerzo de Babilonia contra el Cordero. Esto se relaciona con la sexta copa del Armagedón. La frase *después de esto* de Apocalipsis 18:1, se cumple en lo que será la destrucción de Babilonia después de todo lo descrito en el capítulo 17. Aunque muchos de los eventos del capítulo 17 deben ubicarse en otros lugares del estudio cronológico, los hemos dejado aquí por la relación estrecha que tienen con el capítulo 18.

El capítulo 18 describe la destrucción de Babilonia (Roma, la ciudad). Esto será inmediatamente posterior al Armagedón (la sexta copa) y finalizará la tribulación.

Toda prostituta busca la riqueza a cambio de los favores que piden sus clientes. Esta ramera se ha enriquecido haciendo a su amo (Satanás) los favores por él solicitados. Estos corresponden a fornicaciones espirituales, introduciendo en la Iglesia doctrinas y prácticas dañinas, que han logrado destruir la verdad del evangelio y lo han sustituido por mentiras (véase Lección 22, sección 10.5).

Roma es identificada como la sede principal de la apostasía.

Tradicionalmente se cree que el último evento de la tribulación es el Armagedón, pero esto NO concuerda con el orden de los juicios de las copas. La sexta copa es Armagedón y la séptima es la destrucción de Babilonia. Si la séptima copa sigue a

Capítulo 17
Babilonia
(ROMA)

reino; pero por una **hora** recibirán autoridad como reyes juntamente con la **bestia**.
13 Estos tienen un mismo propósito, y entregarán su poder y su autoridad a la **bestia**.
14 *Pelearán contra el Cordero, y el Cordero los vencerá*, porque Él es Señor de señores y Rey de reyes; y los que están con Él son llamados y elegidos y fieles.
15 Me dijo también: Las **aguas** que has visto *donde la ramera se sienta, son pueblos, muchedumbres, naciones y lenguas*.
16 Y los **diez cuernos** que viste en la **bestia**, éstos aborrecerán a la ramera, y la dejarán desolada y desnuda; y devorarán sus carnes, y la quemarán con **fuego**;
17 porque *Dios ha puesto en sus corazones el ejecutar lo que Él quiso*: ponerse de acuerdo, y dar su reino a la **bestia**, hasta que se cumplan las palabras de Dios.
18 Y la **mujer** que has visto es la **gran ciudad** que **reina** sobre los reyes de la tierra.

Capítulo 18
La caída de Babilonia

cielo
tierra

1 Después de esto vi a otro ángel descender del cielo con gran poder; y la tierra fue alumbrada con su gloria.
2 Y clamó con voz potente, diciendo: Ha caído, ha caído la gran **Babilonia**, y se ha hecho habitación de demonios y guarida de todo espíritu inmundo, y albergue de toda ave inmunda y aborrecible.
3 Porque todas las naciones

la sexta, el último evento de la tribulación será la destrucción de Babilonia, continuando con las bodas del Cordero y después del juicio de las naciones antes de entrar al milenio.

Pelearán contra el Cordero, y el Cordero los vencerá. ¡La victoria del Cordero sin mancha es segura!

Donde la ramera se sienta, son pueblos, muchedumbres... La Iglesia apóstata está y estará asentada en todas las naciones. No hay una potencia que pueda igualar la representación mundial que mantiene la Iglesia romana en la actualidad.

Dios ha puesto en sus corazones el ejecutar lo que Él quiso. La ramera será acabada por los *diez cuernos* que representan las diez naciones europeas que están bajo las órdenes del mismo anticristo. Ellos acabarán con la mujer de la siguiente manera:

❏ La aborrecerán
❏ La dejarán desolada y desnuda
❏ Devorarán sus carnes
❏ La quemarán con fuego

Y todo esto porque *Dios ha puesto en sus corazones el ejecutar lo que Él quiso*. En resumen podemos decir que Satanás no tolera nada que tenga de la religión, ni un culto que no esté subordinado a todos sus deseos. Se dice que el diablo paga mal a sus devotos, esta acción es la prueba del dicho. La ramera hacía sus fornicaciones religiosas para Satanás y ni así se pudo salvar de su odio.

Recordemos que Babilonia no es solamente una ciudad, sino todo un concepto.

Capítulo 18
cielo
tierra

han bebido del vino del furor de su fornicación; y los reyes de la tierra *han fornicado con ella*, y los mercaderes de la tierra se han enriquecido de la potencia de sus deleites.

4 Y oí otra voz del cielo, que decía: *Salid de ella, pueblo mío*, para que no seáis partícipes de sus pecados, ni recibáis parte de sus plagas;

tierra
Babilonia

5 porque sus pecados han llegado hasta el cielo, y Dios se ha acordado de sus maldades.

6 Dadle a ella como ella os ha dado, y pagadle doble según sus obras; en el **cáliz** en que ella preparó bebida, preparadle a ella el doble.

7 *Cuanto ella se ha glorificado y ha vivido en deleites, tanto dadle de tormento y llanto*; porque dice en su **corazón**: Yo estoy sentada como **reina**, y no soy **viuda**, y no veré llanto;

8 por lo cual en un solo **día** vendrán sus plagas; muerte, llanto y hambre, y será quemada con **fuego**; porque poderoso es Dios el Señor, que la juzga.

9 Y los reyes de la tierra que han fornicado con ella, y con ella han vivido en deleites, llorarán y harán lamentación sobre ella, cuando vean el **humo** de su incendio,

10 *parándose lejos por el temor de su tormento*, diciendo: ¡Ay, ay, de la **gran ciudad** de **Babilonia**, la ciudad fuerte; porque en una **hora** vino tu juicio!

11 Y los mercaderes de la tierra lloran y hacen lamentación sobre ella, porque ninguno compra más sus mercaderías;

Han fornicado con ella. ¿Qué significa la fornicación, al usar el término referido a una ciudad? Es la fornicación espiritual: la idolatría.

Salid de ella, pueblo mío. Habrá personas que han creído y Dios les da una oportunidad de salvarse de su ira; con todo, estas palabras tienen significado e importancia mucho mas allá del evento profético. También pueden aplicarse a nosotros mismos y a todo creyente. Estamos en el mundo, pero no podemos conformarnos con el mundo. Somos un pueblo santo, y esto quiere decir separados para Él.

Cuanto ella se ha glorificado y ha vivido en deleites, tanto dadle de tormento y llanto. Es la ley espiritual de la siembra y la siega en acción. *No os engañéis; Dios no puede ser burlado: pues todo lo que el hombre sembrare, eso también segará* (Gá. 6:7). Ni Satanás puede escaparse de la sujeción a las leyes divinas. Aun los demonios tienen que doblegarse ante la potestad de las leyes establecidas por Dios sobre todas las cosas.

Parándose lejos por el temor de su tormento. Algunos comentaristas han presentado la posibilidad que esta destrucción sobrevenga por el poder de las armas nucleares. Es verdad que algunas de las descripciones podrían indicar algo así, como una explosión atómica. Pero lo que no podemos ignorar es que la demolición de Babilonia será por mano de Dios y no del hombre.

Capítulo 18
tierra
Babilonia

12 *mercadería de oro, de plata, de piedras preciosas, de perlas, de lino fino, de púrpura, de seda, de escarlata, de toda madera olorosa, de todo objeto de marfil, de todo objeto de madera preciosa, de cobre, de hierro y de mármol;*
13 *y canela, especias aromáticas, incienso, mirra, olíbano, vino, aceite, flor de harina, trigo, bestias, ovejas, caballos y carros, y esclavos, almas de hombres.*
14 *Los frutos codiciados por tu alma se apartaron de ti, y todas las cosas exquisitas y espléndidas te han faltado, y nunca más las hallarás.*
15 Los mercaderes de estas cosas, que se han enriquecido *a costa de ella,* se pararán lejos por el temor de su tormento, llorando y lamentando,
16 y diciendo: ¡Ay, ay, de la gran ciudad, que estaba vestida de lino fino, de púrpura y de escarlata, y estaba adornada de oro, de piedras preciosas y de perlas!
17 Porque en una hora *han sido consumidas tantas riquezas.* Y todo piloto, y todos los que viajan en naves, y marineros, y todos los que trabajan en el mar, se pararon lejos;
18 y viendo el **humo** de su incendio, dieron voces, diciendo: *¿Qué ciudad era semejante a esta* **gran ciudad**?
19 Y echaron polvo sobre sus cabezas, y dieron voces, llorando y lamentando, diciendo: ¡Ay, ay de la **gran ciudad**, en la cual todos los que tenían naves en el mar se habían enriquecido de sus riquezas; pues en *una hora ha sido desolada!*

Mercadería de oro, de plata, de piedras preciosas... Todas las riquezas de este mundo son pasajeras. ¡Qué triste será aquel día para los que han confiado en la carne y las riquezas temporales! Lo más asombroso de esta ruina es que sucede de la noche a la mañana, en un instante. Generalmente, la calamidad llega gradualmente, pero en el caso de Babilonia será repentina (véase comentario, Ap. 18:19, **En una hora ha sido desolada**).

Los frutos codiciados por tu alma se apartaron de ti. Cuánto luchamos para alcanzar lo que nuestro corazón codicia. Pero cuando ya conseguimos lo que habíamos anhelado ardientemente, pronto lo menospreciamos. En este caso, los malvados de la Babilonia todavía no se habrán saciado. Quedarán con solamente "las ganas".

A costa de ella. En el sistema que opera entre los hijos de Babilonia, para subir un escalón hay que bajar a otro de su puesto. Siempre se paga un precio. No hay ninguna gracia ni misericordia. Sólo se puede arribar procurando la ruina de otro. En el reino de Dios no es así: el que fuera el mayor debe ser siervo de todos.

Han sido consumidas tantas riquezas. ¡Cuán inútiles serán las riquezas ante el fuego de juicio!

¿Qué ciudad era semejante a esta gran ciudad? Esta declaración muestra el mismo espíritu de Nimrod y la apostasía babilónica cuando dijeron, *hagámonos un nombre.* La soberbia y la altivez del hombre tiene que ser juzgada.

Capítulo 8
tierra
Babilonia

20 *Alégrate sobre ella, cielo, y vosotros, santos, apóstoles y profetas*; porque Dios os ha hecho justicia en ella.
21 Y un ángel poderoso tomó una piedra, como una gran piedra de molino, y la arrojó en el mar, diciendo: Con el mismo ímpetu será derribada **Babilonia**, la **gran ciudad**, y nunca más será hallada.
22 Y voz de arpistas, de músicos, de flautistas y de trompeteros no se oirá más en ti; y ningún artífice de oficio alguno se hallará más en ti, ni ruido de molino se oirá más en ti.
23 **Luz** de lámpara no alumbrará más en ti, ni voz de esposo y de **esposa** se oirá más en ti; porque tus mercaderes eran los **grandes** de la tierra; pues por tus hechicerías fueron engañadas todas las naciones.
24 *Y en ella se halló la sangre de los profetas y de los santos*, y de todos los que han sido muertos en la tierra.

Capítulo 16

La última copa de ira (cont.)

cielo

20 Y toda isla huyó, y los montes no fueron hallados.
21 Y cayó del cielo sobre los hombres un enorme **granizo** como del peso de un talento; *y los hombres blasfemaron contra Dios* por la plaga del **granizo**; porque su plaga fue sobremanera grande.

Capítulo 19

Alabanzas en el cielo

1 Después de esto oí una gran

En una hora ha sido desolada. La referencia destaca la obra soberana de Dios. Bajo el "orden" mundial que existía antes de la caída del muro de Berlín, no se concebía una transformación del mapa político del mundo. Sin embargo, sobrevino de la noche a la mañana y en "una hora". Un imperio, como el de la Unión Soviética, se deshizo en un momento. Y ahora vivimos en un supuesto "Nuevo Orden", con características vertiginosas. Estos hechos nos demuestran que la esfera política secular está presta para la presentación de la bestia.

Alégrate sobre ella, cielo, y vosotros, santos, apóstoles y profetas. La tristeza del mundo es alegría para los siervos de Dios. Si te entristeces conjuntamente con el mundo, debes preguntarte: ¿Estoy con el mundo?

Y en ella se halló la sangre de los profetas y de los santos. En nuestro estudio hemos propuesto que la ciudad de Roma será la Babilonia moderna. Bajo esta concepción, es interesante notar que el piso del Circo Maxo de Roma está manchado de la sangre de los mártires hasta el día de hoy.

Fin de la gran tribulación

Termina la tribulación y el reino es establecido. Ahora estamos por entrar en el milenio, el reinado de Cristo de mil años sobre la tierra.

Y los hombres blasfemaron contra Dios. Todavía siguen sin arrepentirse, y así, hasta el sepulcro del juicio proseguirán en su actitud los perversos.

Capítulo 19 cielo

voz de gran multitud en el cielo, que decía: ¡Aleluya! Salvación y honra y gloria y poder son del Señor Dios nuestro;

2 porque sus juicios son verdaderos y justos; pues ha juzgado a la **gran ramera** que ha corrompido a la tierra con su fornicación, y *ha vengado la sangre de sus siervos de la mano de ella.*

3 Otra vez dijeron: ¡Aleluya! Y el **humo** de ella sube *por los siglos de los siglos.*

4 Y los **veinticuatro ancianos** y los **cuatro seres vivientes** *se postraron* en tierra y adoraron a Dios, que estaba sentado en el **trono**, y decían: ¡Amén! ¡Aleluya!

5 Y salió del **trono** una voz que decía: *Alabad a nuestro Dios todos sus siervos, y los que le teméis, así* ***pequeños*** *como* ***grandes****.*

6 Y oí como la voz de una gran multitud, como el **estruendo** de muchas **aguas**, y como la voz de **grandes truenos**, que decía: ¡Aleluya, porque el Señor nuestro Dios **Todopoderoso** reina!

7 Gocémonos y alegrémonos y démosle gloria; porque *han llegado las* **bodas del Cordero**, y su **Esposa** se ha preparado.

8 Y a ella se le ha concedido que se vista de **lino fino**, limpio y resplandeciente; porque el **lino fino** es las acciones justas de los santos.

La cena de las bodas del Cordero

9 Y el ángel me dijo: Escribe: Bienaventurados los que son *llamados* a la cena de las **bodas del Cordero**. Y me dijo: Estas son palabras verdaderas de Dios.

tierra

10 Yo me postré a sus pies para adorarle. Y él me dijo: Mira, no lo hagas; yo soy consiervo tuyo, y de tus hermanos que retienen el testimonio de Jesús. Adora a Dios; porque *el testimonio de Jesús es el espíritu de la profecía.*

¡Babilonia es destruida!
¡ALELUYA!
¡ALELUYA! ¡ALELUYA!
¡ALELUYA!

Ha vengado la sangre de sus siervos de la mano de ella. No tenemos que adelantarnos a la venganza, pues Dios pondrá en regla todas las cuentas mejor de lo que nosotros podemos hacerlo.

Por los siglos de los siglos. ¡Aleluya! ¡Día y noche!

Se postraron. Postrarse es una posiión que demuestra una actitud de humildad y reverencia ante el Todopoderoso. La humillación más importante es la de un corazón dispuesto y quebrantado delante del Señor.

Alabad a nuestro Dios... ¿Cómo será para aquel que pronto se cansa de adorar a Dios? ¡Toda la eternidad para alabar y adorar al Todopoderoso! ¡Aleluya!

Las bodas del Cordero

Han llegado las bodas. La hora ha llegado, el novio ha vuelto de la guerra. La victoria total y final ha sido consumada.

Será nuestra la dicha el ser *llamados* a las boda del Cordero. Andemos sabiamente, para que aun en estos días malos, nadie nos quite nuestra corona.

El testimonio de Jesús es el espíritu de la profecía. Es el testimonio más seguro (2 P. 1:19). Pedro explicó que había visto con sus ojos y oído con sus oídos, pero era más digno de confianza lo que Dios había dicho mediante su palabra profética.

Capítulo 20

Capítulo 20

LOS MIL AÑOS

cielo
abismo

1 Vi a un ángel que descendía del cielo, con la **llave del abismo**, y una gran **cadena** en la mano.

2 Y prendió al **dragón**, la **serpiente antigua**, que es el diablo y Satanás, y lo ató por mil años;

3 y lo arrojó al **abismo**, y lo encerró, y puso su sello sobre él, para que no engañase más a las naciones, hasta que fuesen cumplidos mil años; y después de esto debe ser desatado por un poco de tiempo.

tierra

4 Y vi tronos, y se sentaron sobre ellos los que recibieron facultad de juzgar; y vi las almas de los decapitados por causa del **testimonio de Jesús** y por la Palabra de Dios, los que no habían adorado a la **bestia** ni a su **imagen**, y que no recibieron la marca en sus frentes ni en sus manos; y vivieron y reinaron con Cristo mil años.

5 Pero los otros muertos no volvieron a vivir hasta que se cumplieron mil años. Esta es la **primera resurrección**.

6 Bienaventurado y santo el que tiene parte en la **primera resurrección**; la **segunda muerte** no tiene potestad sobre éstos, sino que serán sacerdotes de Dios y de Cristo, y reinarán con Él mil años.

7 Cuando los mil años se cumplan, Satanás será suelto de su prisión,

8 y saldrá a engañar a las naciones que están en los **cuatro ángulos** de la tierra, a **Gog** y a **Magog**, a fin de reunirlos para la batalla; el número de los cuales es como la **arena** del **mar**.

tierra

9 Y subieron sobre la **anchura de la tierra**, y rodearon el campamento de los santos y la **ciudad amada**; y de Dios descendió **fuego** del cielo, y los consumió.

Inicio del milenio

Comenzamos ahora el milenio, el reinado de Cristo. El primer asunto a tratarse al iniciar el reinado de Jesús es el encarcelamiento del *dragón, la serpiente antigua, que es el diablo y Satanás*. Cuando un nuevo gobierno toma el mando, pide cuentas al defenestrado (derrocado) por los crímenes y actos cometidos en contra del bien público. Para juzgarlos, lo primero que hacen es cumplir con la sanción legal del encarcelamiento a los líderes delincuentes.

Son dos grupos los descritos aquí, los santos de la tribulación y los creyentes de la Iglesia:

- Los decapitaos por causa del testimonio de Jesús
- Bienaventurado y santo el que tiene parte en la primera resurrección

La última frase del versículo 5 debería ser parte del versículo 6. Cabe recordar que fue un comentarista, no Juan, quien hizo la división de los capítulos y versículos. Aunque son útiles estas divisiones, no son inspiradas por Dios.

Fin del milenio

[Eventos relacionados con el fin del milenio]

¡Aquí termina la última guerra! Dios mismo consumirá con fuego del cielo a los enemigos que han venido contra el campamento de los santos

ESTUDIO CRONOLÓGICO DE APOCALIPSIS

Capítulo 20
abismo

10 Y el diablo que los engañaba fue lanzado en el lago de **fuego** y **azufre**, donde estaban la **bestia** y el **falso profeta**; y serán atormentados día y noche por los siglos de los siglos.

Nosotros ganamos. Nuestro enemigo es destinado al castigo eterno. Cuántas veces Satanás habrá pensado haber logrado alguna ventaja, pero ahora la derrota total lo alcanza indefectiblemente.

EL JUICIO ANTE EL
GRAN TRONO BLANCO

lugar
esconocido

11 Y vi un **gran trono blanco** y al que estaba sentado en él, de delante del cual huyeron la tierra y el cielo, y ningún lugar se encontró para ellos.

12 Y vi a los muertos, **grandes** y **pequeños**, de pie ante Dios; y *los libros* fueron abiertos, y otro **libro** fue abierto, el cual es el **libro de la vida**; y fueron juzgados los muertos por las cosas que estaban escritas en los **libros**, según sus obras.

13 Y el mar entregó los muertos que había en él; y la **muerte** y el Hades entregaron los muertos que había en ellos; y fueron juzgados cada uno según sus obras.

lago de
fuego

14 Y la muerte y el Hades fueron lanzados al lago de **fuego**. *Ésta es la muerte segunda.*

15 Y el que no se halló inscrito en el **libro de la vida** fue lanzado al lago de **fuego**.

| El último juicio |

Los libros pueden ser los mismos de la Palabra de Dios, comparando las santas escrituras con las obras de cada uno.

Ésta es la muerte segunda. La muerte primera es solamente un cambio de condición. La segunda muerte es "fatal". La muerte de este cuerpo de carne es solamente una transición hacia la condición eterna. La muerte segunda es la entrega del hombre malvado al castigo de la eternidad en el lago de fuego.

Capítulo 21

CIELO NUEVO Y TIERRA NUEVA

cielo
nuevo

tierra
nueva

1 Vi un cielo nuevo y una tierra nueva; porque el primer cielo y la primera tierra pasaron, y el mar ya no existía más.

2 Y yo Juan vi la **santa ciudad**, la **Nueva Jerusalén**, descender del cielo, de Dios, dispuesta como una **esposa** ataviada para su **marido**.

3 Y oí una gran voz del cielo que decía: He aquí el **tabernáculo** de Dios con los hombres, y Él

| La eternidad |

Es notorio que la novia aquí es la misma santa ciudad, la Nueva Jerusalén. Nuestra morada eterna. El autor no está muy seguro del por qué, tano a la Iglesia como a la santa ciudad, se les conoce con el mismo término. Posiblemente porque nosotros, como pueblo santo, debemos ser como un solo pueblo o ciudad, bien unida y ligada entre sí (véase comentario Ap. 21:9, *Yo te mostraré*, p. 216).

**Capítulo 21
tierra
nueva**

morará con ellos; y ellos serán su pueblo, y Dios mismo estará con ellos como su Dios.

4 Enjugará Dios toda lágrima de los ojos de ellos; y ya no habrá muerte, ni habrá más llanto, ni clamor, ni dolor; porque las primeras cosas pasaron.

5 Y el que estaba sentado en el **trono** dijo: He aquí, yo hago nuevas todas las cosas. Y me dijo: Escribe; porque estas palabras son fieles y verdaderas.

6 Y me dijo: *Hecho está.* Yo soy el **Alfa y la Omega**, el **principio y el fin**. Al que tuviere sed, yo le daré gratuitamente de la fuente del **agua de la vida**.

7 El que venciere heredará todas las cosas, y yo seré su Dios, y él será mi hijo.

8 Pero los cobardes e incrédulos, los abominables y homicidas, los fornicarios y hechiceros, los idólatras y todos los mentirosos tendrán su parte en el lago que **abismo** arde con **fuego** y **azufre**, que es la **muerte** segunda.

La Nueva Jerusalén

cielo
9 Vino entonces a mí uno de los siete ángeles que tenían las siete copas llenas de las siete plagas postreras, y habló conmigo, diciendo: Ven acá, *yo te mostraré* la **desposada**, la **Esposa** del **Cordero**.

10 Y me llevó en el Espíritu a un monte grande y alto, y me mostró la **gran ciudad** santa de Jerusalén, que descendía del cielo, de Dios,

**cielo
nuevo
tierra
nueva**

11 teniendo la gloria de Dios. Y su fulgor era semejante al de una piedra preciosísima, como piedra de **jaspe**, diáfana como el **cristal**.

12 Tenía un muro grande y alto con **doce puertas**; y en las puertas, doce ángeles; y nombres inscritos, que son los de las **doce tribus** de los hijos de Israel;

Todas las cosas que ahora existen, aun el mismo cielo, son pasajeras. Dios hará todo nuevo. (Mt. 5:18, 2 P. 3:10-12)

> Segundo *hecho está*

Apocalipsis es un libro para vencedores, no destinado a cobardes, ni dirigido a miedosos, tampoco para sustentar a temerosos. Es para triunfadores, los que han vencido por la sangre del Cordero.

Yo te mostraré ... *la Esposa del Cordero. Me llevó* ... *y me mostró la gran ciudad santa de Jerusalén.* La indicación de estos versículos es que la Iglesia y la Nueva Jerusalén son una, de tal manera que las reseñas de la belleza de la Nueva Jerusalén son descripciones de la gracia de la desposada, la Esposa del Cordero. Que contraste entre la Nueva Jerusalén, la gloria de la Iglesia y Babilonia, la vanagloria del hombre apóstata. En su momento de mayor gloria y riqueza, todavía sería muy pobre esta Babilonia al comparase con la Nueva Jerusalén.

Capítulo 21
cielo nuevo
tierra nueva

13 al oriente tres puertas; al norte tres puertas; al sur tres puertas; al occidente tres puertas.

14 Y el muro de la ciudad tenía doce cimientos, y sobre ellos los doce nombres de los doce apóstoles del **Cordero**.

15 El que hablaba conmigo tenía una **caña** de medir, de **oro**, para medir la ciudad, sus puertas y su muro.

16 La ciudad se halla establecida en cuadro, y su longitud es igual a su anchura; y él midió la ciudad con la caña, *doce mil estadios; la longitud, la altura y la anchura de ella son iguales.*

17 Y midió su muro, **ciento cuarenta y cuatro** codos, de medida de hombre, la cual es de ángel.

18 El material de su muro era de **jaspe**; pero la ciudad era de **oro** puro, semejante al **vidrio** limpio;

19 y los cimientos del muro de la ciudad estaban adornados *con toda piedra preciosa.* El primer cimiento era **jaspe**; el segundo, **zafiro**; el tercero, **ágata**; el cuarto, esmeralda;

20 el quinto, **ónice**; el sexto, **cornalina**; el séptimo, **crisólito**; el octavo, **berilo**; el noveno, **topacio**; el décimo, **crisopraso**; el undécimo, **jacinto**; el duodécimo, **amatista**.

21 *Las doce puertas eran doce perlas*; cada una de las puertas era una perla. Y la **calle** de la ciudad era de **oro** puro, transparente como **vidrio**.

22 Y no vi en ella templo; porque el Señor Dios **Todopoderoso** es el templo de ella, y el **Cordero**.

23 La ciudad no tiene necesidad de **sol** ni de **luna** que brillen

Doce mil estadios; la longitud, la altura y la anchura de ella son iguales. Se ha discutido la forma de la Nueva Jerusalén. ¿Será cómo un cubo, o cómo una pirámide? De la descripción dada aquí, no es posible contestar definitivamente. Nosotros pensamos que podría ser un cubo, pero lo que más podemos resaltar es su tamaño. ¡Es inmensa! Haciendo los cálculos correspondientes, quitando la mitad del volumen para calles de oro, el trono de Dios, y cosas por el estilo, todavía sobra más que el doble del espacio necesario si se entregara una mansión celestial a cada persona que haya vivido sobre la faz de la tierra.

Con toda piedra preciosa. Además de ser una descripción altamente simbólica (véase tabla de simbolismos, nombres y paralelismos Apéndice 6), es una descripción de la belleza que debe alcanzar la Iglesia, la novia de Cristo.

Las doce puertas eran doce perlas. ¡Toda la Nueva Jerusalén es costosísima! Y las puertas, que son perlas inmensas sin precio, representan lo que costó para Jesús y Dios nuestra entrada a la ciudad celestial. Cuando pasamos por estas puertas, hemos de recordar el precio de la sangre que nos compró, rescatándonos de la vida de maldad, esclavitud y del reino de las tinieblas.

Las naciones que hubieren sido salvas. La salvación nacional. Es una enseñanza que tiene muchas verdades, pero

Capítulo 21
cielo
nuevo
tierra
nueva

en ella; porque la gloria de Dios la ilumina, y el **Cordero** es su lumbrera.
24 Y *las naciones que hubieren sido salvas* andarán a la **luz** de ella; y los reyes de la tierra traerán su gloria y honor a ella.
25 Sus puertas nunca serán cerradas de día, pues allí no habrá **noche**.
26 Y llevarán la gloria y la honra de las naciones a ella.
27 *No entrará en ella ninguna cosa inmunda, o que hace abominación y mentira*, sino solamente los que *están inscritos en el **libro de la vida** del Cordero*.

Capítulo 22

1 Después me mostró un **río** limpio de **agua de vida**, resplandeciente como **cristal**, que salía del **trono** de Dios y del **Cordero**.
2 En medio de la **calle** de la ciudad, y a uno y otro lado del **río**, *estaba el árbol de la vida*, que produce **doce frutos**, dando cada mes su **fruto**; y las **hojas** del **árbol** eran para la sanidad de las naciones.
3 Y no habrá más **maldición**; y el **trono** de Dios y del **Cordero** estará en ella, y *sus siervos le servirán*,
4 y verán su rostro, y su nombre estará en sus frentes.
5 No habrá allí más **noche**; y no tienen necesidad de luz de lámpara, ni de luz del **sol**, porque Dios el Señor los iluminará; y reinarán por los siglos de los siglos.

Capítulo 22

cielo

LA VENIDA DE CRISTO ESTÁ CERCA
6 Y me dijo: Estas palabras son fieles y verdaderas. Y el Señor, el Dios de los espíritus de los profetas, ha enviado su ángel, para mostrar a sus siervos las cosas que deben *suceder pronto*.
7 ¡He aquí, vengo pronto! Bienaventurado el que *guarda* las palabras de la profecía de este libro.

tierra

8 Yo Juan soy el que oyó y vio

---

la salvación esencial es la salvación personal. Es el tener a Jesús en nuestro corazón.

No entrará en ella ninguna cosa inmunda, o que hace abominación y mentira. La entrada es restringida. *Inmunda:* que no ha sido lavada. *Abominación:* cosa aborrecible, detestable. *Mentira:* decepción perversa. En cambio, para los que *están inscritos en el libro de la vida del Cordero* la entrada es amplia.

Estaba el árbol de la vida. Por el pecado del hombre el camino hacia el árbol de la vida se cerró. Durante nuestra estdía eterna en el cielo, tendremos libre acceso al Paraíso perdido por Adán.

Sus siervos le servirán. Este es el que hacer de los siervos: servir. A veces puede parecer que los *siervos* hacen todo, menos servir. ¿A cuántos "siervos de Dios", mejor se les conoce como los "servidos" de Dios? ¡Cuidado, siervo de Dios que estás leyendo esta amonestación! ¿Eres un *siervo* o un "servido"?

Epílogo

Todo esto debe **suceder pronto**. Muestra que el reloj de Dios anda en forma muy distinta al nuestro. Desde que fueron escritas estas palabras por Juan han pasado casi 2.000 años.

Guarda. No son palabras que se pueden leer y olvidar, sino deben ser guardadas en nuestros corazones para el momento elegido.

**Capítulo 22
tierra**

estas cosas. Y después que las hube oído y visto, me postré para adorar a los pies del ángel que me mostraba estas cosas.

9 Pero él me dijo: *Mira, no lo hagas*; porque yo soy consiervo tuyo, de tus hermanos los profetas, y de los que guardan las palabras de este libro. Adora a Dios.

10 Y me dijo: No selles las palabras de la profecía de este libro, porque el tiempo está cerca.

11 El que es injusto, sea injusto todavía; y el que es inmundo, sea inmundo todavía; y el que es justo, practique la justicia todavía; y el que es santo, santifíquese todavía.

12 He aquí yo vengo *pronto*, y mi galardón conmigo, para recompensar a cada uno según sea su obra.

13 Yo soy el **Alfa y la Omega**, el **principio y el fin**, el **primero y el último**.

14 Bienaventurados los que lavan sus ropas, para tener derecho al **árbol de la vida**, y para entrar por las puertas en la ciudad.

15 Mas los **perros** estarán fuera, y los hechiceros, los fornicarios, los homicidas, los idólatras, y todo aquel que ama y hace mentira.

16 Yo Jesús he enviado mi ángel para daros testimonio de estas cosas en las iglesias. Yo soy la **raíz y el linaje de David**, la **estrella resplandeciente de la mañana**.

17 Y el *Espíritu y la Esposa* dicen: Ven. Y el que oye, diga: Ven. Y el que tiene sed, venga; y el que quiera, tome del **agua de la vida** gratuitamente.

18 Yo testifico a todo aquel que oye las palabras de la profecía de este libro: Si alguno añadiere

Mira, no lo hagas. Podemos concluir de la declaración del ángel, que los seres celestiales no recibirán la gloria que solamente le pertenece a Dios. De los demonios, la Biblia nos indica claramente que buscan adoración (1 Co. 10:20-21; 1 Ti. 4:1). La actitud de Juan, quizá inspirada por el asombro que tuvo que sentir, y aun sin ser correcto, demuestra claramente que las revelaciones que recibió provenían de Dios. De haber sido un espíritu malvado buscando engañar al apóstol con visiones espantosas, no le hubiera impedido la adoración.

No podemos darnos el lujo de alejar de nuestros corazones la urgencia de la venida de Jesús. Dos mil años son **pronto** en el reloj de Dios, y para nosotros indica que su venida está más cerca que nunca.

Perros. Prostitutos religiosos masculinos.[a]

El propósito del mensaje es para que todos digan: **Ven**. El Señor quiere que este mensaje sea anunciado en todas las iglesias.

Espíritu y la Esposa. Hoy, antes que vengan los juicios terribles de Dios sobre la tierra, el Espíritu Santo y la Esposa (la Iglesia) están haciendo la invitación. Antes que sea muy tarde, tenemos que llevar el mensaje hasta los confines del mundo, para que el pecador pueda arrepentirse de su mal camino e invite a Jesús —quien está a la puerta y llama— a entrar en su corazón.

Capítulo 22 a estas cosas, Dios traerá sobre
tierra él las plagas que están escritas en este libro.

19 Y si alguno quitare de las palabras del libro de esta profecía, Dios quitará su parte del libro de la vida, y de la **santa ciudad** y de las cosas que están escritas en este libro.

20 El que da testimonio de estas cosas dice: Ciertamente vengo en breve. *Amén; sí, ven, Señor Jesús.*

21 *La gracia de nuestro Señor Jesucristo sea con todos vosotros. Amén.*

Es la oración de todo creyente, plenamente entregado al Señor: *"**Amén; sí, ven, Señor Jesús**".*

La gracia de nuestro Señor Jesucristo sea con todos vosotros. Amén. El nuevo pacto termina con una bendición, el antiguo con una maldición (compare con Mal. 4:6).

Estudio Cronológico de Apocalipsis

Tiempo	Las cosas que has visto	Las que son	Las cosas que han de ser después de éstas			
			(ARREBATAMIENTO)	(LA MITAD DE LA TRIBULACIÓN)	(FIN DE LA TRIBULACIÓN)	
Cielo	Cristo glorificado a la diestra de Dios Padre	Cristo Glorificado a la diestra del Padre y en el corazón de cada creyente	Los santos de la Iglesia llegan, procedentes de la tierra. Es hallado el Cordero digno para abrir los sellos del juicio.	El Cordero va desatando los sellos. Está la multitud vestida de ropas blancas adorando al Cordero. Todavía hay lucha con Satanás.	Los juicios ahora vienen directamente desde el mismo templo celestial.	Terminado el milenio, viene nuevo cielo y nueva tierra. La Nueva Jerusalén
Tierra	Presentación de Cristo a Juan	La EDAD de la Iglesia Siete períodos que cumplen profecías de Ap 2-3 y Mt 13 dadas por Jesús	Anticristo se presenta. Los hombres gritan paz y seguridad. Cristo viene para su pueblo en la NUBES. ¡El arrebatamiento! Inicio de la tribulación	Los efectos de los sellos se van manifestando. Mortandad se extiende por toda la tierra. Los hombres blasfeman sin arrepentimiento.	Juicio sobre juicio. Los hombres blasfeman más contra Dios. No se arrepienten. Siguen sufriendo el juicio.	Segunda venida de Cristo. Destrucción de la Babilonia. El Armagedón. Comienza el milenio
Dominio de las tinieblas	Satanás, príncipe de este mundo, rey del abismo	Satanás domina el mundo de las tinieblas y acusa a los santos, de día y de noche.	Las dos bestias y el dragón salen de las tinieblas para presentarse ante los hombres de la tierra.	Abundante actividad demoníaca proyectando sus esfuerzos sobre la tierra.	Los demonios están obrando con toda la fuerza sobre la tierra. Echados del cielo, saben que hay poco tiempo.	Lago de fuego
Notas	El Cristo que se presenta a Juan es ahora un REY Imperial.	Vivimos este período actualmente (véase Lección 15 y Apéndice 2).	Con la salida de la Iglesia de la tierra, el diablo comienza a actuar libremente para imponer su gobierno de maldad.	Los ángeles predican la Palabra de Dios y muchos se arrepienten, enfrentándose aun con la posibilidad inminente de la muerte. Son millones los mártires.	Con la abominación desoladora a la mitad de la tribulación por acción del anticristo, los juicios del cielo se incrementan sobremanera.	Los blasfemos y pecadores están en el lago del fuego. Los santos, en la Nueva Jerusalén.

―――――――――― Apéndice 8 ――――――――――

Las profecías de Daniel y las setenta semanas

El estudio que sigue está basado en la obra *El anticristo y el santuario* por Tomás McCall y Zola Levitt.[a] Ellos han resumido la enseñanza principal del libro *El príncipe que ha de venir*, escrito por Robert Anderson hace más de un siglo.[b] Anderson fue un creyente en el Señor Jesucristo y director de la famosa "Scotland Yard" en Londres.

1. Las profecías de Daniel

Daniel, como profeta, escribió de eventos desde el año 600 a.C. hasta el *fin* de la historia de la humanidad sobre la tierra. Nosotros tenemos el privilegio de poder examinar estas profecías desde un punto de vista muy adelantado. Mucho de lo que para Daniel era profecía, para nosotros ya es historia. Daniel miraba hacia el futuro, nosotros podemos revisar los hechos del pasado.

Daniel predijo los siguientes eventos que, históricamente han tomado lugar, pero que inicialmente fueron de carácter profético:

- La terminación del cautiverio babilónico
- La reconstrucción de Jerusalén
- La primera venida del Mesías
- La crucifixión del Mesías
- La destrucción del segundo templo

Daniel profetizó varios eventos que todavía no se han cumplido. La lógica aconseja que si las profecías relacionadas con eventos pasados se han cumplido, entonces las profecías no consumadas todavía, enunciadas por el mismo profeta deberán llevarse a cabo como las primeras.

2. Siete semanas y sesenta y dos semanas

Daniel nos narra, *sabe, pues, y entiende, que desde la salida de la orden para restaurar y edificar a Jerusalén hasta el Mesías Príncipe, habrá siete semanas, y sesenta y dos semanas; se volverá a edificar la plaza y el muro en tiempos angustiosos* (Dn. 9:25).

Daniel expresó de esta manera que el Mesías vendría sesenta y nueve semanas después de emitida la orden para la reconstrucción de Jerusalén. Considerando que esta declaración la hizo 600 años a.C., debemos valorar su importancia.

Cuando Daniel escribió esta profecía, el pueblo judío se encontraba cautivo en Babilonia. Entre ellos, pocos tenían algun esperanza de volver a Jerusalén, menos aún de imaginarse que un día volverían para restaurar y edificar sus muros.

Dos siglos pasaron desde que Daniel profetizó al respecto. Muchos habrán leído las palabras de Daniel y posiblemente no entendieron, pero en el año 445 a.C. salió el decreto real de Artajerjes. Nehemías recibió permiso y mandamiento reales para cumplir con una parte de la profecía de Daniel. No sabemos si Nehemías comprendió que estaba cumpliendo la palabra profetizada dos siglos antes.

La reconstrucción se realizó en cuarenta y nueve años exactamente y se terminó en el año 396 a.C. Esto corresponde a la primera parte de las sesenta y nueve semanas, es decir las primeras siete semanas. (Para un estudio de las razones por las que se interpreta la palabra *"semana"* como un período de 7 años, véase Lección 9, sección 3.)

Según el profeta, debido a la tradición judía, el año tenía 360 días. Esto se puede comprobar en Apocalipsis 11:3 donde los tres años y medio de la tribulación están representados por 1.260 días, o lo que es lo mismo, 1260 = 360 x $3^1/_2$. Por lo expuesto anteriormente, las *"sesenta y nueve semanas"* representan 483 años, esto es, 483 = 69 x 7.

El decreto se produjo en 445 a.C. Si sumamos 483 años, esto nos conduce justamente hasta la época de Jesús.

Según la obra clásica, ya mencionada, *El príncipe que ha de venir*, de Robert Anderson, Daniel predijo el día de la primera venida del Mesías.

A continuación presentamos un resumen de las suposiciones de Anderson. El repaso nos demuestra la seriedad de las profecías de Daniel.

3. Los cálculos de Anderson

3.1 La profecía

❐ Daniel profetizó que la venida del Mesías sería después de 173.880 días, luego de la orden del Rey Artajerjes.
69 *"semanas"*=483 años (69 x 7)
483 años x 360 días (año judaico profético)=173.880 días

3.2 La fecha del decreto

❐ Se puede determinar que el día del decreto fue el 14 de marzo del año 445 a.C. Nehemías 2:1-6 nos dice que el decreto se emitió *"en el mes de nisán, en el año veinte del rey Artajerjes"*. La evidencia histórica y tradicional, demuestra que el decreto debió ser fechado el primero de nisán, ya que "el día 1 de nisán inicia un año nuevo en el cómputo del reino de reyes y para los festivales" (MISHNA, tratado *"Rosh Hashanah"*). Los cálculos del Observatorio Real de Greenwich (en Inglaterra), confirman que el primero de nisán del año 445 a.C. cayó el 14 de marzo.

3.3 La fecha de la primera venida del Mesías

❏ Anderson calcula que el día preciso de la primera venida del Mesías fue el 6 de abril, del año 32 d.C. Esto sería el día de la entrada triunfal de Jesús a Jerusalén. Aquel día los judíos proclamaron a Jesús como su rey. Así se cumplió la profecía de Zacarías 9:9. Por su parte Lucas 3:1,3 y 21 nos dice que Juan el Bautista y Jesús iniciaron sus ministerios en el décimo quinto año de Tiberio César. El reinado de César comenzó en el año 14 d.C. Se determina entonces que el Señor Jesús empezó su ministerio público en el año 29 d.C. Este ministerio duró 3 años hasta su entrada triunfal. La suma nos trae al año 32 d.C. Juan 12:1 dice que *seis días antes de la pascua vino Jesús a Betania* en las afueras de Jerusalén. Según Juan 12:12, la entrada triunfal fue *el siguiente día*. La pascua de los judíos se celebra siempre en la misma fecha, el 14 de Nisán. El Observatorio Real de Greenwich ha calculado que esto fue el jueves 10 de abril del año 32 d.C. Entonces el Señor vino a Betania el día viernes, 4 de abril (6 días antes de la pascua). Jesús participó de una cena sabática con Lázaro en Betania. *El siguiente día* no fue sábado, porque aún era el día de reposo; siendo este el motivo por el cual sería imposible efectuar la entrada triunfal. Todo esto demuestra que el Señor hizo su entrada triunfal a Jerusalén el día domingo, 6 de abril del año 32 d.C.

4. Resumen:

❏ Daniel profetizó que habría 173.880 días entre la publicación del decreto de Artajerjes y la venida del Mesías.
❏ El decreto se publicó el día 14 de marzo del año 445 a.C.
❏ El Mesías vino oficialmente el día 6 de abril del año 32 d.C.

Según Anderson, todo lo anterior indica que habrían pasado 173.880 días entre la salida de la orden y la primera venida del Mesías. Si comprobamos que este número de días es verdad, verificaremos la exactitud de la profecía de Daniel.

5. Comprobación:

Entre el 14 de marzo del 445 a.C. y el 6 de abril del año 32 d.C., hay 477 años y 24 días. Es necesario reducir la cuenta en un año porque entre el año 1 a.C. al año 1 d.C., hay solamente un año. Esto nos deja 476 años, más 24 días. El producto de 476 años x 365 días (del calendario gregoriano) resulta en 173.740 días. A esto sumamos los 24 días adicionales llegando la cuenta a los 173.764 días.

Todavía faltan días. Estos pueden hallarse en los años bisiestos del calendario gregoriano. Cada cuatro años hay un año bisiesto. Durante el período de los 476 había hubo 119 años bisiestos. Añadiendo los 119 días suplementarios:

$$\begin{array}{r} 173.764 \\ + 119 \\ \hline 173.883 \text{ días} \end{array}$$

Ahora nos sobran días. Esto se explica por la diferencia entre nuestro año gregoriano y el año solar. Nuestro año es la 128^{ava} parte de un día más largo que el verdadero año solar. Esto resulta porque sobra un año bisiesto cada 128 años. En el período de los 483 años, sobran tres años bisiestos. Debemos restar un día por cada año bisiesto:

$$\begin{array}{r} 173.883 \\ - 3 \\ \hline \mathbf{173.880} \text{ días} \end{array}$$

Todo esto demuestra que Daniel profetizó hasta con el día exacto, la fecha de la primera venida del Salvador. Cualquiera que hubiera captado el significado de estas profecías, provenientes de Dios, pudo haber determinado en que día se presentaría el Mesías.

Nuestro estudio enfatiza la exactitud y veracidad del profeta Daniel. Este resultado nos hace conscientes de que las profecías que faltan por realizarse, se cumplirán con toda exactitud.

El esquema siguiente está basado y adaptado de los trabajos de Sir Robert Anderson, J. Alva McClain y Harold W. Hoehner. [a]

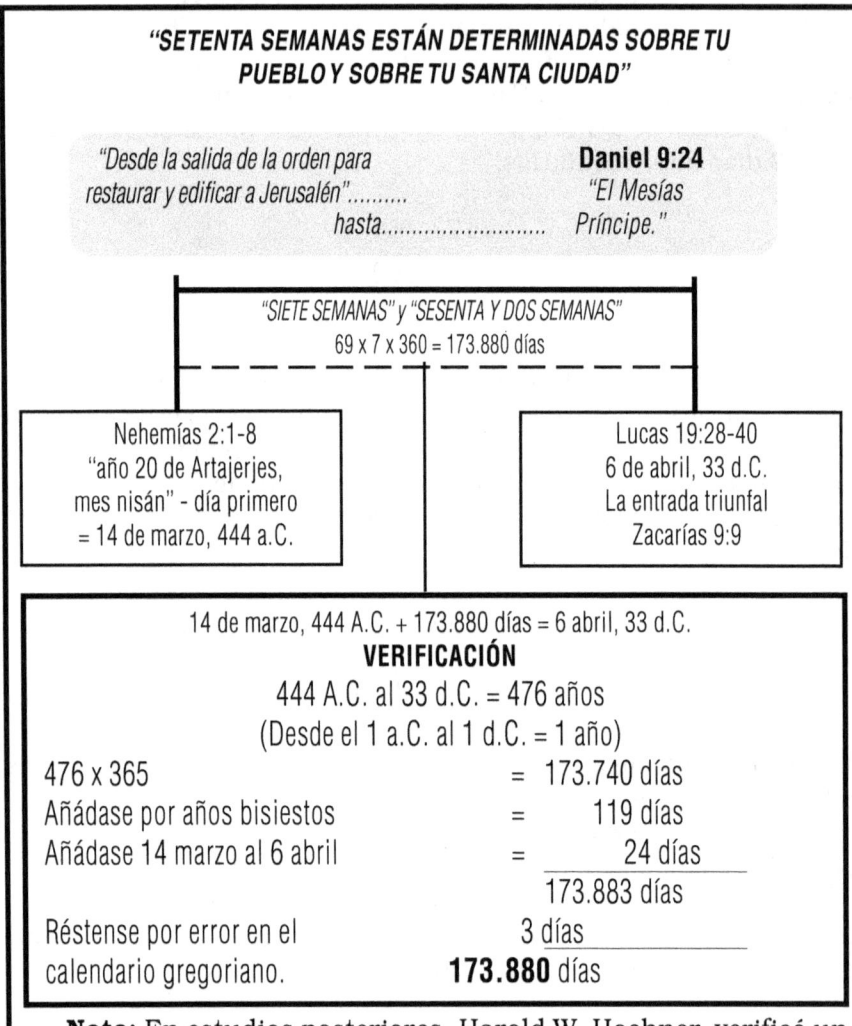

"SETENTA SEMANAS ESTÁN DETERMINADAS SOBRE TU PUEBLO Y SOBRE TU SANTA CIUDAD"

"Desde la salida de la orden para restaurar y edificar a Jerusalén".......... hasta........................

Daniel 9:24
"El Mesías Príncipe."

"SIETE SEMANAS" y "SESENTA Y DOS SEMANAS"
69 x 7 x 360 = 173.880 días

Nehemías 2:1-8
"año 20 de Artajerjes, mes nisán" - día primero
= 14 de marzo, 444 a.C.

Lucas 19:28-40
6 de abril, 33 d.C.
La entrada triunfal
Zacarías 9:9

14 de marzo, 444 A.C. + 173.880 días = 6 abril, 33 d.C.
VERIFICACIÓN
444 A.C. al 33 d.C. = 476 años
(Desde el 1 a.C. al 1 d.C. = 1 año)

476 x 365	= 173.740 días
Añádase por años bisiestos	= 119 días
Añádase 14 marzo al 6 abril	= 24 días
	173.883 días
Réstense por error en el calendario gregoriano.	3 días
	173.880 días

Nota: En estudios posteriores, Harold W. Hoehner, verificó un error de 10 días en los cálculos del Observatorio Real de Greenwich. Las fechas debían ser el 4 de marzo (para la salida del decreto de rey Artajerjes) y 29 de marzo (para la entrada triunfal de Jesús). Esto no influye en la cuenta total de los 173.880 días.

---Apéndice 9---

Resumen de la escatología

Agradecemos al maestro bíblico Terry King por permitirnos utilizar la siguiente adaptación de su ensayo, que presenta los elementos fundamentales de la escatología. Proviene de su obra: *Doctrina cristiana*.[a]

1. Escatología personal: Enfrentando a la muerte

- ❏ En algún momento todos morirán. Gn 3:19
- ❏ Hay tres tipos de muerte: He 9:27
    - **La muerte física.** La vida deja de existir en el cuerpo y el ser interior se separa del cuerpo. Al hablar de muerte física, no estamos diciendo que la vida deja de ser, sino que pasa por un cambio. Ec 12:7 / Stg 2:26 / Mt 10:28
    - **La muerte espiritual.** Es la separación de la persona de Dios. En este estado se encuentra la persona no creyente, sin tener una relación con Dios y sin conocer su presencia. Tampoco siente la presencia del Espíritu Santo. Ef 2:1-2 / 1 Co 2:14
    - **La muerte eterna (la muerte segunda).** Estado final de separación eterna de Dios para la persona que muera en un estado pecaminoso. Ap 21:8 / Ez 18:4 / Ap 20:6
- ❏ La muerte es un enemigo del hombre:
    - Para el hombre perdido, un enemigo que debe temer
    - Para el creyente, un enemigo para derrotar
- ❏ ¿Qué sucede enseguida después de la muerte? ¿Se duermen? ¿Son purgados? 1 Co 15:26 / 1 Co 15:55-57; / He 2:14-15

Teorías concernientes al estado intermedio y la realidad:

- **Purgatorio.** Según esta falsa enseñanza, purgatorio es un lugar de limpieza y perdón. Este engaño rechazamos porque:
    - No tiene apoyo en la Biblia y es también contrario a sus enseñanzas.

> - Niega la obra completa de Cristo en la cruz.   Gá 3:1-14
> - No somos salvos por las obras, sino por la gracia de Dios.   Ef 2:8-9
> - **La realidad bíblica**.
>   - Hay una separación temporal del cuerpo y del alma entre la muerte y la resurrección.
>   - El cuerpo físico vuelve a la tierra.   Gn 3:19
>   - El espíritu y el alma del impío van al infierno para el juicio.   Lc 16:23
>   - Los impíos serán castigados, por causa de su rebelión, con la condenación eterna.   Ap 20:11-15; 21:8
>   - El creyente que muere antes de la segunda venida de Cristo irá espiritualmente a su presencia.   2 Co 5:8 / Fil 1:23
>   - ¡Los creyentes que permanezcan hasta cuando Cristo regrese serán transformados!   1 Jn 3:2 / 1 Co 15:51-52

Creyentes	Actualmente	Cuando Cristo venga
Creyentes que mueren antes de la venida de Cristo	Sus cuerpos están en el sepulcro y sus espíritus están con Cristo	Sus espíritus vienen con Jesús hasta las nubes para reunirse con sus cuerpos
Creyentes que vivan cuando Cristo regrese	Viviendo con Cristo	Sus cuerpos son transformados para reunirse con Cristo en el aire

2. Escatología universal

La escatología no solamente tiene un impacto sobre el individuo, sino también sobre el mundo entero. Ahora veremos los eventos del porvenir tomando en cuenta a Israel, la Iglesia y el mundo.

2.1 Israel y los eventos futuros

Mirar a Israel es muy importante para entender el plan de Dios para el futuro (1 R. 4:25; Mr. 13:28-31).
- ❏ Israel es claramente el pueblo escogido de Dios (véase la tabla siguiente, página 230).
- ❏ El método que se utiliza para interpretar el lugar de Israel en la profecía, tendrá un impacto importante sobre la interpretación de otros eventos descritos en las Escrituras.
  - Si a Israel se le espiritualiza, diciendo que es la Iglesia, entonces se tendrá que espiritualizar muchos sucesos futuros.
  - Nosotros preferimos la interpretación literal. Israel es la nación literal de Israel.

En referencia a Israel y a los eventos del porvenir vale primero examinar su historia y sus promesas a través del Antiguo Testamento.

RESUMEN DE LA ESCATOLOGÍA

Nacimiento de una nación: Desde Abraham hasta David	Dios llama a Abraham, prometiendo una poderosa nación	Gn 12:1-3,7; 13:14-16
	La promesa se renueva a Issac	Gn 17:19
	La promesa se renueva a Jacob	Gn 28:13-14
	Dios cambia el nombre de Jacob a Israel	Gn 32:28
	La promesa se renueva a Moisés	Ex 3:6-8
	La promesa se renueva a Josué	Jo 1:1-3
	El pueblo rechaza a Dios como Rey	1 S 8:6-8
	La promesa se renueva a David	2 S 7:16-17
Israel se aparta de los caminos de Dios	El reino se divide	1 R 11:6,11-13
	Samaria (Israel) es capturada	2 R 17:6
	Jerusalén (Judá) es capturada	2 R 24:2

Después de setenta años de cautiverio, a los judíos se les permitió volver a su país (véase Esdras). Durante los próximos cientos de años perduraron diversas vicisitudes hasta que los invasores romanos les conquistaron. Todo esto sobrevino a causa de su rebelión e idolatría.

Desde Salomón hasta la diaspora	La promesa se renueva a Cristo	Lc 1:31-33
	Los gentiles son hechos partícipes de la promesa	Ro 11:1,17-18, 25-27
	Jerusalén es destruida en el año 70 d.C. y los judíos son dispersados	Dt 28:63-64
Actualmente: Renacimiento de la nación de Israel hasta la segunda venida	Israel vuelve a renacer como nación el 14 de Mayo, 1948	Is 11:12 Jer 16:14-15 Am 9:14-15
	Israel lucha por sobrevivir: 1948, 1969, 1973	
Futuro: Período de la tribulación	Israel es cercada por naciones enemigas.	Zac 14:1-9
	Israel apela a Cristo como su Mesías: Armagedón	Zac 13:8-9 Ap 19:11 - 20:6
	Cristo reina 1.000 años	Mi 4:3-7; Is 11:1-6

En base a las profecías, podemos concluir que un día Israel se arrepentirá y reconocerá a Cristo como su auténtico Mesías.

Ro 11:1-2,11,25; Lc 21:24; Dn 9:24-27; Ez 11:17,19; Zac 13:8-9 Mi 4:1-2,3-7; Is 11:1-12; Dn 2:44-45

Entonces Israel llegará a ser el centro de bendición mundial.

2.2 La Iglesia y los eventos futuros

El orden de eventos que presentamos es desde el punto de vista premilenial, con el arrebatamiento de la Iglesia antes del período de la tribulación.

Para el cuadro presentado a continuación, debemos destacar que las descripciones bíblicas halladas en Apocalipsis se manifiestan principalmente en dos esferas: el cielo y la tierra.

En cuanto al regreso de Cristo, diferenciamos entre la segunda venida y su regreso hasta las nubes para arrebatar a su novia. Éstos, consideramos, son eventos separados. El primer evento es el arrebatamiento de la Iglesia. Esto no debe llamarse la segunda venida de Cristo, pues no llega a la tierra, ni establece su reinado. Además, no tiene anuncio previo — y tiene el rasgo de secreto — el evento en sí ha de ser totalmente asombroso para los moradores de la tierra. Con la desaparición de millones de personas, habrá catástrofes marcadas. Los automóviles se impactarán, los aviones se caerán, las máquinas se volverán locas y este evento espantoso conmoverá a todas las sociedades y culturas del planeta.

Dos esferas de acción

Eventos futuros relacionados con la Iglesia

En la tierra	En los cielos
❏ La muerte y la resurrección de Cristo (Mt. 27 - 28)	❏ La resurrección de los santos del Antiguo Testamento (Mt. 27:52-53)
❏ La ascensión de Cristo (Hch. 1:9)	❏ Cristo recibe su trono (He. 1:3)
Actualidad:	Actualidad:
❏ La era de la Iglesia; Dios trata con los gentiles (Ro. 11:11)	❏ Están presentes los creyentes que han muerto en Cristo (2 Co. 5:8)
Futuro:	Futuro:
❏ Arrebatamiento de la Iglesia (1 Ts. 4:16)	❏ El cuerpo de Cristo es arrebatado y los creyentes reciben un nuevo cuerpo (1 Ts. 4:17)
❏ Última semana de Daniel, la tribulación de siete años (Dn. 9:27; Ap. 3:10)	❏ El tribunal de Cristo: presentación de galardones para los fieles (2 Co. 5:10)
❏ Reinado del anticristo (Ap. 13:16)	
❏ Los ejércitos del mundo se juntan para destruir a Israel (Zac. 14:2)	❏ Los santos siguen a Cristo hacia la batalla (Jud. 14-15)
❏ Segunda venida de Cristo	
❏ Batalla del Armagedón (Ap. 19:11)	❏ ¡Jesús gana la victoria! (Ap. 19:16)
	❏ La fiesta de bodas del Cordero (Ap. 19:7)

Satanás es atado por 1.000 años (Ap. 20:2-3)
(Los pecadores permanecen en el infierno)
Cristo establece su reinado en la tierra (Ap. 20:4)
(El milenio, los creyentes reinan con Cristo)
Satanás es suelto y promueve una rebelión corta (Ap. 20:7)
Satanás es juzgado, cae fuego del cielo (Ap. 20:9)
El juicio del gran trono blanco sobre los pecadores (Ap. 20:11-12)
Dios crea un nuevo cielo y una nueva tierra (Ap. 21:1)

RESUMEN DE LA ESCATOLOGÍA

2.2.1 Razones para hacer separación entre el arrebatamiento y la segunda venida de Cristo:

- ❏ El estudio de 1 Tesalonicenses 4:13-18 demuestra que "arrebatamiento" proviene de la palabra que significa: ser repentinamente arrancado por la fuerza.
- ❏ Cristo viene por los creyentes.
- ❏ Su venida tiene la característica de secreta.

1 Ts 4:13-18

2 Ts 2:1; Jn 14:3
1 Ts 5:2;
Lc 17:20-37;
Mt 25:13

- ❏ Los creyentes deben esperar con paciencia. La venida de Cristo es nuestra esperanza en este mundo perverso.
- ❏ Los creyentes deben vivir a la expectativa, anticipando la venida del Señor.
- ❏ ¡Los creyentes serán cambiados!

Stg 5:7-8; Tit 2:13;
1 Ts 2:19;
1 Jn 3:2 ; 2 P
3:10-12; He 9:28
Fil 3:20-21;
1 Co 15:51-52;
1 Jn 3:2-3

La venida de Cristo a la tierra para reinar es la segunda venida de Cristo y toma lugar al finalizar la tribulación. Cristo vendrá por segunda vez para:

Ap 19:19-21

- ❏ Juzgar a la bestia, el falso profeta y los ejércitos del mundo.
- ❏ Salvar al Israel arrepentido.
- ❏ Juzgar a las naciones del imperante sistema mundial.
- ❏ Establecer su reinado milenial.
- ❏ Revelarse a Israel.

Mt 25:31-32
Lc 1:32; Ap 20:4
Mt 24:30; Fil
2:9-10; Col 3:4;
Jud 14-15

2.2.2 Razones para un arrebatamiento antes de la tribulación:

- ❏ La interpretación literal de las Escrituras y en particular las muchas referencias a la nación de Israel — la simiente de Abraham — no deben ser espiritualizadas.
- ❏ La naturaleza de la tribulación es contraria a lo que normalmente una novia debería pasar. Es un periodo de:
  - ➡ Ira
  - ➡ Juicio
  - ➡ Castigo
  - ➡ Indignación de Dios
  - ➡ Tentación
  - ➡ Angustia
  - ➡ Destrucción
  - ➡ Oscuridad

Ap 6:16-17
Ap 14:7
Is 24:20-21
Is 34:2
Ap 3:10
Jer 30:7
Jl 1:15
Jl 2:2

- El propósito del período de la tribulación: Ap 6:10; 13:8,12, 14; 17:8
  - Las naciones del mundo serán juzgadas. El hombre y sus reinos han rechazado a Dios y recibirán el justo castigo.   Zac 13:7-9 Ro 11:25-27
  - Israel será llevado a una hora de reflexión y, por fin, vuelve a Cristo.   1 Ts 5:9
  - La prueba de la tribulación no ha sido diseñada para la Iglesia, porque la ira de Dios sobre ella, Cristo pagó en la cruz del Calvario.
- La Biblia enseña el regreso de Cristo en forma inminente, secreta y en cualquier instante.   1 Ts 5:2;4-6; Tit 2:13; Ap 3:3; 2 P 3:10
  - A la Iglesia se le otorga el desafío de estar velando siempre, porque Cristo vendrá en un momento indeterminado.
  - Si el arrebatamiento sucediera al fin de la tribulación, la Iglesia estaría advertida y la venida de Cristo perdería su carácter repentino.

2.2.3 En resumen

Dos pensamientos principales deben estar siempre latentes en nuestras mentes y corazones:
- Nos manda la Palabra a estar siempre expectantes, velando en todo momento.   Mt 25:13
- Debemos estar ocupados en la obra del Maestro siempre.   Lc 19:13

2.3 El mundo y los eventos futuros

Estudie Apocalipsis 13:1-18. Áreas a las que debemos prestar especial atención:
- Líderes políticos y tendencias económicas: Habrá un sistema económico universal (Ap. 13:16).
  - Fluctuación de valores monetarios y un deseo de unificar una moneda global.
  - Cambios rápidos de tecnología que permiten el control de la comunicación a nivel mundial.
  - Decaimiento de la producción y reservas de alimentos, combustibles y energía.
  - Mayor endeudamiento de las naciones y personas. Ampliación de la brecha entre los poderosos y los subdesarrollados.

RESUMEN DE LA ESCATOLOGÍA

- Zonas de guerras: El mapa de los últimos tiempos estará lleno de áreas de conflictos armados generalizados (1 Ts. 5:3).
  - El medio oriente
  - Europa oriental y Rusia
  - Asia y China
- El sistema mundial de religión
  - Serán atacados los creyentes cristianos por los medios de comunicación y los líderes religiosos.
  - Se levantará una religión mundial (¿La Nueva Era?) (Ap. 13).
- Habrá cambios políticos bruscos alrededor del mundo, especialmente por la formación de alianzas regionales fuertes.
- El futuro: Un Nuevo Orden Mundial, un solo gobierno universal y ecuménico (Ap. 13).

―――――――――― Apéndice 10 ――――――――――

Terminología y definiciones

Este glosario tiene por objeto familiarizar al estudiante con los términos de la escatología. Las definiciones incluyen palabras que se utilizan en esta obra, así como términos hallados en las obras teológicas que tratan el tema. El autor agradece especialmente a los pastores Patricio Robelly y Lenín Díaz por su ayuda en la compilación de esta lista.

abominación desoladora Profanación y envilecimiento del templo de Dios por el anticristo. Históricamente, un rey invasor de Palestina, Antíoco Epífanes, en cumplimiento de las profecías de Daniel, cometió un acto que tipifica la abominación desoladora. Entre los varios actos perversos de este rey malvado fue el sacrificio de un cerdo sobre el altar de Dios. Jesucristo advirtió acerca de este evento, señalando su realización a la mitad de la última semana profetizada en Daniel 9:27.

anarquía Situación de desorden, desorganización, disgregación social; es la ausencia de ley y orden.

angelofanía Manifestación física de los ángeles en forma humana.

angeleología Estudio de la doctrina de los ángeles.

año judaico En la Biblia, un período de 360 días.

año profético Período de tiempo comprendido por 360 días. Es igual al año judaico.

año sabático El séptimo año designado para descanso de la tierra. Por no guardar esta ley, el pueblo de Judá fue trasladado en cautiverio a Babilonia.

apostasía Abandono de la fe verdadera.

anticristo El último emperador mundial quien se identifica con la primera bestia del Apocalipsis. Será siervo de Satanás.

Armagedón Lugar en Israel, posiblemente el valle de Meguido o Jezreel, donde tendrá lugar la famosa batalla "apocalíptica" de los últimos días. Esta batalla será entre los ejércitos del mundo, bajo el mando del anticristo contra Israel. Jesucristo vendrá en gloria con los santos y con la espada que sale de su boca y vencerá (véase Lección 20, sección 8).

arrebatamiento El acontecimiento por el cual los creyentes serán arrebatados (levantados instantáneamente a las nubes) de la tierra por Jesús. Este suceso será antes del período conocido como la tribulación (véase Apéndice 9, Sección 2.2).

calendario gregoriano A diferencia del calendario judío (o profético) que tiene 360 días, el gregoriano tiene 365 $1/4$ días, con sistemas complejos de reconciliación y meses que varían de acuerdo al número de los días que los contienen.

cautiverio babilónico Período de setenta años profetizado por Jeremías y otros, durante los cuales el pueblo de Dios fue castigado en cumplimiento de las "maldiciones" de Deuteronomio, capítulo 28. La duración del cautiverio fue el resultado de no guardar la ley referente al año sabático por un período de 490 años.

Cristofanía Manifestación de Cristo en el Antiguo Testamento.

cronológico Sucesión de eventos según el tiempo. Por ejemplo: los eventos del año 1990, son cronológicamente posteriores a los del año 1989, aunque algún autor pudiera hablar de los eventos de 1990, antes de los de 1989 en un orden no cronológico. Una tabla demostrando los sucesos en orden cronológico presentará las fechas en el orden del calendario y no según el orden que escogió el autor. Esto prueba que el orden de descripción puede ser diferente a lo que fue o será.

dispensación Período o época en que Dios ha obrado de diferentes maneras en su relación con el hombre. El número de dispensaciones varía según la escuela de interpretación bíblica. El sistema más popular presenta siete dispensaciones:
❏ Inocencia (Gn. 1:26 - 3:24)
❏ Conciencia (Gn. 4:1 - 8:14)
❏ Gobierno humano (Gn. 8:15 - 11:9)
❏ Promesa (Gn. 11:10 - Ex. 12:51)
❏ Ley (Ex. 13:1 - Mt. 4:1; 11:10-13; Lc. 16:16)
❏ Gracia (Mt. 4:1 - Ap. 19:21)
❏ Gobierno divino (Ap. 20:1-15)

dispersión (diáspora) Por causa de la dureza del corazón, los judíos fueron esparcidos por muchos países. Dios permitió su sometimiento y persecución para este propósito. Es notable observar que a pesar de este fenómeno, este pueblo ha guardado su identidad como nación, lo cual no ha sucedido con ningún otro pueblo de la tierra. En la actualidad, Dios está recogiendo a su pueblo de todos los lugares donde se encuentran dispersos y llevándolos a Palestina.

ecumenismo Movimiento de las diferentes iglesias cristianas que promueven la unidad y la universalidad. Además se usa para referirse a la unidad de las iglesias de diferentes creencias (interdenominacionales), que hasta pueden no ser cristianas. Terminarán unificándose como la Iglesia apóstata al servicio del falso profeta.

edad Época, tiempo, período. Por ejemplo la edad de la Gracia, cubre desde la Cruz del Calvario hasta el arrebatamiento.

escatología Doctrina que trata las últimas cosas. Estudios proféticos. Especialmente lo que se refiere a la segunda venida de Cristo y el estado futuro del individuo y el mundo.

eternidad Tiempo sin límite, infinito, sin principio o fin. Se distingue del conocimiento finito del tiempo que los seres humanos compartimos. En nuestra naturaleza humana, limitada por el tiempo y el espacio, es difícil imaginar a un Dios sin principio o fin. Esto precisamente está expresado en el concepto de eternidad.

gentil Que no es judío, sino pagano. Los que no son descendientes de Abraham, según la carne.

gran tribulación Véase tribulación.

Iglesia Los creyentes de todos los lugares y de todos los tiempo, sean judíos o gentiles. El cuerpo de Cristo, la Novia, la desposada del Cordero.

hermenéutica Los principios y métodos utilizados para la interpretación de un cierto pasaje de las Escrituras. Las reglas principales son:
  ❑ Reconocer que toda la Biblia es la Palabra infalible de Dios.
  ❑ Interpretar respetando el lenguaje original.
  ❑ Observar meticulosamente el contexto histórico.
  ❑ Identificar el autor y su propósito, en referencia al texto que se está estudiando.
  ❑ Notar la naturaleza literaria.
  ❑ Tomar en cuenta la situación o necesidad a la cual originalmente se dirigió.

La meta de la hermenéutica es comunicar la enseñanza resultante del estudio, en la forma más adecuada, a los que están recibiendo nuestro mensaje.

interpretación Un sistema para determinar lo que la palabra profética enseña. Hay cuatro escuelas o sistemas de interpretación más conocidas del libro de Apocalipsis. A continuación presentamos un breve resumen de lo que cree cada grupo:

Terminología y definiciones

- ❑ **espiritual** Dicen que Apocalipsis no habla del futuro, que su único propósito es enseñar grandes verdades a través de su simbolismo.
- ❑ **pretérita** Los que sostienen este punto de vista dicen que Apocalipsis apunta exclusivamente a eventos que se suscitaron históricamente durante el Imperio Romano.
- ❑ **histórica** Esta manifiesta que Apocalipsis predice los eventos relacionados con la Iglesia desde el primer siglo hasta nuestros tiempos. Nosotros creemos que los capítulos 2 y 3 de Apocalipsis deben ser entendidos de esta manera. Los que sostienen esta enseñanza, creen que su sistema debe aplicarse a la totalidad de Apocalipsis.
- ❑ **futurista** Los futuristas dicen que Apocalipsis habla de eventos que todavía no se han cumplido y que la mayoría de los sucesos tendrán lugar durante el período profetizado por Daniel para la última semana (Dn. 9:27). Este período es de la tribulación. Esta escuela es la más popular y aceptada actualmente. El presente Manual utiliza este sistema.

Debe notarse que siempre hay necesidad de examinar ciertos pasajes de Apocalipsis a la luz de los diferentes sistemas de interpretación. Por ejemplo, los capítulos 2 y 3 de Apocalipsis se entienden mejor utilizando: el espiritual, pretérito e histórico. Aunque utilizamos el sistema futurista para hablar de los capítulos 4 al 22 de Apocalipsis, seríamos ciegos espirituales si negáramos que estos capítulos tienen una interpretación con absoluta aplicación a nuestras vidas actualmente.

judío Perteneciente al pueblo hebreo y de la nación de Israel. Descendiente de Abraham y Sara. Además, la circuncisión es parte del pacto que Dios hizo con Abraham para conformar este pueblo, diferente y separado de todas las naciones de la tierra.

juicio del trono blanco El gran juicio de los impíos (véase Lección 20, sección 8).

milenio Época futura del reinado de Cristo y su novia sobre la tierra. Ocupará un tiempo de mil años de duración

numerología Estudios y sistemas que utilizan números para la interpretación de la Biblia. Muchas veces se vale de conceptos místicos. Dichos sistemas proponen que la inspiración divina de la Biblia, puede comprobarse siguiendo el análisis numérico de las palabras del texto original, deduciendo fórmulas matemáticas para el propósito. Esto es distinto al esfuerzo, basado en la hermenéutica bíblica, de interpretar el significado simbólico de un número a la luz de la Palabra de Dios. Se aplica para traer mayor entendimiento a un cierto valor numérico en base de la interpretación que los lectores, originalmente habrían apreciado. En este libro, se ha intentado adoptar este último concepto al análisis de los números.

parentética Estilo de escritura usado mucho en Apocalipsis. Ejemplos de este estilo pueden hallarse en novelas modernas. Se sigue una cierta línea de acción, hasta que de repente, se trata otro tema que puede parecer no tener relación, expresando un lugar o tiempo distinto.

postmilenialismo Doctrina que afirma que Jesús volverá por segunda vez después del milenio.

premilenialismo Según esta doctrina el Señor Jesucristo volverá por segunda vez antes del milenio. Esta es la posición doctrinal utilizada en esta obra.

primera resurrección Es el arrebatamiento (1 Ts. 4:17). (Véase Lección 24, sección 3.)

prolepsis Describir las cosas que no son como si fuesen. Habla de eventos futuros en tiempo pasado.

rapto Véase arrebatamiento.

remanente Personas reservadas por Dios y para Dios. En el tiempo de Elías, siete mil no se habían arrodillado ante Baal. Ellos constituyeron un remanente.

resurrección El regreso a la vida, de un muerto, en su propio cuerpo físico. Hay tres clases de resurrección en la Biblia (véase Lección 24, sección 3):
- Las resurrecciones de personas muertas en esta vida presente sobre la tierra (1 R. 17:20-24; 2 R. 4:32-37; 2 R. 13:21; Mr. 5:41-43; Jn. 11:43-44; Hch. 9:40-41; 20:9-12).
- La resurrección de nuestro Señor Jesús (1 Co. 15:12-19).
- Las resurrecciones generales y masivas (Dn. 12:2).

revelación progresiva Revelación se refiere a lo que Dios ha descubierto al hombre. Progresiva habla del incremento a medida que pasa el tiempo. De tal manera, la revelación progresiva nos muestra más acerca de Dios y sus planes, desarrollando gradualmente desde Génesis hasta Apocalipsis a medida que pasa el tiempo. La revelación siempre tiene que concordar, utilizando las reglas de la hermenéutica, con la revelación ya dada por Dios en las partes anteriores de la Biblia. Entonces, podemos concluir, que no hay "nueva revelación" sino mayor comprensión de la revelación ya entregada a la Iglesia por la Palabra de Dios. A medida que nos acerquemos a la venida de Jesús, la Iglesia podrá tener mayor entendimiento de la palabra profética. Esto no representa una "nueva revelación", sino un refuerzo en la comprensión de lo revelado.

sacrilegio Violación o profanación de un lugar, persona o cosa sagrada.

segunda venida de Cristo La segunda venida sucede al fin de la época de la tribulación de siete años. Cristo viene en gran gloria con los santos para reinar mil años. El arrebatamiento, en cambio, no es la segunda venida. En el arrebatamiento, Cristo llega solamente hasta las nubes para encontrase con su novia. En nuestro sistema de interpretación se distingue la segunda venida de Cristo del arrebatamiento (primera resurrección).

siglo En la profecía no se usa para indicar cien años, sino una época o tiempo dentro del cual Dios opera cierto plan.

Teofanía Manifestación visible de Dios.

teología Estudios acerca de Dios.

tiempos de los gentiles Período del dominio gentil sobre Israel; comenzó con Nabucodonosor y terminará con la destrucción de la Nueva Roma, en la segunda venida de Cristo. Jesús mismo utilizó este término.

tribulación Período futuro de siete años en que se manifiestan los juicios y la ira de Dios sobre la tierra antes del inicio del reinado milenial de Cristo. Este período corresponde a la última semana de la profecía de Daniel 9:27. Con relación a este período de la tribulación, se proponen tres sistemas de interpretación sobre la ubicación del arrebatamiento:

❏ **arrebatamiento después de la tribulación** Está incrementándose la popularidad de este punto de vista. Sus proponentes dicen que el arrebatamiento de la Iglesia será al fin de la tribulación y el arrebatamiento y la segunda venida de Cristo son un solo evento.

❏ **arrebatamiento durante la tribulación** Un punto de vista, sostenido por muchos creyentes, es que el arrebatamiento de la Iglesia se suscita exactamente en la mitad de la última semana de la profecía de Daniel 9:27.

❏ **arrebatamiento antes de la tribulación** Habla del sistema de interpretación que ubica el arrebatamiento de la Iglesia antes del inicio del período de la tribulación. En este libro hemos seguido este sistema de interpretación, aunque mucha de su información puede ser útil en el estudio de todos los métodos de interpretación.

tribunal de Cristo El juicio de la Iglesia para determinar los galardones de cada creyente (véase Lección 20, sección 8).

Bibliografía

Lección 1
[a] Robert D. Culver, *Daniel, The Wycliffe Bible Commentary*, South Western, 1968, p. 779
[b] Ibid.
[c] Bruce K. Waltke, *The Date of the Book of Daniel*, Biblioteca Sacra, Vol. 133 (Octubre-Diciembre), 1976, p. 319, Elvis L. Carballosa, *Daniel y el Reino Mesiánico*, Portavoz, 1979, p. 13

Lección 2
[a] Frank M. Boyd, *La Biblia a su alcance*, Tomo 3, VIDA, 1972, p. 33
[b] Elvis L. Carballosa, *Daniel y el Reino Mesiánico*, Portavoz, 1979, p. 37
[c] Sir Robert Anderson, *El príncipe que ha de venir*, Portavoz, 1980, p. 73
[d] Carballosa, *Daniel y el Reino Mesiánico*, Portavoz, 1997, pp. 45-46

Lección 3
[a] Ibid., p. 55
[b] Boyd, *La Biblia a su alcance*, Tomo 3, VIDA, 1972, p. 41
[c] Ibid.
[d] Ibid., p. 60
[e] Carballosa, *Daniel y el Reino Mesiánico*, Portavoz, 1979, pp. 62-63
[f] Oliver B. Greene, *Daniel, Verse by Verse Study*, The Gospel Hour, Inc., 1964, p. 74
[g] Carballosa, *Daniel y el Reino Mesiánico*, Portavoz, 1979, p. 75
[h] A.C. Gaeebelein, *Clave de las visiones y profecías del libro de Daniel*, CLIE, 1985, p. 26
[i] Culver, *Daniel, The Wycliffe Bible Commentary*, South Western, 1968, p. 779
[j] Anderson, *El príncipe que ha de venir*, Portavoz, 1980, p. 73
[k] Carballosa, *Daniel y el Reino Mesiánico*, Portavoz, 1979, p. 79
[l] Ibid.
[m] Greene, *Daniel, Verse by Verse Study*, The Gospel Hour, Inc., 1964, pp. 80-87
[n] Rev. Kittim Silva B.A., M.P.S., *Daniel, historia y profecía*, CLIE, 1985, pp. 46-47
[o] Rev. C.I. Scofield, *Biblia anotada de Scofield*, Publicaciones Españolas, 1966, p. 862
[p] The World Book Encyclopedia, Vol. 3, 1992, p. 360-361
[q] Scofield, *Biblia anotada de Scofield*, Publicaciones Españolas, 1966, p. 862
[r] Ibid.
[s] Greene, *Daniel, Verse by Verse Study*, The Gospel Hour, Inc., 1964, p. 125
[t] Carballosa, *Daniel y el Reino Mesiánico*, Portavoz, 1979, p. 95
[u] Ibid., p. 97

[v] Ibid., p. 100
[w] Greene, *Daniel, Verse by Verse Study*, The Gospel Hour, Inc., 1964, pp. 143-144
[x] Ibid., pp. 145-158
[y] Ibid., pp. 146-147
[z] Ibid.

Lección 4

[a] Carballosa, *Daniel y el Reino Mesiánico*, Portavoz, 1979, p. 104-105
[b] Ibid., p. 106
[c] Ibid., p. 107
[d] Greene, *Daniel, Verse by Verse Study*, The Gospel Hour, Inc., 1964, pp. 174-175
[e] Adam Clark, *Clark's Commentary*, Abingdon Press, Volume IV, p. 581
[f] Boyd, *La Biblia a su alcance*, Tomo 3, VIDA, 1972, p. 54
[g] Carballosa, *Daniel y el Reino Mesiánico*, Portavoz, 1979, p. 113
[h] Finis Jennings Dake, *Dake's Annotated Reference Bible*, Dake Bible Sales, Inc., 1989, p. 866
[i] Carballosa, *Daniel y el Reino Mesiánico*, 1979, p. 115
[j] Scofield, *Biblia anotada de Scofield*, Publicaciones Españolas, 1966, p. 867

Lección 5

[a] Merrill F. Unger, *El mensaje de la Biblia*, Editorial Moody, Kergel, 1976, pp. 395-396
[b] Roy E. Swim, *El libro de Daniel, comentario bíblico Beacon*, Tomo 4, Casa Nazarena, p. 654
[c] William C. Martin, *These Were God's People, A Bible History*, The Southwestern Company, 1965, p. 275
[d] Clark, *Clark's Commentary*, Volume IV, Abingdon Press, 1977, p. 584
[e] Boyd, *La Biblia a su alcance*, Tomo 3, VIDA, 1972, p. 59
[f] Culver, *Daniel, The Wycliffe Bible Commentary*, South Western, 1968, p. 786
[g] Kepler Nigh, *Las puertas del hades no prevalecerán*, Editorial Parra, 1990, pp. 25-27
[h] Carballosa, *Daniel y el Reino Mesiánico*, Portavoz, 1979, p. 133

Lección 6

[a] Ibid., p. 134
[b] Silva, *Daniel, historia y profecía*, CLIE, 1985, p. 105

Lección 7

[a] Carballosa, *Daniel y el Reino Mesiánico*, Portavoz, 1979, p. 146
[b] Silva, *Daniel, historia y profecía*, CLIE, 1985, p. 117
[c] Scofield, *Biblia anotada de Scofield*, Publicaciones Españoles, 1966, p. 872
[d] Merrill C. Tenney, *The Zondervan Pictorial Encyclopedia of the Bible*, Zondervan Publishing House, Volume 4, p. 895
[e] Culver, *Daniel, The Wycliffe Bible Commentary*, South Western, 1968, p. 789
[f] Greene, *Daniel, Verse by Verse Study*, The Gospel Hour, Inc., 1964, p. 248
[g] Ibid., pp. 248-249
[h] Ibid., pp. 249-250
[i] Ibid., p. 252
[j] Silva, *Daniel, historia y profecía*, CLIE, 1985, p. 126

[k] Ibid., pp. 128-129
[l] Ibid.
[m] Boyd, *La Biblia a su alcance*, Tomo 3, VIDA, 1972, pp. 76-77

Lección 8

[a] Carballosa, *Daniel y el Reino Mesiánico*, Portavoz, 1979, p. 175
[b] Ibid., p. 175
[c] Ibid., p. 176
[d] Unger, *El mensaje de la Biblia*, Editorial Moody, Kergal, 1976, p. 399
[e] Silva, *Daniel, historia y profecía*, CLIE, 1985, p. 137
[f] Ibid., p. 139
[g] Dake, *Dake's Annotated Reference Bible*, Dake Bible Sales, Inc., 1989, p. 866
[h] Carballosa, *Daniel y el Reino Mesiánico*, 1979, Portavoz, p. 180
[i] Flavius Josephus, *Antiquities of the Jews*, Book XIII, Chapter VIII, 2, Holt, Rinehar & Winston, 1967
[j] Scofield, *Biblia anotada de Scofield*, Publicaciones Españoles, 1966, p. 873
[k] Silva, *Daniel, historia y profecía*, CLIE, 1985, pp. 148-150,163
[l] Abraão de Almeida, *Israel, Gog y el Anticristo*, 1977, VIDA pp. 47-48

Lección 9

[a] Boyd, *La Biblia a su alcance*, Tomo 3, VIDA, 1972, p. 96
[b] Carballosa, *Daniel y el Reino Mesiánico*, Portavoz, 1979, p. 191
[c] Sunshine Ball, *Daniel y el Apocalipsis*, Casa Evangelica de Publicaciones, s.f., p. 44
[d] Carballosa, *Daniel y el Reino Mesiánico*, Portavoz, 1979, p. 192
[e] Matthew Henry, *The Matthew Henry Comentary*, Edited by L.F. Church, Zondervan, 1988, p. 1098
[f] Ball, *Daniel y el Apocalipsis*, Casa Evangelica de Publicaciones, s.f., p. 44
[g] Carballosa, *Daniel y el Reino Mesiánico*, Portavoz, 1979, p. 204
[h] Ibid., p. 205
[i] Boyd, *La Biblia a su alcance*, Tomo 3, VIDA, 1972, p. 98
[j] Carballosa, *Daniel y el Reino Mesiánico*, Portavoz, 1979, pp. 206-207
[k] Ibid., pp. 208-209 (Nota al pie de página)

Lección 10

[a] Silva, *Daniel, historia y profecía*, CLIE, 1985, pp. 189-190
[b] Ibid., p. 192
[c] A.C. Gaebelein, *Clave de las visiones y profecías del libro de Daniel*, CLIE, s.f., pp. 178-181
[d] Boyd, *La Biblia a su alcance*, Tomo 3, VIDA, 1972, p. 110
[e] Greene, *Daniel, Verse by Verse Study*, The Gospel Hour, Inc., 1964, p. 405
[f] Carballosa, *Daniel y el Reino Mesiánico*, Portavoz, 1972, p. 232
[g] Ibid., p. 74

Lección 11

[a] Ibid., p. 236
[b] Greene, *Daniel, Verse by Verse Study*, The Gospel Hour, Inc., 1964, p. 442

[c] J. Dwight Pentecost, *Eventos del porvenir*, VIDA, 1984, pp. 249-253
[d] Gaebelein, *Clave de las visiones y profecías del libro de Daniel*, CLIE, s.f., pp. 220-223
[e] Silva, *Daniel, historia y profecía*, CLIE, 1985, p. 231

Lección 12

[a] Carballosa, *Daniel, y el Reino Mesiánico*, Portavoz, 1979, pp. 271-272
[b] Silva, *Daniel, historia y profecía*, CLIE, 1985, pp. 236-238
[c] Carballosa, *Daniel y el Reino Mesiánico*, Portavoz, 1979, pp. 274-276
[d] Ibid., pp. 278-279
[e] Ibid., pp. 279
[f] Greene, *Daniel, Verse by Verse Study*, The Gospel Hour, Inc., 1964, pp. 484-487
[g] Ibid.

Lección 13

[a] Wilbur M. Smith, *Apocalipsis, el comentario bíblico Moody*, Editorial Moody, 1965, p. 536
[b] Ibid
[c] Ibid., p. 538
[d] Dr. Gary G. Cohen and Salem Kirban, *Revelation Visualized*, Salem Kirban, 1971, p. 21. Citando al Dr. Herman A. Hoyt, Grace Theological Seminary
[e] Steve Farrar, *Standing Tall,* Multnomah Books, 1994, p. 136

Lección 14

[a] Charles Caldwell Ryrie, *Apocalipsis*, Moody Press, 1974, pp. 13-14
[b] Boyd, *La Biblia a su alcance*, VIDA, 1967, Tomo 8, 1967, p. 11
[c] Cohen y Kirban, *Revelation Visualized*, 1971, p. 39
[d] Arno C. Gaebelein, *El libro de Apocalipsis*, CLIE, 1985, p. 29
[e] Boyd, *La Biblia a su alcance*, Tomo 8, VIDA, 1967, p. 24
[f] Ibid., p. 25
[g] Ibid., p. 26
[h] Cohen y Kirban, *Revelation Visualized*, 1971, p. 48
[i] Boyd, *La Biblia a su alcance*, Tomo 8, VIDA, 1967, p. 30
[j] Smith, *Apocalipsis, el comentario bíblico Moody*, Editorial Moody, p. 545

Lección 15

[a] Boyd, *La Biblia a su alcance*, Tomo 8, VIDA, 1967, p. 33
[b] Scofield, *Biblia Anotada de Scofield*, Publicaciones Españolas, 1966, p. 1287
[c] Boyd, *La Biblia a su alcance*, Tomo 8, VIDA, 1967, p. 35

Lección 16

[a] Ryrie, *Apocalipsis*, Moody Press, 1974, p. 33
[b] Herbert Lockyer, Sr., *Apocalipsis: el drama de los siglos*, VIDA, 1982, p. 81
[c] Hal Lindsey, *El apocalipsis inminente*, LOGOI, 1973, p. 84
[d] Lockyer, Sr., *Apocalipsis: el drama de los siglos*, VIDA, 1982, p. 82

[e] Ibid., p.82
[f] Lindsey, *El apocalipsis inminente*, LOGOI, 1975, p. 94
[g] Lockyer, *Apocalipsis: el drama de los siglos*, VIDA, 1982, pp. 82-83
[h] Gaebelein, *El libro de Apocalipsis*, CLIE, 1985, p. 42
[i] Boyd, *La Biblia a su alcance*, Tomo 8, VIDA, 1967, p. 80
[j] Gaebelein, *El libro de Apocalipsis*, CLIE, 1985, p. 42
[k] Lockyer, *Apocalipsis: el drama de los siglos*, VIDA, 1982, p. 83
[l] Lindsey, *El apocalipsis inminente*, LOGOI, 1973, p. 98
[m] Lockyer, *Apocalipsis: el drama de los siglos*, VIDA, 1982, p. 84
[n] Gaebelein, *El libro de Apocalipsis*, CLIE, 1985, p. 44
[o] Boyd, *La Biblia a su alcance*, VIDA, Tomo 8, 1967, pp. 84-85
[p] Lindsey, *El apocalipsis inminente*, LOGOI, 1975, p. 104
[q] Ibid., pp. 104-105

Lección 17

[a] Lockyer, *Apocalipsis: el drama de los siglos*, VIDA, 1982, p. 87
[b] Ibid., p. 87
[c] Ibid., p. 91
[d] Gaebelein, *El libro de Apocalipsis*, CLIE, 1985, pp. 47-48
[e] Cohen y Kirban, *Revelation Visualized*, Salem Kirban, 1971, pp. 110-111
[f] Ivan Barchuk, *Explicación del libro de Apocalipsis*, CLIE, 1987, pp. 125-126
[g] Lindsey, *El apocalipsis inminente*, LOGOI, 1973, p. 120
[h] Barchuk, *Explicación del libro de Apocalipsis*, CLIE, 1987, p. 133
[i] Lockyer, *Apocalipsis: el drama de los siglos*, VIDA, 1982, pp. 94-95
[j] Ibid., p. 97
[k] Ibid.
[l] Ryrie, *Apocalipsis*, Moody Press, 1974, pp. 52-53
[m] Gaebelein, *El libro de Apocalipsis*, CLIE, 1985, p. 53
[n] Unger, *El mensaje de la Biblia*, Editorial Moody, Kergel, 1976, p. 878
[o] Boyd, *La Biblia a su alcance*, Tomo 8, VIDA, 1967, pp. 115-116
[p] Lindsey, *El apocalipsis inminente*, LOGOI, 1973, pp. 149-150

Lección 18

[a] Lockyer, *Apocalipsis: el drama de los siglos*, VIDA, 1982, pp. 103-105
[b] Ibid., p. 106
[c] Boyd, *La Biblia a su alcance*, Tomo 8, VIDA, 1967, p. 114
[d] Gaebelein, *El libro de Apocalipsis*, CLIE, 1985, p. 55
[e] Lindsey, *El apocalipsis inminente*, LOGOI, 1973, pp. 152-153
[f] Lockyer, *Apocalipsis: el drama de los siglos*, VIDA, 1982, p. 108
[g] Barchuk, *Explicación del libro de Apocalipsis*, CLIE, 1987, pp. 165-166
[h] Ibid., pp. 168-169
[i] Ibid., pp. 176-177
[j] Lockyer, *Apocalipsis: el drama de los siglos*, VIDA, 1982, p. 122
[k] Cohen y Kirban, *Revelation Visualized*, Salem Kirban, 1971, p. 166

[l] Ibid., p. 170
[m] Lockyer, *Apocalipsis: el drama de los siglos*, VIDA, 1982, p. 128

Lección 19
[a] Boyd, *La Biblia a su alcance*, Tomo 8, VIDA, 1967, pp. 154-157
[b] Ibid., p. 164

Lección 20
[a] Lockyer, *Apocalipsis: el drama de los siglos*, VIDA, 1982, pp. 145-146
[b] Cohen y Kirban, *Revelation Visualized*, Salem Kirban, 1971, p. 199
[c] Lockyer, *Apocalipsis: el drama de los siglos*, VIDA, 1982, pp. 151-152
[d] Ibid., p. 153
[e] Cohen y Kirban, *Revelation Visualized*, 1971, p. 459

Lección 21
[a] Lockyer, *Apocalipsis: el drama de los siglos*, VIDA, 1982, p. 175
[b] Ibid., p. 176
[c] Ibid.
[d] Ibid., p. 177
[e] Barchuk, *Explicación del libro de Apocalipsis*, CLIE, 1987, p. 279
[f] Ibid., pp. 281-290
[g] Lockyer, *Apocalipsis: El drama de los siglos*, VIDA, 1982, p. 181-192
[h] Boyd, *La Biblia a su alcance*, Tomo 8, VIDA, 1967, pp. 190-198

Lección 22
[a] Ibid., p. 201
[b] Cohen y Kirban, *Revelation Visualized*, Salem Kirban, 1971, p. 262
[c] Barchuk, *Explicación del libro de Apocalipsis*, CLIE, 1987, p. 310
[d] Scofield, *Biblia Anotada de Scofield*, Publicaciones Españolas, 1966, p. 1303
[e] *Nelson's Illustrated Dictionary of the Bible*, General Editor Herbert Lockyer, Sr., 1986, Thomas Nelson Publishers, articulos ROME y TIBER RIVER
[f] Boyd, *La biblia a su alcance*, Tomo 8, VIDA, 1967, pp. 202-214
[g] Ibid., p. 204
[h] Ibid., p. 204-205
[i] *Encyclopedia of Religion*, Vol. 2; s.f., p. 398; *Herodotus History*, Book 2, p. 109
[j] J. R. Church,*Guardians of the Grail*, Prophecy Publications, 1989, pp. 65-69
[k] Pentecost, *Eventos del porvenir*, VIDA, 1984, p.279
[l] Norma H. Dickey, *Funk & Wagnalls New Encyclopedia*, Volumen 28, Funk & Wagnalls, Inc., 1987, p. 172
[m] Dr. Walter Martin, *La Nueva Era*, Editorial Betania, 1991, p. 15
[n] Revista *Time*, 7 de diciembre de 1987, p. 62
[o] Church, *Guardians of the Grail*, Prophecy Publications, 1989, pp. 266-267
[p] Ibid.
[q] Revista *Newsweek*, 28 de noviembre de 1994, p. 49
[r] Ibid.

Lección 23
[a] Lindsey, *El apocalipsis inminente*, LOGOI, 1973, p. 316

Lección 24
[a] Cohen y Kirban, *Revelation Visualized*, Salem Kirban, 1971, p. 472-477
[b] Lewis Sperry Chafer, *Grandes temas bíblicos*, Portavoz, 1976, pp. 396-402, 415-422
[c] Ibid., pp. 389-395
[d] Ibid., p. 393
[e] Cohen y Kirban, *Revelation Visualized*, Salem Kirban, 1971, p. 349

Apéndice 2
[a] *Diccionario ilustrado de la Biblia*, Editorial Caribe, 1977, p.178
[b] Merrill F. Unger, *El mensaje de la Biblia*, Kergal, 1976, p. 869
[c] *Diccionario ilustrado de la Biblia*, Caribe, 1977, p.178
[d] Unger, *El mensaje de la Biblia*, Kergal, 1976, p. 870
[e] Ibid.
[f] Ibid.
[g] Ibid.
[h] *Diccionario ilustrado de la Biblia*, Caribe, 1977, p. 504
[i] Ibid., p. 504
[j] Unger, *El mensaje de la Biblia*, Kergal, 1976, p. 870
[k] Ibid., p. 872
[l] *Diccionario ilustrado de la Biblia*, Caribe, 1977, p. 658
[m] Ibid., p. 595
[n] Unger, *El mensaje de la Biblia*, Kergal, 1976, p. 872
[o] Ibid.
[p] *Diccionario ilustrado de la Biblia*, Caribe, 1977, p. 595
[q] Unger, *El mensaje de la Biblia*, Kergal, 1976, p. 873
[r] *Diccionario ilustrado de la Biblia*, Caribe, 1977, p. 231
[s] Unger, *El mensaje de la Biblia*, Kergal, 1976, p. 873
[t] *Diccionario ilustrado de la Biblia*, Caribe, 1977, p. 231
[u] Ibid., p. 369
[v] Unger, *El mensaje de la Biblia*, Kergal, 1976, p. 874
[w] *Diccionario ilustrado de la Biblia*, Caribe, 1977, p.369
[x] Ibid.

Apéndice 3
[a] Pentecost, *Eventos del porvenir*, VIDA, 1984, pp. 114-119

Apéndice 4
[a] Ibid., pp. 107-119
[b] Ibid., p. 114

[c] Ibid., p. 110

Apéndice 5
[a] Ibid., p. 117

Apéndice 6
[a] Lockyer, *Apocalipsis: el drama de los siglos*, VIDA, 1982, p. 260
[b] Ralph Earle, *El evangelio según San Mateo, comentario bíblico Beacon*, Tomo 6, Casa Nazarena de Publicaciones, p. 142
[c] Merril C. Tenney, *Zondervan Pictorial Encyclopedia of the Bible*, Tomo 2, Zondervan Publishing House, 1975, p. 154

Apéndice 8
[a] Thomas McCall y Zola Levitt, *El anticristo y el santuario*, Moody Press, 1977, pp. 43-49
[b] Anderson, *El príncipe que ha de venir*, Portavoz, 1980

Apéndice 9
[a] Terry King, *Christian Doctrine: A study of the Basic Doctrines of the Bible*, inédito, 1993, pp. 54-60

Otras obras consultadas
☐ Abraao de Almeida, *Las visiones proféticas de Daniel*, VIDA, 1986
☐ W.E. Blackstone, *Jesús viene*, VIDA, 1982
☐ Tal Brooke, *When the World will be as One*, Harvest House, 1989
☐ Charles R. Taylor, *World War III and the Destiny of America*, Sceptre, 1979
☐ Chuck Smith, *Los tiempos finales*, Word for Today, 1980
☐ Chuck Smith, *Muy pronto será revelado el anticristo*, Word for Today, 1980
☐ C.I. Scofield, *¿Qué dicen los profetas?* CLIE, 1985
☐ Finis Jennings Dake, *God's Plan for Man*, Dake Bible Sales, Inc., 1977
☐ C.P. Denyer, *Concordancia de las Sagradas Escrituras*, Caribe, 1978
☐ G. Campbell Morgan, *El plan de Dios para las edades*, CLIE, 1984
☐ Hal Lindsey, *La promesa*, VIDA, 1983
☐ Lowell Lundstrom, *Y ahora ¿qué vendrá?*, VIDA, 1982
☐ James Strong, S.T.D., LL.D. *Strong's Exhaustive Concordance of the Bible*, Thomas Nelson, 1990
☐ Josh McDowell, *Evidencia que exije un veredicto*, VIDA, 1972
☐ Josh McDowell, *Profecía, ¿hechos o ficción?*, CLIE, 1988
☐ Juan F. Walvoord y Juan E. Walvoord, *Armagedon*, VIDA, 1975
☐ J.G. Hall, *God's Dispensational and Prophetic Plan*, Hall, 1972
☐ J.G. Hall, *Prophecy Marches On!, Daniel*, Hall, 1963
☐ J.G. Hall, *Prophecy Marches On!, Revelation*, Hall, 1964
☐ J.N. Darby, *Estudio sobre el libro de Apocalipsis*, CLIE, s.f.
☐ Miguel Hernan, *El futuro... ¿está escrito?*, CLIE, s.f.
☐ Tim LaHaye, *How to Study Bible Prophecy for Yourself*, Harvest House, 1990
☐ Tim LaHaye, *No Fear of the Storm*, Multnomah, 1992

DANIEL Y APOCALIPSIS: UN MANUAL DE ESTUDIOS PROFÉTICOS

- ❏ Hilton Sutton, *Revelation,* Harrison House, 1984
- ❏ Ray Summers, *Digno es el Cordero,* Casa Bautista de Publicaciones, 1954
- ❏ Richard W. DeHaan, *Israel and the Nations in Prophecy,* Zondervan, 1968
- ❏ Pat Robertson, *The New World Order,* Word, 1991
- ❏ Wilbur M. Smith, *Israeli/Arab Conflict,* Regal, 1967
- ❏ Wim Malgo, *El arrebatamiento,* Llamada de Medianoche, s.f.
- ❏ Wim Malgo, *Santidad a Jehová o 666,* Llamada de Medianoche, s.f.
- ❏ Wim Malgo, *Apocalipsis de Jesucristo,* Llamada de Medianoche, s.f.
- ❏ Wim Malgo, *El despliegue acelerado de Rusia hacia Israel,* Llamada de Medianoche, s.f.
- ❏ Wim Malgo, *Fuego atómico en el Oriente Medio,* Llamada de Medianoche, 1981
- ❏ Wim Malgo, *No hay camino que no lleve a Jerusalén,* Llamada de Medianoche, s.f.
- ❏ Donald C. Stamps, *Biblia de estudio Pentecostal,* VIDA, 1991
- ❏ William T. Still, *New World Order: The Ancient Plan of Secret Societies,* Huntington House Publishers, 1980
- ❏ W.E. Vine, *Vine's Expository Dictionary of Biblical Words,* Thomas Nelson Publishers, 1940
- ❏ Ralph Woodrow, *Babilonia misterio religioso,* Ralph Woodrow, 1966
- ❏ *Encycolpeadia Britannica,* 1984
- ❏ *Grijalbo diccionario enciclopédico,* 1986

Índice general

Para facilitar el uso del *Manual de estudios proféticos* y hacer que cumpla su función como obra de consulta del estudio de una realidad, consignamos el presente índice general. Los términos pueden ubicarse normalmente en su orden alfabético. Las palabras presentadas en el Apéndice 6, pueden encontrase en tres lugares correspondientes a la letra que inicia su categoría. Símbolos, nombres y paralelismos están bajo la letra "S" en la página 261, mientras que los términos numéricos en la página 257 y las frases relacionados con el tiempo comienzan en la página 265.

A

Aarón 63, 178
Abadón 143
ABC de la profecía 25
Abed-nego 24
Abel 86
abismo 221
  hebreo Abadón 143
abominación desoladora 55, 194, 196, 234
aborto provocado 112
Abraham 64, 229
Acab 153
Acán 85, 196
aceite hirviendo 63
actos lascivos 112
Adán 14, 15
  maldición sobre 125
  perdida del Paraíso 218
adonai-elohim
  Dios soberano 47
adoración
  a demonios 81

a Dios
  (ver también alabanza) 117
a los ángeles 125
al diablo 112
adulterio 112
aéreo, transporte 56
aerolitos
  meteoritos 75
aeropuerto 123
Afrodita y Eros 110
águila 194
Ajenjo 143
alabanza 117
  aleluya 117, 213
  arpas 71, 97, 202
  cántico de Moisés 97, 98, 202
  cántico del Cordero 97
  cántico nuevo 71
  coro celestial 98
  Salmo de Daniel 26
alas de gran águila 194
aldea global 57
Alejandría 131

aleluya 117, 213
Alemania 134
alianzas 233
alimento celestial 66
alimentos 232
alma 75
alta crítica 64, 134
alternativa 112. Ver también **pecado**
amante 114
Amazonas 120
amor libre 111
Ananías 24
anarquía 75, 234
Anderson, Robert 222, 223, 224, 226
Ángel de Jehová 30, 51
ángel del abismo
  nombre hebreo Abadón 143
angeleología 234
ángeles 34, 163
  su ministerio 79
ángeles caídos 81
angelofanía 234

año
  bisiesto 225
  gregoriano 225
  judaico 223, 234
  profético 223, 234
  sabátlco 23, 48, 234
  solar 225
anticristo 28, 31, 32, 221
  abominación desoladora 30, 55, 143, 234
  Armagedón 96, 144
  bajo dirección del dragón (Satanás) 94
  bestia escarlata 103
  blasfemará 195
  cabeza de la Nueva Roma 90
  campañas militares 55
  caudillo 16
  cuarta bestia 41
  cuatro jinetes 74
  cuerno pequeño 42, 45
  derrotado 120
  dios del anticristo 54

dominio del mundo 94
ejércitos 118, 162
espíritu del 73
establece Nuevo Orden 116
guerra en Armagedón 95
hablará blasfemias contra Dios 90
hará guerra contra los santos 195
identificación 54, 90, 234
  aristocrático 54
  cuerno pequeño 41
  homosexual 54, 144
  humano, no será perfectamente 156
  imitación de Cristo 194
  jefe de la Nueva Roma 115, 194
  judío-europeo 54
  judíos creerán que es su Mesías 83
  primera bestia 89, 91, 189, 194
  príncipe que ha de venir 54, 189
  realeza falsa 73
  rey altivo 89
  rey soberbio 54
  se distingue de Nabucodonosor 35
  seiscientos sesenta y seis 92, 93
  séptima cabeza 103
  varios nombres 144
  verdadero carácter 73
Laodicea, será gobernado por 139
pacto con Israel 83
período de dominio 57
presentación 72, 94
profanación del templo 83
prosigue a Israel en el desierto 194
remera, ordenará la destrucción 209
Roma será capital 105
tipificado por
  Epífanes 45, 53
  Nabucodonosor 32
vencerá
  los dos testigos 84
  los santos 90
antiguo pacto 220
Antiguo Testamento. Ver **Testamento, Antiguo**
Antioquía 131
Apocalipsis
  introducción 59
  significado 59
apocalíptica
  Armagedón 234
Apolión 199
Apolo 131
apostasía 106, 111, 139, 208, 234
apostasía babilónica 107, 181, 211
  sede principal es Roma 108
apóstol 168, 187, 212
  doce 69
  Juan 13, 52, 60, 93
  Pablo 60
arameo 43
arcángel 51, 193
Arioc 26
aristócratas 61
Armagedón 99, 100, 159, 193, 204, 208, 221, 229, 230
  definición 144
  descripción 205
  identificación 234
  guerra contra Jesús 96
  guerra de gran escala 54
  reunión de los ejércitos del anticristo 118
  sexta copa 208
armas nucleares 210
Armstrong, Neil 63
arpas 71, 97, 186, 202
arrebatamiento 16, 115, 182, 184, 196, 221, 230
  de Filadelfia 134
  la Iglesia verdadera 67
  de Israel al desierto 88, 197
  definición 235
  nuestro anhelo 15
  parábola de la perla tipifica 136
  primera resurrección 56, 93
  razones que es antes de la tribulación 231
  separación de la segunda venida 231
  tiempo de
    antes de la tribulación 229, 240
    después de la tribulación 239
    durante la tribulación 239
arrepentimiento
  falta de 33, 99, 197, 212, 221
  Jesús llama a 66
  Jesús y la Esposa llaman a 219
Artajerjes 223, 224, 226
Asia 233
Asia Menor 131, 132, 177
Asia proconsular 131
Asiria 24
asirios 106, 109
Astarot y Tammuz 110
astrólogos 24, 25
Asuero 47
Atalo I 106, 107
Atena 131
atmosférica, condición 190
atómica, explosión 210
aves 207
Azarías 24

B

Babel 111, 207
  fundada en rebelión 111
  religión 114
  sitio de la primera apostasía 14
  torre representa religión 31, 109, 110
Babilonia 27, 37, 39, 40, 50, 149, 151, 165, 194, 221
  Daniel llega en cautiverio 47
  definición 145
  fin del antiguo Imperio 37
  Iraq actualmente 96
  Judá llevado en cautiverio a 21
  juicio en cumplimiento de la profecía 39
  Magno, Alejandro murió en 44
  misterio 108
  moderna 109
  Nabucodonosor, su hogar 14
  primer imperio gentil 15
  relación con el Nuevo Orden 109
  Roma será la moderna 212
  sistema 106
  su destrucción 208, 209, 210
  su relación con la Iglesia romana 106
babilónicos 109
Balaam 145, 149
Balac 180
Barchuk, Ivan 81
barro 28, 32
Basílica de San Pedro 134
batalla de Armagedón Ver **Armagedón**
Beatles 111

ÍNDICE GENERAL

bebé-esposo 109
bebida intoxicante 113
Bélgica 28
Belsasar 36, 37, 44, 155
Belti 24
Beltsasar 24
bendición 220
Berlín 212
bestia 28, 189. Ver también **anticristo**; falso profeta; numérico: cuatro bestias, dos bestias, primera bestia, segunda bestia
  mundo espera su presentación 212
  varios términos 145
Bet-avén 76
Bet-el 76
Betania 224
Biblia 17, 69, 113, 123
  interpretación por hermenéutica 141
  su uso de simbolismos 140
biblioteca 131
blasfemia 112, 197
Blavatsky, Helena 111
bodas del Cordero 58, 213, 230
Bossuet 108
Boyd, Frank M. 87, 102, 106
bronce 131
brujería 112
Bruselas 28
buitres 111

C

cadáveres 74, 111
Caín 86
Caldea 111
caldeos 25
caldo de puerco
  profanación del templo 44
calendario gregoriano 225

definición 235
cántico. Ver **alabanza**
  de Moisés 97, 202
  del Cordero 97
  nuevo 71
caos 75
Carballosa, Evis L. 49, 56
Cardenal Bellarmine 108
cardinales
  (puntos) 76
carta de venta 70
catacumbas 133
catolicismo romano 134, 196
católicos 102, 113, 195
caudillos
  anticristo 16
  Hitler, Adolfo 73, 110, 200
  Napoleón 73
  Stalin 73
  super-hombre 110
cautiverio babilónico 22, 23, 51, 222
  definición 235
cena sabática 224
centrales digitales 32
Centroamérica 110
César
  adoración al 131
César, Julio 73, 107
César, Tiberio 224
cetrino 74
cielo 97
  actual es pasajero 216
  esfera de acción en Apocalipsis 221, 230
  mejor que la tierra 64
  morada de los santos 94
  tema de muchos escritores 124
cielo nuevo 123
ciencia 57
Ciencia Cristiana 134
científico 12
cinto de oro 97

Circo Maxo 133, 212
circuitos electrónicos 31
Ciro 50
ciudad santa 102
clarificación de valores 112, 113
cobardes 216
  excluidos del nuevo cielo 124
códigos 140
Colosas 132
combustible 232
comentario de Apocalipsis 177
comercial 28, 105
coma 49
como
  uso de la palabra en Apocalipsis 75, 123
computador personal 57
computadorizado 32
comunicación 56, 233
  controles de 232
  telepática 111
comunismo 73, 134
Constantino 27, 133, 138, 180
Constantinopla 28
control computadorizado 32
cordero pascual
  Jesús cumplió 147
corona de la vida 66
corregente
  Belsasar 36
Creso 132
creyentes 214
  crucificados 59
  de la tribulación 94
  decapitados 59
  lanzados a las fieras 59
  martirio universal 74
  quemados 59
cristianismo 111, 113, 114
  proclamado única religión 180

Cristo
  ante el Anciano de días 42
  anticristo le imitará 90
  arrebatará a su novia 122, 134
  como
    Águila 70
    Becerro 70
    Hombre 70
    León 70
  conquista victoriosa 73
  decapitados por su causa 77
  descendencia real 86
  descripción de 129
  destruya sistema gentil 29
  divinidad 71, 136
  es la primicia 121
  estar con Él es mejor 64
  feministas eliminan del cristianismo 114
  fidelidad a su nombre 133, 134
  hablaron de Él los profetas 118
  inspecciona a su Iglesia 63
  Juez 64, 95
  la vida con Él 64
  llama al pecador 126
  llevar su cruz 91
  los reinos serán de Él 85
  mártires para Él 115
  muertos por su nombre 59
  nombre de 59
  novia de 16
  nuestro pariente cercano 70
  preencarnado 30
  primera venida 29
  reinado de mil años 15
  Reino Mesiánico 49
  resucitó a varios 121
  resurrección 15

revelado en Apocalipsis 60
sacrificado para todos 69
segunda venida 11, 16, 23, 41, 42, 58, 96, 99, 100, 118
servicio a Él 115
sostiene y apoya el ministerio 64
tiene todo bajo control 64
toma posesión de su reino 119
tribunal 118, 121, 124
triunfante 17
viene para su novia 139
Cristofanía 30, 235
cronológico 75, 173, 184, 192, 208
definición 235
cruz 155
cubo 217
cuerno
varias términos 148
cuerno notable
Magno, Alejandro 44
cuerno pequeño 43, 49
anticristo 42, 45
primera bestia 42
culto a la virgen 108
culto babilónico 106, 196. Ver también **chamanes**
culto de la madre y el niño 110
diosa máxima
reina del cielo 106
dioses
Afrodita y Eros 110
Isis y Horus 110
Venus y Cupido 110
emperadores romanos
sumos pontífices 107
hijo 106
madre de dios
María 108

Menfis 106
monjes del monte Carmelo 107
padre supremo 106
Pérgamo 106
reina del cielo 106
María 108
sacerdocio babilónico 106
ser femenino encarnado 106
sumo pontífice
César, Julio 107
sumo pontífice 106, 107
Tíbet 106
cultos falsos 134
Ciencia Cristiana 134
Mormonismo 134
Testigos de Jehová 134
cultura "hippy" 111
Cupido
Venus y Cupido 110
curanderos 112

Ch

chamanes 110. Ver también **culto babilónico**
China 29, 134, 233

D

Dámaso
obispo de Roma 107
Dan
tribu faltante de los sellados 76
Daniel
confiesa su pecado 47
humillación 48
integridad 24
oración de 48
profecía de las setenta semanas 224
profeta 23
significado de su nombre 21

visión de las bestias 41
Darío 38, 47, 53
Darío III 27
David 148, 155, 186, 229
decapitados 77, 214
decreto
de Ciro 50
definiciones
glosario 234
demoníaco 199, 206, 221
demonios 64, 81, 111, 210
iniciaron culto babilónico 106
morada, abismo 143, 158
origen de 87
denario 189
deportación 23, 42
desierto 88, 193, 194
después de esto
clave cronológico 76, 184
día del Señor 178
diáspora 235
dictadores
espíritu del caudillo 110
diez emperadores romanos
su persecución 180
diez mandamientos 113
diez naciones 16, 28
europeas 104, 209
digitales 32
Dios. Ver **omnipotencia**; **omnipresencia**; **omnisciencia**
el Espíritu Santo 92
el Hijo (Jesús) 92
el Padre 92
varios nombres y expresiones 149
dios-solar 110
dioses 109. Ver también **Afrodita y Eros**;

Astarot y Tammuz;
Atena; **Horus**; **Júpiter**;
madre de dios; **madre de las rameras**;
maestro ascendido;
Minerva; **Nebo**; **ser femenino encarnado**;
Sofia; **Tammuz**; **Venus y Cupido**
dispensación 235
conciencia 235
gobierno divino 235
gobierno humano 235
gracia 235
inocencia 235
ley 235
promesa 235
dispensación de la Iglesia 62
dispensacional 67, 138
dispersión 235
doce apóstoles 69
doce hijos de Israel 69
doctrina de Balaam 149
doctrina de los nicolaítas 133, 149
doctrinas falsas 133
dolores, principio de 188
Domiciano 59, 63
domingo 224
dominio gentil 29
dos testigos 84, 188
doscientos millones 199
dragón 193
drogas 111

E

eclesiástico 105
económica 28
ruina 189
tendencias 232
ecuación 12
ecumenismo 134, 233, 236
edad 236

ÍNDICE GENERAL

apostólica 133
gracia 195
edicto de Milán 133, 180
Edom 88
Éfeso 65, 66, 129, 131, 132, 133, 138, 149, 179
Efraín
tribu faltante de los sellados 76
egipcio 106, 109
Egipto 40, 79, 110, 111, 149, 161, 194, 202
invasión por Epífanes 44
ejército
romano 107
ruso 95
Elías 84
Eliseo 84
emperador romano 107
encantadores 25
encantamientos 112
endeudamiento 232
enemigos del creyente
el diablo 97
el mundo 97
la carne 97
enemigos del cristianismo
alta crítica 64, 134
comunismo 134
evolución 134
humanismo 134
Nueva Era (Edad) 134
energía 232
enfermedad
insania zoanthrópica 34
juicio 144
Nabucodonosor 33
resultado de la maldición 125
Enoc 84
entrada triunfal 224
envilecimiento 114
Epífanes, Antíoco 44, 45, 53, 55, 143, 148, 158, 234

tipifica al anticristo 45
epílogo 218
Era de Acuario 111
Eros
Afrodita y Eros 110
erótico 114
escatología 11, 227, 228, 234, 236
escatólogos 173
esclavitud 70
bajo Epífanes 44
Escrituras 64, 140, 141
Esculapio 131
Esdras 229
esfagméneen 90
Esmirna 65, 66, 129, 131, 132, 133, 138, 150, 179
espionaje 32
espiritismo 111, 112
Espíritu
de profecía 118
es Dios 92
estar en el Espíritu 63
guía 10
habla a la Iglesia 67, 130
invita al pecador 126
Maestro 18, 45
ministerio purificador 69
oración en Él 17, 18
Santo 151, 155
siete espíritus representan 62
son de Él las cosas profundas 26
transportado en el 63
espíritu
demoníaco 110
maligno 25
satánico 110
espiritual
interpretación 237
espiritualizar 141
espiritualmente muertos 196
esposa de Nimrod
ramera 109, 114

Esposa del Cordero 216
la Iglesia 148
estado 29
Estados Unidos 111
Este 76
estilos
alternativos de la vida 60, 112
estrellas 25
estructura parentética 93
estudio cronológico 173
eternidad 17, 64, 215, 236
etruscos 107
eunucos 24
Europa oriental 233
europeas
diez naciones 104
evangélicos 102, 108
incluidos en la Iglesia apóstata 195
evangelio 208
eterno 187
Evil-merodac 36
evolución 134
exilio 24
éxodo de Israel 194
explosión atómica 210
expresiones simbólicas 114
Ezequías 24, 81
Ezequiel 44, 72
prueba la autenticidad de Daniel 21

F

falsa doctrina 138
ecumenismo 134
liberalismo 134
neo-ortodoxia 134
nicolaítas 149
falsa profetisa 66
falso profeta 150
segunda bestia
características 91

falsos cristos 61
familia 61
feministas 114
Fenicia 110
fenicios 110
fieras 74
fiesta de los panes sin levadura 50
Filadelfia 65, 66, 130, 132, 134, 139, 151, 187
representa a la Iglesia verdadera 134
flujo de información 32
fondos electrónicos 32
fornicación 112
espiritual 208, 210
fortaleza
bélica 32
informática 32
Frigia 132
fuentes termales 132
futurista
interpretación 237

G

Gabriel 48, 51
Gálatas 133
"gay". Ver **homosexual**
Génesis 31
gentiles 23, 201, 205
definición 236
hallarán el templo 83
redimidos 75
geográficos 131, 132
Gibbon 108
gloria de Dios 97
glosario 234
gobierno comunista 73
Gog y Magog 54, 151
Gomorra 105
gracia 75, 185
Graciano 107
gran Babilonia 16, 108, 207
gran ramera 101, 153, 207
gran tribulación 30, 56, 185, 192, 236

253

su fin 212
su impacto 56
gran trono blanco 152, 230
grano de mostaza 138
Grecia 16, 52, 103, 110, 148, 152, 155, 194
Gregorio I 133
griego
  Apolión
    ángel del abismo 199
  esfagméneen
    matar violentamente 90
  logos
    Verbo 206
  pneuma
    aliento 55
guerras 61, 73
  espirituales 51
  papales 133
  proféticas 95
    batalla de Armagedón 96
    Iraq 96
    Rusia y sus aliados contra Israel 95
    última rebelión 96
  rumores 60

H

Hades 64, 74, 152, 155
  acompañante del jinete de caballo amarillo 189
hambrunas 60, 61, 73
haoma 113
harina 136
hebreo 24, 32
  Abadón
    ángel del abismo 143
  adonai-elohim
    Dios el Señor 47
  Nimrod
    rebelde 32
  río Hidekel

río Tigris 57
shabu'im
  unidad o período de siete 48
hecho está 207, 216
Hechos 133
helicóptero 199
Heliogábalo 107
herejía 66
herida mortal
  acción violento contra el anticristo 194
hermandad mística 106, 109
hermenéutica 10, 114, 141
  definición 236
Herodes 86
Herodutos
  historiador griego 109
heterosexualismo 61
hija de Sion 86
hijo 106
  varón 193
Himalayas 110
himno(s)
  ancianos 70
  en Apocalipsis 70
hindúes 110, 111
hippy 111
histórica
  intrepretación 237
históricos 131, 132
Hitler, Adolfo 73, 110, 200
Hoehner, Harold W. 226
homicidio 77, 112
homosexual 54, 60, 61, 112
  lo que puede ser el anticristo 144
Horus 110
humanismo 134
humillado
  el soberbio Nabucodonosor 34
humo
  oraciones 203

I

ideología 31
idiomas. Ver griego
  alemán 134
  arameo 25, 43
  hebreo 25
idolatría 55, 76, 81, 85, 106, 107, 131, 180, 210, 229
Iglesia 15, 16, 17, 60, 102, 114, 118, 139, 158
  Cristo inspecciona 63
  definición 236
  edad de la gracia 185
  edad o época 138
  Esposa del Cordero 126, 148
  la perla 136
  manifestación de la Nueva Era 113
  moderna 112
  primitiva 102, 112
  programa de Dios 137
  se acomoda al paganismo 133
  sus edades 184
Iglesia apóstata 67, 102, 103, 104, 105, 134, 153, 159, 207, 209
  sede es Roma 109
Iglesia romana 102, 104, 106, 108, 109, 209
ilación 17
ILP
  interpretación literal preferida 142
imaginación
  masculina 114
  pura 61
Imperio
  varios términos 153
Imperio Babilónico 157
  representado por la primera bestia 40
Imperio Bizantino 28
Imperio Greco-Macedónico 43, 53
Imperio Griego 27, 44,

53, 163
  macho cabrío 44
Imperio Griego-Macedónico
  representado por la tercera bestia 41
Imperio Medo-Persa 43, 143, 157, 158
Imperio Persia 40
Imperio Romano 16, 28, 54, 103, 131, 158
  de los últimos días 41, 42
  representa a la cuarta bestia 41
Imperio Romano de Occidente 28
Imperio Romano de Oriente 28
imperios gentiles 27
impíos 77, 123
India 110, 111
indulgencias 134, 181
industrias textiles 132
infierno 80, 203, 230
inflación 189
información 32
  ciencia 57
Inglaterra 224
inicuo 32
insania zoantrópica 34
instrumentos musicales 71
  arpas 71, 186
interpretación 10
  definición 236
interpretación bíblica 235
interpretación
  espiritual 237
  futurista 237
  histórica 237
  pretérita 237
inventos 57
ira de Dios 79, 83, 97, 188
ira del Cordero 97
Iraq 96

ÍNDICE GENERAL

Ironside 110
Isaías 85, 86
Isis y Horus 110
Israel 16, 22, 139
  apela al Mesías 229
  designios de Dios
    para 25, 47
  horno de la prueba 29, 30
  juicio de 122
  mujer 86
  nuevo nombre de Jacob 229
  programa de Dios 137
  promesas serán cumplidas 42
  reino aplazado 23, 27
  reino del norte (Samaria) 24
  será liberado el remanente 32
  símbolo, luna 154
  simiente de Abraham no debe ser espiritualizada 231
  su huida milagrosa al desierto 88
  su redención 43
  tesoro escondido 136, 161
  vuelve a nacer en el año 1948 229
Israel apóstata 205
Issac 229
Italia 107, 110
Izmir, Turquía 131

J

Jacob 229
  nombre cambiado a Israel 229
Jaramillo, Antonio 77
Jehová 161
Jeremías 23, 36, 47
Jerjes 106
Jeroboam 76
Jerusalén 151
  Babilonia es su enemiga 108
  capital de Judá 24
  conocida como Sion 156
  conquistada 229
  desolación de 42
  destruida por los romanos 229
  entrada triunfal de Jesús 224
  invasión por Epífanes 44
  Jesús llegará por segunda vez 95
  llamada Sodoma y Egipto 161
  oración de Daniel para 48
  orden de restauración 222, 226
  quemada por Roma 108
  regreso de cautiverio a 223
  su reconstrucción 222
  varios términos 153
Jesucristo 32. Ver también **Cristo**; **Jesús**
  comprueba la autenticidad de Daniel 21
Jesús. Ver **Cristo**
  defensor y abogado 193
  su divinidad 177
  su humanidad 177
  varios nombres 153
Jezabel 133, 139, 153, 181
Jezreel 234
jinete
  conquistador 72
  de guerra 73
  de hambre 73
  llamado Muerte 74
Joacim 23, 24
Joaquín 24
Job 87
Jordania 193
Josafat 144
José 154
Josías 24
Josué 84, 85, 229
jóvenes hebreos 115
joyeras 132
Juan 70
  apóstol 67
  autor de Apocalipsis 59
  desterrado a Patmos 63
  limitación en descripción 123
  profeta 59
  su relación particular con Jesús 93
  trasladado 68
Juan el Bautista 224
Judá 23, 24
Judea 21
judíos 24, 30, 38, 42, 131
  cautiverio babilónica 223
  costumbres de compra y venta 70
  decapitados 44
  definición 237
  dispersión 229
  justos 74
  profecías ya cumplidas 53
  redimidos 75
  volver de cautividad 50
Juez 95, 154
  Cristo 64
  símbolo 78
  juicio 120, 139, 188, 200
  Anciano de días 41
  copas 201
  de Dios 197
  de Israel 121
  de la Iglesia 121
  de las naciones 121
  de los gentiles 121
  de los malvados 121
  de trompetas 79
  del gran trono blanco 121, 237
  el último 215
  intensidad incrementa 203
  inutilidad de riquezas ante el 211
  las cabras 121
  las ovejas 121
  muerte segunda 123
  naciones 58, 120
  siete sellos 72
  sobre Nabucodonosor 33
  tribunal de Cristo 41, 121
  trompetas 79
Júpiter 131

K

King, Terry 227
Kirban, Salem 90

L

laboratorio genético 61
lasivia 112
lago de fuego 215, 221
lágrimas 124
lana negra 132
Laodicea 65, 66, 130, 132, 134, 139, 154, 159, 183
  modernísimo apóstata 134
  las cosas que has visto 177
  las que han de ser después de éstas 184
  las que son 179
Lázaro 224
leche y miel 113
lesbianismo 112, 114
levadura 136, 139, 153, 154. Ver también **fiesta de los panes sin levadura**
Levítico 23
Levitt, Zola 222
ley sagrada 106

leyes
  espirituales 12
  establecidas por
    Dios 210
  física, de la 12
  naturales 12
liberación 32
liberalismo 134
libertad reproductiva 112
libre albedrío 113
libro de la vida 66, 154
líder venidero
  (anticristo) 111
Lidia 40, 107, 132
Lockyer, Herbert 91, 141
Londres 222
Lucas 70
lucero
  estado original de Satanás 87
lugar Santísimo 85
lugar Santo 63
Lutero 134, 181, 182
  noventa y cinco tesis 134
  tradujo el Nuevo Testamento 134

M

Macrino 107
madre de dios 108, 115
madre de las rameras 16
maestro ascendido 111
Magno, Alejandro 27, 148
  ascenso y caída 44
  conquista 44
  muerte 44
Magog 151
magos 24, 25
maldición 125, 220
maná 66
mapa político del mundo 212
mar

Egeo 131
Mediterráneo 40, 89, 131
Tirreno 105
marca de la bestia 92, 94
Marcos 70
María 108, 114
  madre de Jesús 86, 87
Martin, Dr. Walter 111
mártires 74, 190, 212
matanza 26
Mateo 70
materia prima 32
Maximinio 133
mayordomo 202
McCall, Tomás 222
McClain, J. Alva 226
Media 38, 103, 146, 194
Media y Persia 16, 27, 37, 38, 44
  representado por la segunda bestia 40
medicina tradicional 112
medio oriente 233
Meguido 95, 144, 204, 205, 206, 234
Melsar 24
Menfis 106
Mercado Común Europeo 28
Mesac 24
Mesec y Tubal 151
Mesías 16, 42, 137. Ver también Cristo
  crucifixión 222
  engaño del anticristo 83
  época entre sus dos venidas 135
  fecha de su primera venida 224, 225
  llamado hijo del hombre 41
  primera venida 222
  Príncipe 222, 226
  reino del 42
  remanente recibirá 55

reinado sigue los imperios gentiles 42
meteoritos 75
Miguel 50, 51, 193
  Príncipe de Israel 52, 86
  relación particular con Israel 51
milenial 195
milenio 58, 68, 192, 209, 221, 230
  definición 237
  fin 214
  inicio 214
Mileto 131
militares 32
Milner 107
Minerva 131
ministerio
  ángeles, de los 79
  sacerdotal 71, 78
Misael 24
Mishna 224
Misia 131
misterio 114
místicos 140
mitad de la tribulación 190, 191, 194
Moab 88
Moisés 69, 84, 229
monarquía de Israel 24
monedas 232
montañas de Koresos 131
monte Carmelo 107
monte de los Olivos 95, 100
Mormonismo 134
mortandad 74
  cuarta parte de la tierra 74
movimiento "gay" 61
movimientos feministas 114
movimientos reformistas 133
mozos guapos jóvenes 61
Muerte 74

acompañante del jinete del caballo amarillo 189
muerte
  espiritual 227
  eterna 227
  física 227
  segunda 227
muerte primera 123
muerte segunda 16, 123, 215
muertos, espiritualmente 196
mujer
  Babilonia 207
  Israel 86, 193
multitud celestial 117
muro de Berlín 212
música "rock" 111

N

Nabonido 36
Nabucodonosor 24, 25, 26, 28, 29, 30, 32, 36, 39
  características de 34
  conquistó al pueblo de Dios 15
  contenido del primer sueño 26
  destruyó a Jerusalén 24
  edifica imagen 30
  estatua de 29
  figura del anticristo 35
  honra a Daniel 29
  intrepetación de su segundo sueño 34
  intrepetación del primer sueño 27
  llevó en cautiverio al pueblo de Dios 21
  mezcla el estado y la religión 29
  primer sueño de 25
  pronunciamiento de 33
  punto de vista 40
  segundo sueño de 33
  su enfermedad 34

ÍNDICE GENERAL

su humillación 34
sueño presenta tiempos de los gentiles 27
sueño sencillo presenta plan gentil 14
tipifica al anticristo 31, 32
tipifica la religión del anticristo 30
naciones gentiles 14, 22, 25, 43, 60
  juicio de las 136
Napoleón 73
naturaleza 75
Nebo 24
Nehemías 223
neo-ortodoxia 134
Nerón 138
nicolaítas 133, 149, 156
Nicolás I 133
Nimrod 106, 109, 110, 111, 211
  rebelde 32
  su esposa prostituta Semiramis 109
nisán, mes de 50, 224
Noé 82
nombres. Ver **símbolos, paralelismos y nombres**
Norte 76
Norte de Africa 54
noventa y cinco tesis de Lutero 181
novia de Cristo 16, 230
nubes 221, 230
nucleares, armas 210
Nueva Edad 31, 115
Nueva Era 31, 111, 112, 113, 114, 140, 145, 233
Nueva Era o Edad 31, 109, 134
  relación con Babilonia 109
Nueva Jerusalén 150, 151, 156, 161, 215, 216, 217, 221
  es costosísima 217
  su forma 217

su tamaño 217
Nueva Roma 16, 28, 90
nueva teología "cristiana" 114
nueva tierra 16, 17, 221
Nueva York 114
nuevamente imaginar a Dios 113, 114
nuevas revelaciones 140
nuevo cielo 16, 17, 124, 221
Nuevo Imperio Romano 109, 115, 158
Nuevo Orden 109, 111, 115, 116, 212, 233
  relación con Babilonia 109
nuevo pacto 220
Nuevo Plan 14
Nuevo Testamento. Ver **Testamento, Nuevo**
numerología 10, 140
  definición 237

NUMÉRICOS, TÉRMINOS. Ver diez; doce; primer; séptima; siete

ángeles de las siete iglesias 166, 179
ciento cuarenta y cuatro 217
ciento cuarenta y cuatro mil 93, 94, 95, 169, 187, 191
cuarenta 148, 168
cuarta bestia 41, 42, 90, 165
cuarto varón 30, 165
cuatro alas de ave 165
cuatro ángulos 165, 190, 214
cuatro bestias 40, 41, 42, 165
cuatro cabezas 41, 165
cuatro cuernos 44, 165
cuatro cuernos del al-

tar 165, 199
cuatro jinetes 89, 165, 187
cuatro seres vivientes 69, 70, 117, 165, 166, 174, 184, 185, 186, 187, 188, 189, 192, 203, 213
cuatro vientos de la tierra 165, 190
cuatro vientos del cielo 165
décima parte 85, 167, 196
diez cuernos 42, 90, 91, 101, 103, 148, 167, 189, 193, 207, 208, 209
diez diademas 167, 189
diez reyes 90, 103, 104, 105, 167, 208
doce estrellas 86, 167, 192
doce frutos 218
doce perlas 167, 217
doce tribus 167, 216
dos bestias 89, 91, 93, 95, 164, 174, 175, 189, 194, 221
dos candeleros 164, 188
dos cuernos 44, 91, 92, 146, 164, 195
dos olivos 164, 188
dos testigos 83, 84, 85, 164, 175, 188, 189, 196
doscientos millones 81, 119, 169, 199
mil seiscientos estadios 169, 205
número de hombre 166, 168, 196
octavo 103, 145, 156, 167, 208
primera bestia 40, 42, 90, 91, 92, 103, 148, 150, 157, 164, 189, 194, 195, 234
primera resurrec-

ción 56, 93, 122, 123, 164, 182, 187, 214, 238, 239
primero y el último 164, 178, 219
segunda bestia 40, 55, 91, 92, 157, 158, 164
segunda muerte 129, 164, 180, 214, 215
seis alas 166, 184
seiscientos sesenta y seis 29, 92, 168, 196
sesenta por seis codos 168
siete ángeles 97
siete cabezas 101, 103, 146, 166, 174, 189, 193, 194, 207, 208
siete candeleros de oro 63, 129, 166, 178, 179
siete cartas 129
siete copas de ira 166, 197
siete cuernos 71, 166, 185
siete diademas 166, 193
siete espíritus de Dios 130, 166, 182, 184, 185
siete estrellas 64, 129, 130, 166, 178, 179, 182
siete iglesias 178
siete lámparas de fuego 69, 166, 184
siete mil hombres 85, 169, 196
siete montes 101, 102, 103, 166, 208
siete ojos 71, 166, 185
siete sellos 72, 73, 75, 77, 166, 185
siete semanas 49
siete trompetas 166, 197
siete truenos 82, 166, 200
tres ayes 165, 198

tres costillas en su boca 165
tres cuernos 165
tres medidas de harina 165
veinticuatro ancianos 69, 94, 117, 168, 184, 185, 186, 202, 213

O

Observatorio Real de Greenwich 224, 226
obstinación
  falta de arrepentimiento 81, 200, 204
ocultismo 111
  su uso de simbolismo 140
oculto 25, 109, 111, 114
Oeste 76
Olivos
  monte de los 95
omnipotencia 70, 71, 157
omnipresencia 162
omnisciencia 71, 157
omnividente 157, 166
oración 116, 186, 197
  como incienso 78, 147
  Dios está escuchando 51
  ejemplo de Daniel 47
  en idioma celestial 37
  necesario para estudiar la profecía 17
  para la venida del Señor 220
  preciosas 71, 186
  profunda de Daniel 43
  relacionado con la gloria 203
orden babilónica 107
orgullo espiritual 115
oriente 118

P

Pablo 133
padre supremo 106
pájaro 123
Palabra de Dios 62, 64, 126, 150, 155, 173, 178, 221
  la semilla 144
Palestina 24, 234, 236
  tierra gloriosa 54
pálido 74
papa 196
  León X
    vende indulgencias 134
  Nicolás I
    primero para usar corona 133
  Pablo III 134
  posiblemente será líder de la Iglesia apostata 195
papado 104, 105, 133, 139, 181
  aspecto religioso del sistema romano 102
  guerras del 133
  relación con el culto apóstata babilónico 195
Paraíso 14, 64, 70, 81, 157, 218
paralelismos. Ver símbolos, paralelismos y nombres
paréntesis 83
  de gracia 75
parentético 83, 93, 188, 207
  definición 238
pariente cercano 70
pascua 224
Patmos 59, 63
patriarcas 27
  Abraham 229
  Issac 229
  Jacob 229
pecados 112. Ver también aborto provocado; actos lascivos; adulterio; alternativa; amante; amor libre; apostasía; brujería; clarificación de valores; cobardes; cultura "hippy"; encantadores; envilecimiento; erótico; hippy; homicidio; homosexual; idolatría; imaginación pura; lascivia; lesbianismo; libertad reproductiva; medicina tradicional; "gay"; obstinación; perros; prácticas místicas; rebelión; relativismo; secretos divinos; sexualidad alternativa
Pentecost, J. Dwight 135, 138
Pentecostés 133, 138
Pérgamo 65, 66, 106, 107, 129, 131, 133, 138, 158, 162, 180
periódico 57, 60
perla 139
perros 158, 219
Persia 38, 50, 52, 103, 111, 143, 146, 158, 194
pestes 60, 61, 74
Petra 88, 193, 194
pirámide 110, 217
plagas postreras 97
plan de Dios 11
planeta tierra 70
pneuma 55
poder
  gentil 42, 149
  papal 133
  político 29
político 105
  sistema 190
polvo frigio 132
Pontífice Máximo 106, 181

postmilenialismo
  definición 238
postración 213
postreros días 26, 51
practicantes de la medicina tradicional 112
prácticas místicas 110
premilenial 229
premilenialismo
  definición 238
prensa 113
presente
  edad 133
  siglo 135
pretérita
  interpretación 237
primer amor 66
primera bestia 194
  cuerno pequeño 42
primera resurrección 56, 182, 214
  definición 238
primera venida de Cristo 29, 42, 223, 224
primicias 93, 94
  144.000 187
primogénito 177
príncipe del reino de Persia 51
príncipe que ha de venir
  anticristo 54, 159, 189, 222
principio de dolores 60, 188
prisión
  de los ángeles caídos 81
profanación del templo
  por Epífanes 44
profecía
  de Daniel 222
  tema de muchos escritores 124
profetas 46
  Balaam 180
  profeta mercenario 149
  Daniel 47, 82, 187, 224, 234

ÍNDICE GENERAL

Elías 84
Eliseo 84
Enoc 84
Ezequiel 21, 72
Isaías 85, 86
Jeremías 23, 36, 47
Juan 59, 82, 187
Moisés 69, 84, 229
Noé 82, 98
Samuel 24
Zacarías 54
prolepsis 85, 238
promesa 66
prostitución 208
  religiosa 115
    masculina 158, 219
protestante 113, 196
  alemán 134
  tradicional 114
protestantismo 134
puerco
  profanación del templo 44
puntos cardinales 76
purgatorio 133, 227
putrefacción 74, 125

Q

querubines 69, 165

R

rama egipcia de la religión babilónica 107
ramera 101, 208
  la Iglesia apóstata 105
ranas 204
rapto 77, 94, 188
  arrebatamiento 93
Raquel 154
rebelde
  Nimrod 32
rebelión 26, 109, 229
red 139
redimidos 60, 71, 187
  salidos de la tribulación 76
reencarnación 109

Reforma 133, 139, 182
reina del cielo 106, 108, 109, 110, 114, 115
Reina-Valera 57, 174
reino mesiánico 16, 58
relativismo 113
religión 29, 31
  babilónica 114
  de Babel 110
  del misterio 110
  mundial 233
  no tolerada por Satanás 209
  rito babilónico 107
  sistema mundial 233
  universal 109
religiones
  demoníacas 131
  orientales 110, 111
  paganas 131
religiosos 233
reloj
  de Dios 125
  profético 15
remanente 32, 49, 55, 88, 181
  de 144.000 sellados 76
  de Israel 160, 194
  definición 238
resto 194
resucitado 58
resumen de la escatología 227
resurrección 56, 120, 122, 159
  arrebatamiento 122
  confusión perpetua 147
  de Jesucristo 121
  de la Iglesia 122
  de los impíos 122
  de los santos de la tribulación 122
  de los santos del Antiguo Testamento 122
  de los santos en el milenio 122
  de los santos en Jerusalén 121
  definición 238

primera 122, 123
resurrecciones
  varias 121
revelación
  de Jesucristo 62, 67
  primer sueño de Nabucodonosor 26
  progresiva 238
rey altivo
  anticristo 89
rey del abismo 221
Rey Jesús 28
reyes
  Acab 153
  Artajerjes 223, 224, 226
  Asuero 47
  Atalo I 107
  Balac 180
  Belsasar 36, 37, 44, 155
  César 131
  César, Julio 73, 107
  César, Tiberio 224
  Ciro 50
  Constantino 27, 133, 138, 180
  Creso 132
  Darío 38, 47
  David 148, 155, 186, 229
  diez cuernos 42
  Domiciano 59, 63
  Epífanes, Antíoco 44, 45, 53, 143, 148, 158, 234
  Evil-merodac 36
  Ezequías 24, 81
  Graciano 107
  Gregorio I 133
  Heliogábalo 107
  Jerjes 106
  Jeroboam 76
  Joacim 24
  Joaquín 24
  Josías 24
  Macrino 107
  Magno, Alejandro 27, 41, 44, 148

Maximinio 133
Nabonido 36
Nabucodonosor 24, 28, 29, 30, 31, 32, 33, 34, 35, 36, 39, 40
Nerón 138
Nicolás I 133
Nimrod 32
Salomón 24, 27, 69
Saúl 24, 186
Sedequías 24
Teodosio 180
reyes del oriente 54
río
  Caicus 131
  Caístro 131
  Cogamis 132
  Éufrates 81, 99
  Hermo 132
  Hidekel 50, 57
  Lico 132
  Pactol 132
  Tíber 105
  Tigris 50, 57
  Ulai 44
riqueza mineral
  motivo para guerra contra Israel 95
robot 92
rock, musica 111
Roma 16, 28, 102, 105, 106, 107, 208
  afirmación que es Bablonia 108
  Basílica de San Pedro 134
  catacumbas 133
  conección con Babilonia 108
  crucifica al Señor Jesús 108
  cuarta bestia 42
  obispo de 180
  pone fuego a Jerusalén 108
  sede de la Iglesia apóstata 104
  será Babilonia moderna 212

Roma antigua 103, 194
Roma nueva 103, 194
  encabezado por el anticristo 194
Roma presente 103, 194
Romano 27
Rosh Hashanah 224
ruina económica 189
Rusia 95, 151, 157, 233
  Gog y Magog 54
rusos
  ataque contra Israel 95

S

sabios 25, 26
sacerdocio babilónico 106, 110
sacrilegio 239
Sadrac 24
Salmo de Daniel 26
Salomón 24, 27, 69
salvación 15, 16
salvación nacional 217
Salvador 115
Samaria 24, 229
Samuel 24
sangre del Cordero 160
sanitario, centro 132
santa cena 113
santidad 113, 126, 185
santidad de Dios 155
Sardis 65, 66, 130, 132, 134, 139, 160, 181
  protestantismo 134
Satanás
  dios de este siglo 70
  intolerante a toda religión 209
  monstruo, su condición actual 87
  paga mal a sus devotas 104
  su deformación en dragón 87
  su última obra 123
  varios nombres 160
satanismo 112

satélites 32
Saúl 186
Scotland Yard 222
secretos divinos 111
sectas falsas 94. Ver también cultos falsos
Sedequías 24
sedimentación 105
Segunda Guerra Mundial 200
segunda venida de Cristo 11, 23, 29, 42, 51, 58, 100, 118, 125, 137, 205, 221, 228, 230
  definición 239
  distinto al arrebatamiento 231
  en visión 41
  últimas palabras de Jesús 126
segundo templo
  su destrucción 222
seiscientos sesenta y seis 92, 93, 168
Sela 88
selva 113, 120
semanas de años 48
sembrador 138
Seminario Unión Teológica 114
seminarios 61
Semiramis
  esposa prostituta de Nimrod 109
seno de Abraham 64
Señor Jesucristo
  crucificado por Roma 108
  séptima cabeza anticristo 103
  ser femenino encarnado 106, 109, 111, 114
servicio 218
sesenta y dos semanas 222
setenta años 23
setenta semanas 171
sexualidad alternativa 60

shabu'im
  hebreo, período de siete 48
SIDA 54
siembra y la siega 12
siervos 218
siete copas 98, 99
siete iglesias 65, 131
  Éfeso 65
  Esmirna 65
  Filadelfia 65
  Laodicea 65
  Pérgamo 65
  Sardis 65
  Tiatira 65
siete imperios 103
  Babilonia 103
  Grecia 103
  Media 103
  Persia 103
  Roma antigua 103
  Roma nueva 103
  Roma presente 103
siete parábolas
  grano de mostaza 135
  levadura 136
  perla 136
  red 136
  sembrador 135
  tesoro escondido 136
  trigo y la cizaña 135
siete sellos 72
siete semanas 222
siete trompetas
  juicio de los 79
siglo
  definición 239
silicio 31
simbología 114
símbolos
  de la religión babilónica 110
símbolos, nombres y paralelismos 140
Sion 86, 156, 161
Siria 107
sistema babilónico 119
sistema de indulgencias 134

sistema económico 32
sistema gentil 31
sistema mundial gentil 105
sistema político 190
sistema político-religioso 32, 207
sistema romano 102
SND
  simbología no determinada 142
sobrevigilancia 32
Sociedad Teosófica 111, 114
sociedades secretas 106
Sodoma y Egipto 161
Sodoma y Gomorra 105
Sofía 113, 114
Stalin 73
subterráneo 92
sueño
  de Nabucodonosor
    primero 25
    segundo 33
    segundo, cumplimiento 34
Sumeria 111
sumo pontífice 106, 196
sumo sacerdote 106
super-hombre 110
Sur 76
Susa 44

SÍMBOLOS NOMBRES Y PARALELISMOS 48, 64, 93, 211

Abadón 143, 199
abismo 84, 103, 143, 196, 208, 214, 221
abominación desoladora 57, 150, 171, 175,

ÍNDICE GENERAL

194, 196, 221
acusador 87, 143, 193
ágata 68, 143, 217
agua 143, 194, 204
agua de la vida 126, 143, 192, 216, 219
aguas 84, 101, 102, 143, 188, 198, 203, 207, 209
aguijones 143, 199
águila 70, 143, 194
águila volando 70, 143, 184
aire 87, 99, 142, 143, 198, 207
Ajenjo 80, 143, 198
alas 44, 143, 184, 194, 199
Alfa y la Omega 63, 124, 141, 143, 177, 178, 216, 219
altar 74, 77, 83, 98, 143, 197, 201, 204, 205, 234
Altísimo 34, 35, 143
alzaba de un costado más 40, 143
amarga 83, 143, 198
amarillo 74, 143, 148, 153, 189
amatista 143, 217
Amén 126, 141, 143, 183, 220
amor de las mujeres 54, 144
anchura de la tierra 144, 214
Anciano de días 41, 42, 144
ángel del abismo 80, 144, 199
antorcha 144, 198
Apolión 144, 199
árbol 191, 197, 198, 218
árbol de la vida 129, 144, 146, 179, 218, 219
arco 73, 144, 189
arco iris 69, 82, 144,

184, 200
arena 144, 174, 189, 214
Armagedón 193, 204, 205, 208, 221
arrojo en cama 130, 144, 181
aves 135, 144, 206, 207
Ay, Ay, Ay 80, 85, 144, 175, 198, 199, 201
azufre 144, 188, 199, 206, 215, 216
Babilonia 29, 31, 32, 81, 89, 101, 102, 105, 106, 107, 108, 109, 110, 111, 112, 113, 114, 116, 145, 154, 155, 159, 164, 187, 207, 211, 216, 234
 su caída 94
bajo el altar 74, 145, 190
balanza 145, 189
barro cocido 28, 31, 32, 145
becerro 70, 76, 145, 184
berilo 145, 217
bermejo 73, 145, 189
bestia 40, 89, 145, 150, 157, 175, 187, 194, 195, 196, 208, 209, 215, 221
bestia que era, y no es y será 145, 208
bestia que era, y no es, y será 103
blanco 69, 72, 73, 145, 157, 206
boca que habla grandes cosas 145
bodas del Cordero 58, 118, 119, 121, 145, 176, 209, 213
bronce 27, 69, 130, 131, 145, 178, 200
bronce bruñido 145, 178, 181
buena tierra 146
buenas perlas 136,

139, 146, 158
bueno 13, 135, 146, 150, 162
caballo 72, 73, 74, 95, 146, 174, 176, 189, 199, 200, 205, 206, 207
cabello de mujer 146, 199
cabellos blancos 146
cabeza de oro 27, 28, 31, 146
cabezas 41, 90, 101, 103, 146, 189, 193, 194, 199, 200, 207, 208
cabezas de leones 146, 199
cadena 146, 214
caliente 130, 134, 146, 183
cáliz 101, 146, 188, 207, 208, 210
calle 146, 217
calle (de oro) 146, 217, 218
camino 146
campo 136, 146
caña 146, 201, 217
candeleros de oro 146
capitanes 146, 190, 206
caras humanas 146, 199
cárcel 146, 180
carnero de dos cuernos 44, 146
cebada 147, 189
cena de Dios 147, 206
cielo abierto 147, 205
cilicio 147, 188, 190
cinto de oro 147, 178
ciudad amada (santa) 183, 201, 214, 215, 216, 220
cizaña 135, 138, 147, 149
cola 87, 147, 193
colirio 147, 183
columna 147, 183
confusión perpetua 56,

147
copas de oro (incienso) 71, 147, 186
copas de oro (juicio) 72, 98, 147, 176, 202, 203
corazas 147, 199
corazón 146, 147, 181, 192, 210, 213
Cordero 60, 71, 91, 97, 101, 104, 117, 118, 119, 147, 176, 185, 186, 209, 213, 216, 217, 221
cornalina 68, 148, 184, 217
corona 66, 73, 86, 180, 183, 185, 189, 192, 205, 213
cosas nuevas y cosas viejas 148
crisólito 148, 217
crisopraso 148, 217
cristal 69, 148, 184, 216, 218
cuerno 41, 44, 148
cuerno notable 44, 148
cuerno pequeño 41, 42, 44, 45, 72, 89, 104, 148, 149, 158
cuevas 148, 190
dedos 148
desierto 87, 88, 148, 168, 193, 194, 197, 207
desnudo 148, 183, 204
desoladora 148
despertados 148
desposada 148, 156, 216, 236
despreciable 148
diademas 73, 149, 205
dientes 90, 149, 199
dios ajeno 149
dios de las fortalezas 54, 149
dispersión del poder 149
doctrina de Balaam 67, 129, 149, 180
doctrina de los nicolaí-

261

tas 67, 129, 149, 180
donde sale el sol 149, 191
dragón 86, 87, 88, 90, 91, 92, 149, 150, 175, 193, 194, 195, 204, 214, 221
duermen 149, 227
dulce como la miel 149, 201
Éfeso 65, 66, 67, 129, 131, 132, 133, 138, 149, 175, 178, 179
ejército del cielo 149
enemigo 74, 91, 97, 138, 149, 215, 227
entendidos 57, 58, 149
era y no es, y será 150, 208
escarlata 87, 90, 101, 102, 103, 150, 192, 207, 211
escorpiones 147, 150, 198, 199
escriba 150
escrito en la frente 150, 187
esmeralda 150, 184, 217
Esmirna 65, 66, 67, 129, 131, 132, 133, 138, 150, 175, 178, 179
espada 150, 178, 180, 189, 195, 206, 207, 235
espinos 150
Esposa 102, 118, 126, 148, 150, 156, 213, 215, 216, 219
estatua de oro 150
estrella 80, 150, 197, 198
estrella de la mañana 150, 181, 219
estrellas a perpetua eternidad 150
estruendo 150, 178, 187, 199, 213
falso profeta 55, 91, 92, 96, 99, 119, 120, 145,
150, 157, 164, 183, 204, 206, 215, 231
dominio del mundo 94
Fiel 141
Fiel y Verdadero 151
Filadelfia 65, 66, 67, 130, 132, 134, 139, 151, 175, 178, 182, 187
fornicar 65, 151, 181
frente 101, 151, 187, 195, 208
frío 130, 146, 151, 183
fruto 144, 151, 152, 218
fuego 69, 78, 79, 97, 130, 141, 151
fuentes 80, 151, 192, 198, 203
Gog y Magog 54, 151, 214
gran ciudad 101, 105, 151, 187, 207, 209, 210, 211, 216
gran trono blanco 59, 121, 123, 152, 176, 230
grandes 117, 152, 190, 195, 202, 206, 212, 213, 215
granizo 79, 95, 100, 152, 197, 202, 212
grano de mostaza 152
herida de muerte 152, 194
hierba 152
hierba verde 152, 197
hierro 28, 32, 152, 199
higos 152, 190
higuera 152, 190
Hijo de Hombre 51, 152
hijo varón 86, 87, 152, 193, 194
hojas 152, 218
hombre 152
hombre despreciable 152
horno 25, 27, 29, 30, 31, 115
horno de fuego 31,
116, 152
hoz aguda 152, 205
humo 78, 98, 152, 203
imagen 29, 30, 32, 55, 92, 153, 168, 195, 203
incensario de oro 153, 197
incienso 71, 147, 153, 186, 197
jacinto 153, 217
jaspe 68, 153, 184, 216, 217
Jezabel 107, 130, 133, 139, 153, 181
jinetes 72, 81, 89, 153, 199, 206
Juez 41, 64, 95, 154, 185
junto al camino 154
ladrón 130, 154, 182, 204
lagar 95, 154, 205, 206
lana 63, 132, 154, 178
langostas 80, 146, 147, 154, 171, 198, 199
Laodicea 65, 66, 67, 102, 130, 132, 134, 139, 154, 159, 175, 178, 183
León 4, 60, 70, 141
león 38, 90, 116, 154, 184, 194, 200
león con alas de águila 154
León de la tribu de Judá 71, 154, 185
leopardo 44, 90, 154, 194
levadura 50, 136, 139, 153, 154
libre 154, 190
librito 81, 82, 83, 154, 175, 200, 201
libro 52, 82, 154, 185, 186, 215
libro de la vida 41, 66, 90, 121, 154, 157
libro escrito por dentro y por fuera 154
lino fino 118, 154,
211, 213
llama de fuego 130, 155, 178, 181, 205
llave de David 130, 155, 182
llave del abismo 155, 214
llaves de la muerte y del Hades 64, 155, 178
luna 63, 75, 86, 154, 190, 192, 198, 217
luz 59, 63, 80, 144, 150, 155, 198, 212, 217, 218
macho cabrío 43, 44, 45, 155
madera 155, 200, 211
maldición 125, 126, 155, 218, 220
malo 135, 154, 155
maná escondido 129, 155, 180
mano derecha 70, 155, 185, 186, 195
mar 40, 69, 89, 90, 91, 124, 136, 155, 186
mar de vidrio 69, 97, 155, 184, 202
maravillas 155
marca 98
marca de la bestia 120, 155, 195, 196, 202, 203, 214
marido 155, 215
MENE, MENE, TEKEL, UPARSIN 37, 155
mercader 136, 155
mies 156, 205
monte 28, 29, 95, 100, 156, 190, 216
monte de Sion 93, 156, 186
mostaza 135, 138, 152, 156
Muerte 74, 189
muerte 64, 143, 156, 164, 180, 185, 194, 199, 215, 216, 227
mujer 86, 87, 101, 102,

103, 105, 130, 139, 146, 156, 166, 175, 180, 181, 192, 194, 207, 208, 209
mujer vestida del sol 86, 156, 192, 193, 194, 197
mujer vestida del sol 194
naves 156, 197
negro 73, 156, 189, 190
nicolaítas 149, 179
nidos 135, 156
nieve 156, 178
noche 156, 198, 218
nombre nuevo 156, 180, 183
nube 156, 196, 200, 204, 205
Nueva Jerusalén 59, 123, 150, 151, 155, 156, 161, 176, 183, 215, 216, 217, 221
nuevo cántico 71, 156, 186
ojos como de hombre 156
ojos de fuego 67, 123, 156, 178, 181
ojos delante y detrás 157, 184
ónice 157, 217
oro 27, 28, 29, 31, 32, 76, 97, 101, 130, 146, 147, 148, 157, 183, 184, 197, 203, 205, 208, 211, 217
oro de Ufaz 157
oro fino 157
oso 40, 90, 143, 157, 194
otra bestia 157, 195
otro libro 157, 215
palmas en las manos 77, 157, 191
paraíso de Dios 157, 179
peces 157
pecho y brazos de plata 157
pedregales 157
pequeños 117, 157, 195, 202, 206, 213, 215
pergamino que se enrolla 157, 190
Pérgamo 106, 175, 178, 180
perlas 101, 146, 158, 167, 208, 211, 217
perros 85, 158
piedra 27, 28, 29, 41, 158, 184, 200, 212, 216, 217
piedrecita blanca 129, 158, 180
piernas de hierro 158
pies como de oso 90, 158, 194
pies de hierro y de barro cocido 158
plata 27, 38, 157, 158, 200, 211
poderosos 158, 190
pozo del abismo 158, 198
primogénito de los muertos 158, 177
príncipe de Grecia 52, 158
príncipe de los ejércitos 158
príncipe de Persia 50, 52, 158
príncipe que ha de venir 54, 159
principio y el fin 141, 159, 216, 219
profundidades de Satanás 159, 181
puerta 66, 68, 81, 159, 182, 183, 184, 219
púrpura 101, 159, 207, 211
racimos 159, 205
raíz y el linaje de David 159, 219
ramas 159
ramera, gran 143, 151, 153, 159, 196, 208, 209
ranas 99, 159, 204
red 159
reina 101, 159, 210
relámpago 159, 162
resplandor del firmamento 159
resto de la descendencia 159, 194
resurrección 56, 94, 121, 122, 123, 147, 149, 159, 164, 187, 228, 230, 238
REY DE REYES Y SEÑOR DE SEÑORES 119, 159, 206
rey soberbio 54, 159
río 160, 194, 218
río de fuego 160
ropa que llegaba hasta los pies 160, 178
ropas blancas 75, 77, 160, 175, 184, 191, 192, 221
rostro como de hombre 160, 184
ruedas de fuego ardiente 160
sangre 73, 75, 79, 84, 98, 101, 145, 160, 188, 190, 197, 203, 205
sangre del Cordero 16, 77, 160, 192, 193, 216
santa ciudad 48, 160, 168, 215, 220, 226
Sardis 65, 66, 67, 130, 132, 134, 139, 160, 175, 178, 181, 182
sellados 88, 93, 175, 190, 191
sellos 70, 71, 72, 73, 75, 77, 81, 82, 160, 165, 166, 174, 175
sembrador 135, 138, 160
semilla 12, 135, 144, 157, 160
sentados 160, 184, 202
serpiente 87, 161, 194, 200, 214
serpiente antigua 161, 193, 214
siega 12, 161, 205
sinagoga de Satanás 129, 131, 161, 180, 182
Sion 86, 93, 161, 186
Sodoma y Egipto 161, 196
sol 24, 75, 82, 99, 161, 178, 190, 192, 200, 204, 206, 217, 218
tabernáculo 69, 161, 192, 195, 203, 215
tela de cilicio 161, 190
terremoto 75, 85, 95, 99, 100, 161, 190, 196, 197, 202, 207
tesoro escondido 136, 161
testigo fiel y verdadero 130, 161, 183
testimonio de Jesús 118, 123, 161, 213, 214
Tiatira 65, 66, 67, 130, 131, 133, 134, 139, 161, 178, 180, 181
tibio 65, 130, 161, 183
tierra 89, 91, 92, 95, 161, 165, 174, 176, 194, 195, 204, 215
Todopoderoso 23, 98, 117, 161, 167, 177, 185, 202, 204, 206, 213, 217
topacio 161, 217
tribulación 31, 32, 35, 41, 53, 54, 56, 57, 58, 76, 77, 82, 85, 89, 90, 91, 92, 93, 94, 95, 96, 97, 99, 115, 118, 120, 121, 122, 123
trigo 135, 138, 149, 152, 162, 189
trompeta 72, 77, 79, 80, 81, 82, 83, 85, 105, 178, 184, 189, 197, 198, 199, 201

263

trono 68, 69, 70, 71, 77, 93, 99, 121, 122, 130, 162, 176, 177, 183, 184, 185, 186, 187, 217
trono blanco 162, 237
trono de Satanás 131, 162, 180
truenos 69, 99, 117, 162, 184, 197, 200, 202, 207, 213
úlcera maligna y pestilente 162, 203
uvas 162, 205
vara de hierro 130, 162, 181, 193, 206
vaso de alfarero 162, 181
Verbo de Dios 206
Verdadero 118, 130, 141, 162, 182, 183, 205
verde 69, 148, 197, 198
vergüenza 56, 162, 183, 204
vestida del sol 86, 162, 192
vestiduras blancas 130, 162, 182, 183, 190
vidrio 97, 155, 163, 217
viento 163, 190, 191
vientre y muslos de bronce 163
vigilantes 34, 163
viña 163, 205
vino 74, 163, 189
vírgenes 93, 163, 187
viuda 163, 210
zafiro 163, 199, 217

T

tabernáculo de Moisés 69
tablas numéricas 140
Tammuz
  bebé de Semiramis
  esposa prostituta de Nimrod 109
tecnología 31, 57, 105, 232. Ver también aldea global; centrales digitales; científico; circuitos electrónicos; computador personal; computadorizado; comunicación; comunicación: controles de; comunicaciones; control computadorizado; digitales; información (ciencia); inventos; laboratorio genético; materia prima; nucleares, armas; satélites; silicio; transporte, aéreo
telepáticamente 111
templo
  celestial 55, 124, 221
  será reconstruida 83, 201
Teodosio 180
Teofanía 239
teólogas feministas 114, 234
teología 239
teoría de la relatividad 81
terminología y definiciones 234
términos de periodos o tiempo 170
términos numéricos 164
terremotos 60, 61, 132
tesoro 139
Testamento, Antiguo 122, 126, 148, 228, 230, 235
  profecía más grande 52
Testamento, Nuevo 126, 206
  profecía más grande 52
Testigos de Jehová 134
Tetzel
  vende indulgencias 134
Tiatira 65, 66, 130, 131, 133, 134, 139, 161, 180
  catolicismo romano 134
Tíbet 106, 110
tibios 102, 183
tiempo de angustia 56
tiempo de los gentiles 15, 25, 27, 33, 42
  definición 239
tiempos peligrosos 60
tierra 221
  esfera de acción de Apocalipsis 230
tierra nueva 123
tinieblas 204, 221
tintorería 131
tishir, mes hebreo 37
título de propiedad 185
título de propiedad del planeta tierra 70
Todopoderoso 161, 213
torre de Babel 109
torres altas
  Zoroastrismo 110
tradicional 112
tradiciones, vanas 182
transporte aéreo 56
tratamiento médico 112
tres años y medio 189, 190
tribulación 16, 57, 68, 188, 189. Ver también mitad de la tribulación
  definición 239
  duración 57
  inicio 186
  propósito 232
  razones que sigue el arrebatamiento 231
  sobrevivientes 203
  santos de 214
tribulación, última parte 197
tribunal de Cristo 118, 230
  definición 240
tribus no selladas
  Dan y Efraín 76
trigo y cizaña 138
trinidad satánica
  dragón (Satanás) 92
  primera bestia (el anticristo) 92
  segunda bestia (el falso profeta) 92
trompetas 79
  de juicio 79
trono de Satanás 162
Tubal 151
Turquía 131

TIEMPO, TÉRMINOS DE PERIODOS. Ver año; sesenta y dos semanas; setenta años; setenta semanas; siglo

cinco meses 171, 198, 199
cuarenta y dos meses 57, 93, 171, 194, 201
día 149, 170, 178, 184
día del Señor 63, 149, 170, 178
diez días 167, 170, 180
doce meses 34, 167, 171
dos mil trescientas tardes y mañanas 45, 170
eternidad 59
hora 77, 80, 104, 139, 152, 170
hora de prueba 170
hora, día, mes y año 172, 199
media hora 77, 170, 173, 197
mil años 15, 16, 56, 120, 121, 123, 125, 171, 176, 212, 214, 237, 239
mil doscientos noventa días 58

mil doscientos sesenta
 días 58, 84, 170, 171, 188, 193
mil trescientos treinta cinco días 58, 169, 170
milenio 23, 58, 68, 122, 230, 237, 238
 última rebelión 96
mitad de la semana 171
otra semana 157, 171
poco tiempo 87, 170, 193, 221
semana 48, 63, 160, 171, 234, 237, 239
sesenta y dos semanas 49, 171, 222, 226
setenta semanas 43, 47, 48, 49, 51, 168, 171, 222, 225, 226
siete tiempos 166, 171
siglo 3, 41, 67, 70, 71, 87, 117, 135, 136, 137, 138, 150, 161, 172, 177, 178, 185, 188, 200, 213
tiempo de angustia 56, 172
tiempo no sería más 82, 172, 201
tiempo, tiempos, y la mitad de un tiempo 42, 57, 165, 171
tres años y medio 42, 77, 80, 81, 82, 84, 95, 171, 189, 190, 191, 223
tres días y medio 84, 170, 196
tres y medio 90, 165, 169, 223
última semana 55, 72, 84, 171, 230, 234, 237, 239
una hora 104, 170
veintiún días 52, 170

U

última
 rebelión 96
 semana de Daniel 72
 tribulación, parte de la 197
últimos días 26, 41
Unión Europea 28
Unión Soviética 212

V

valle de Meguido 95
Vaticano 102
vencedores 66, 216
vendido al diablo 71
Venus 24
Venus y Cupido 110
VERBO DE DIOS 206
verde 74
vida eterna 15
vida vegetal 79
vida-motor 92
violación 77
virgen 102
visión
 de cuatro bestias 40
 de la segunda venida 41
 del carnero y macho cabrío 44, 45
 junto al río 50
volcán 123
vudú 112

W

Williams, Dolores 114

Z

Zacarías 54
Zaratustra 109, 110
Zoroastrismo 109, 110, 114
Zorobabel 84

DANIEL Y APOCALIPSIS: Un manual de estudios proféticos

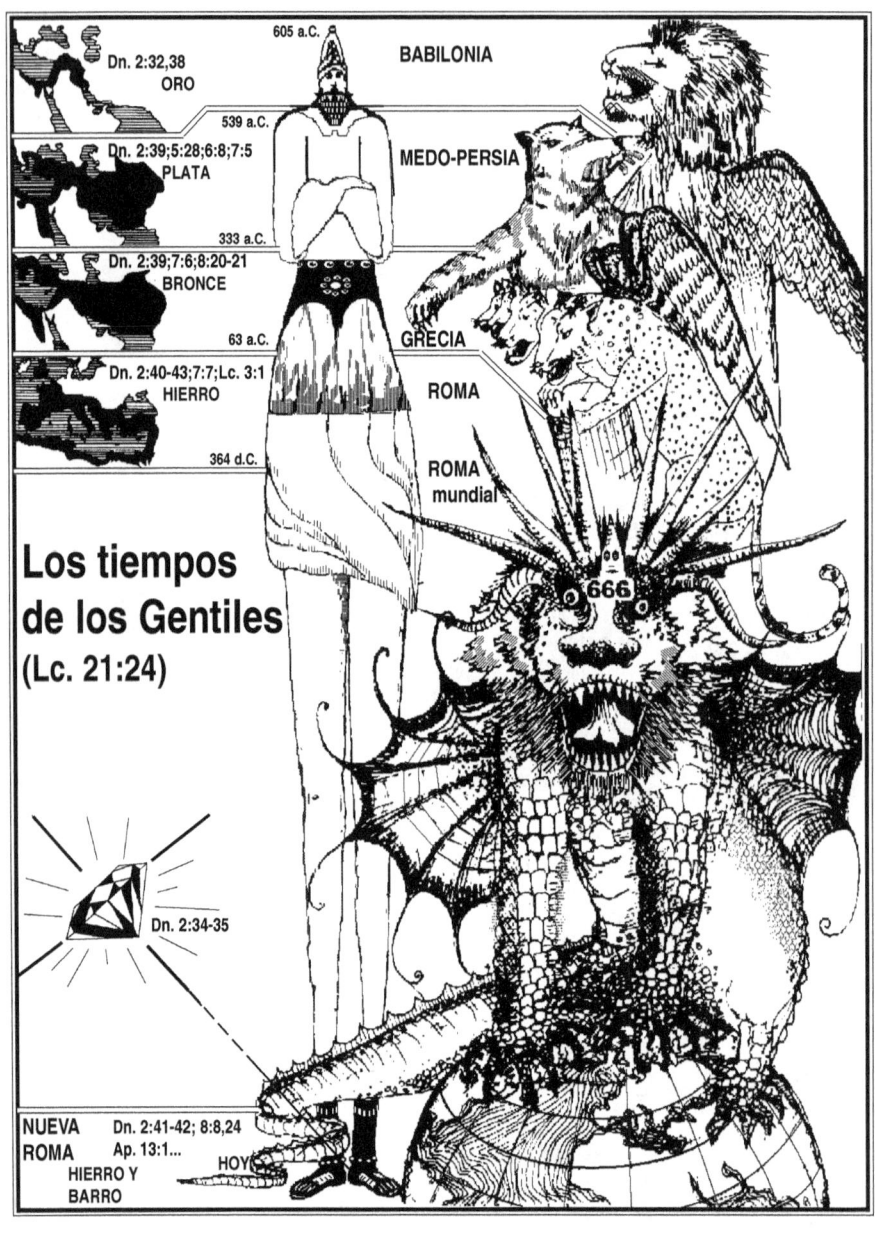

Los tiempos de los Gentiles (Lc. 21:24)

Lámina 1

Ubicación geográfica de Asia Menor y las siete iglesias

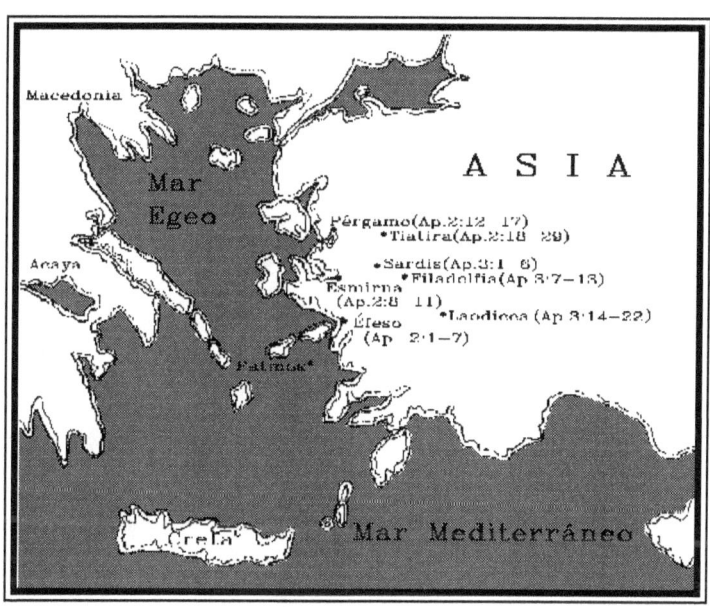

"Escribe en un libro lo que ves, y envíalo a las siete iglesias que están en Asia: a Éfeso, Esmirna, Pérgamo, Tiatira, Sardis, Filadelfia y Laodicea."
Apocalipsis 1:11b

DANIEL Y APOCALIPSIS: Un manual de estudios proféticos

Secuencia y relación de los juicios

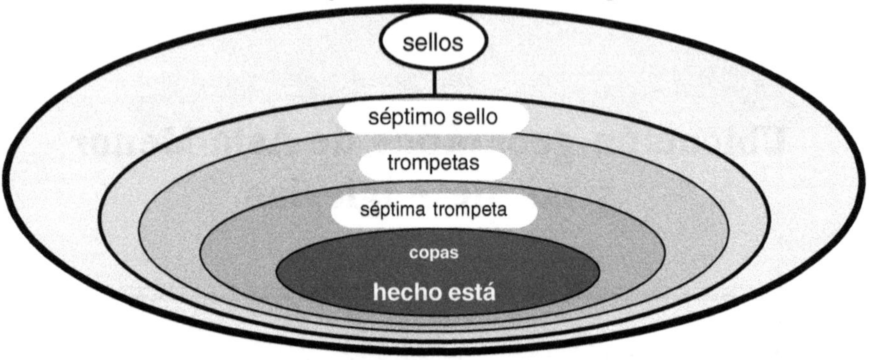

- sellos
- séptimo sello
- trompetas
- séptima trompeta
- copas
- hecho está

S E L L O S
- **#1**=Primer jinete=caballo blanco; Ap.6:2; presentación del anticristo
- **#2**=Segundo jinete=caballo bermejo; Ap.6:3-4; guerra total
- **#3**=Tercer jinete=caballo negro; Ap.6:5-6; hambruna mundial
- **#4**=Cuarto jinete=caballo amarillo; Ap.6:7-8; mortandad mundial
- **#5**=Ap.6:9-11; martirio de los santos de la tribulación
- **#6**=Ap.6:12-17; cielos y tierra convulsionados
- **#7**=Ap.8:1-5; contiene las siete trompetas y las siete copas

T R O M P E T A S
- **#1**=Ap.8:6-7; quemada $1/3$ parte de la tiera
- **#2**=Ap.8:8-9; $1/3$ parte de mar destruido
- **#3**=Ap.8:10-11; juicio del $1/3$ parte del agua dulce, Agenjo
- **#4**=Ap..8:12-13; $1/3$ parte de la luz juzgada
- **#5**=Primer ¡Ay!=Ap.9:1-11;langostas del abismo
- **#6**=Segundo ¡Ay!=Ap.9:13-21;$1/3$ parte de los hombres muertos
- **#7**=Tercer ¡Ay!=Ap.11:15-19; las siete copas

sellos — juicios a través de la trinidad satánica
trompetas — juicios por medio de los ángeles
copas — juicios provenientes de Dios mismo

C O P A S
- **#1**=Ap.16:2; úlcera maligna y pestilente
- **#2**=Ap.16:3; aniquilación total del mar y su vida
- **#3**=Ap.16:4-7; aniquilación del agua dulce
- **#4**=Ap.16:8,9; sol quema a los hombres
- **#5**=Ap.16:10-11; anticristo aniquilado
- **#6**=Ap.16:12-14,16; Armegedón
- **#7**=Ap.16:17-21; Babilonia destruida

Son muchos los esquemas de las relaciones que existen entre los juicios. Algunos son seriales (un juicio sigue a otro) otros son paralelos (todos los juicios funcionan al mismo tiempo). No sabemos el esquema final, pero para propósitos de nuestro estudio, todas las trompetas y copas están dentro del séptimo sello y todas las copas están dentro de la séptima trompeta.

¡hecho está!

LÁMINA 3

www.ingramcontent.com/pod-product-compliance
Lightning Source LLC
Chambersburg PA
CBHW071306110426
42743CB00042B/1192